浙江省社科规划课题成果

"两美"浙江综合评价
指标体系及提升策略

武建章　董俊婕　周一萍　著

中国财经出版传媒集团

经济科学出版社
Economic Science Press

图书在版编目（CIP）数据

"两美"浙江综合评价指标体系及提升策略/武建章，
董俊婕，周一萍著．—北京：经济科学出版社，2017.10
ISBN 978 - 7 - 5141 - 8493 - 8

Ⅰ.①两…　Ⅱ.①武…②董…③周…　Ⅲ.①区域经济发展 -
综合评价 - 评价指标 - 研究 - 浙江②社会发展 - 综合评价 -
评价指标 - 研究 - 浙江　Ⅳ.①F127.55

中国版本图书馆 CIP 数据核字（2017）第 239234 号

责任编辑：周国强
责任校对：隗立娜
责任印制：邱　天

"两美"浙江综合评价指标体系及提升策略

武建章　董俊婕　周一萍　著

经济科学出版社出版、发行　新华书店经销
社址：北京市海淀区阜成路甲 28 号　邮编：100142
总编部电话：010 - 88191217　发行部电话：010 - 88191522
网址：www. esp. com. cn
电子邮件：esp@ esp. com. cn
天猫网店：经济科学出版社旗舰店
网址：http://jjkxcbs. tmall. com
北京财经印刷厂印装
710×1000　16 开　19.75 印张　350000 字
2017 年 11 月第 1 版　2017 年 11 月第 1 次印刷
ISBN 978 - 7 - 5141 - 8493 - 8　定价：68.00 元
（图书出现印装问题，本社负责调换。电话：010 - 88191510）
（版权所有　侵权必究　举报电话：010 - 88191586
电子邮箱：dbts@ esp. com. cn）

前　言

2014 年 5 月 23 日，中共浙江省第十三届委员会第五次全体会议正式通过了《中共浙江省委关于建设美丽浙江创造美好生活的决定》（以下简称《决定》）。创建"两美"浙江是浙江省深入贯彻中共十八大、十八届三中全会和习近平总书记系列重要讲话精神的重大部署，是建设美丽中国重要理念在浙江的具体实践，也是浙江省所提出的"八八战略""创业富民、创新强省"——"两创"战略、建设物质富裕精神富有现代化浙江——"两富"浙江、坚持绿色浙江生态省等重要建设方略、战略决策、治理理念的优化继承和集成发展。

创建"两美"浙江是一项具有系统性、长期性、艰巨性的历史任务。其涉及全省经济建设、政治建设、文化建设、社会建设、生态文明建设的各个方面和全过程，需要在经济发展加速转型、产业结构科学升级、空间开发合理布局与优化调整、生态人居环境持续完善、生态资源安全保障、生态文化培育弘扬、法治制度强化提升、人口资源环境协调和可持续发展等国计民生紧密关切的诸多方面，经过全省上下在相当长时期内的不懈努力，最终实现天蓝、水清、山绿、地净，建成并维持富饶秀美、和谐安康、人文昌盛、宜业宜居的美丽浙江。

"两美"浙江的实现必然要理清这一系统工程所涉及的政治、经济、文化、社会、生态等方面的相关要素，明确各要素间的主次关系以及相互影响的机理机制，长期动态监控各要素指标的更新与变化，合理规划和有效调整资源配置方案，积极探索提升路径，从而保证整个系统的稳步推进和协调发展。因此，构建一个能全面构架出"两美"浙江美好愿景，体现各子系统及构成要素间影响机制的综合指标体系就成了首要解决且影响深远的研究课题。

目前，围绕"两美"浙江这一新理念的系统理论研究还比较缺乏，而研究"两美"浙江综合评价体系、系统评价方法、提升路径优化等理论和应用研究则更是难以寻觅。这也从一个侧面说明了"两美"浙江这一全新概念及美好愿景在理论上的创新性和战略决策上的前瞻性。

本书在充分汲取现有关于美丽中国、区域治理境界及发展水平等方面综合评价指标体系的相关理论研究成果，以及浙江省以往治理思想和建设方略上所积累的实践经验的基础上，构建"两美"浙江的综合评价指标体系，并利用非可加测度与非线性积分来综合集成相互关联指标上的评价信息，进而形成"两美"浙江的综合评价方法，不仅在理论和实践上是切实可行的，而且也具有较强的理论研究价值和实践指导意义。

本书的内容包括以下三个部分。

第一部分：整合国内外区域综合评价理论研究成果与浙江省区域评价实践经验，依据《决定》将"两美"浙江的愿景分解成详细的综合评价指标体系。即将《决定》指出的创建"两美"浙江的总体要求、三大近期主要目标、四大重点工作、七大主要任务系统归纳为生态、经济、文化、政治、社会五大方面详细指标，进而全面呈现"两美"浙江的整体愿景。

第二部分：结合《决定》内容、专家建议及咨询结果，确定各指标间的主次程度和关联关系，确定各层次的非可加测度值。非可加测度需要反映评价准则的重要性以及关联交互情形，而评价准则间的这些特征则需要从《决定》所给的"两美"主要任务和重点目标，以及各相关领域专家的建议意见。课题组利用非可加测度理论与方法，将专家建议及意见科学转化为准则间重要程度及关联关系，进而得到合理反映评价准则间关联关系的各级非可加测度。

第三部分：浙江省"两美"建设的综合水平测算，获得各年度"两美"建设水平曲线，分析评价结果并给出综合评价值提升建议和对策，并对"两美"重要专项任务进行研究分析。即根据浙江省的历史发展数据来获得"两美"综合评价值（Choquet 积分值），根据各评价指标的重要性及交互作用关系以及历史数据，来对各子指标及总指标的综合评价值进行评述和分析，提出子指标及综合评价的提升的建议和思路。进而对一些专项任务进行文献综述整理，得到专项任务的评价指标体系，并给出专项任务的执行与提升建议与策略。

本书得到浙江省哲学社会科学规划重点课题（16NDJC017Z）、浙江省自然科学基金（LY16G010001）、国家自然科学基金项目（71201110、71671096）、宁波大学与中国社科院合作共建中心预研究项目（ZX2015000099）的支持与资助。

在此向本书撰写和出版过程给予帮助和支持的各位领导、老师、同仁、同学、朋友和家人表示感谢。

限于作者的学识与水平，书中难免存在错误和纰漏，恳切希望批评指正。

联系邮箱：yswjz@163.com。

作者

2017 年 8 月

目 录
CONTENTS

第1章

绪　论

2014 年 5 月 23 日，中共浙江省第十三届委员会第五次全体会议正式通过了《中共浙江省委关于建设美丽浙江创造美好生活的决定》（以下简称《决定》）[1]。创建"两美"浙江是浙江省深入贯彻中共十八大、十八届三中全会和习近平总书记系列重要讲话精神的重大部署，是建设美丽中国重要理念在浙江的具体实践，也是浙江省所提出的"八八战略""创业富民、创新强省"——"两创"战略、建设物质富裕精神富有现代化浙江——"两富"浙江、坚持绿色浙江生态省等重要建设方略、战略决策、治理理念的优化继承和集成发展。

创建"两美"浙江是一项具有系统性、长期性、艰巨性的历史任务[1]。其涉及全省经济建设、政治建设、文化建设、社会建设、生态文明建设的各方面和全过程，需要在经济发展加速转型、产业结构科学升级、空间开发合理布局与优化调整、生态人居环境持续完善、生态资源安全保障、生态文化培育弘扬、法治制度强化提升、人口资源环境协调和可持续发展等国计民生紧密关切的诸多方面，经过全省上下在相当长时期内的不懈努力，最终实现天蓝、水清、山绿、地净，建成并维持富饶秀美、和谐安康、人文昌盛、宜业宜居的美丽浙江。

"两美"浙江的实现必然要理清这一系统工程所涉及的政治、经济、文化、社会、生态等方面的相关要素，明确各要素间的主次关系以及相互影响的机理机制，长期动态监控各要素指标的更新与变化，合理规划和有效调整资源配置方案，积极探索"两美"浙江的提升路径，从而保证整个系统的稳步推进和协调发展。因此，构建一个能全面构架出"两美"浙江的美好愿景，体现各子系统及构成要素间影响机制的综合指标体系就成了首要解决且影响深远的研究课题。

目前，围绕"两美"浙江这一新理念的系统理论研究还比较缺乏。通过中国知网——CNKI 数据库以"两美"浙江为主题的进行检索，可以筛选出与之相关文献 120 余篇，其中近百篇文献为报纸报道，而在期刊发表的 20 余篇文献则是从浙江省的某一地区或某一行业的视角分析"两美"浙江的实施策略或行业角色。而研究"两美"浙江综合评价体系、系统评价方法、提升路径优化等理论和应用研究则更是难以寻觅。这也从一个侧面说明了"两美"浙江这一全新概念及美好愿景在理论上的创新性和战略决策上的前瞻性。

1.1 "两美" 浙江评价指标体系构建的理论与实践基础

如前所述，"两美"浙江是建设美丽中国等治国理念在浙江省的具体实践，也是浙江省以往治理思想和建设方略的集成与升华，其从根本上勾勒出了本行政区域将要实现的社会综合治理境界和整体发展态势。从这三层意义上来说，许多相关理论与应用研究成果可以借鉴。

在美丽中国的综合评价方面，学者们进行了积极的探索。四川大学"美丽中国"研究所进行了持续研究（2012～2016 年度），通过生态之美、发展之美、治理之美、文化之美与和谐之美五个维度来综合评价各省区、城市的"美丽"水平[2]。胡宗义等学者则从美丽经济、美丽社会、美丽环境、美丽文化、美丽制度和美丽教育 6 个层面，选取 26 个代表性的指标构建了"美丽中国"评价指标体系，并采用 TOPSIS 方法对我国近 12 年的"美丽中国"建设情况进行了评价[3]。叶书铭等学者依据 24 项指标，通过基于 5 项因子的聚类分析方法，完成了相关地区美丽中国的建设水平的综合判断[4]。

在治理思想和建设方略的实施综合评价方面，浙江省已有较为丰富的研究成果和实践经验积累。自 2000 年开始，浙江省实施《浙江省全面小康监测指标体系》是全面反映和监测省内全面建设小康社会进程的统计指标体系，而 2012 年开始采用《物质富裕精神富有现代化浙江评价指标体系测算方案》，并代替原来的《浙江省全面小康监测指标体系》，完成"两富"浙江的建设水平和实现程度的综合测算与评价。自 2013 年开始，浙江省开始采用《浙江省全面建成小康社会进程统计监测指标体系》，该指标体系由经济发展、民主法制、文化建设、人民生活和资源环境五个方面的 39 个指标构成。另外值得一提的是《浙江省财政支出绩效评价指标体系》，以其 2011 版为例，该指标体系涵盖了公共服务、教育、科学技术、文化传媒、社会保障、医疗卫生、环境保护、城乡规划、农林水、国土资源等 15 大类一级指标，185 项二级具体指标（包括大量定量指标和调查问卷结果等定性指标），从财政支出角度详细体现了浙江省的综合投入产业绩效。

在区域社会治理境界及整体发展态势的综合评价方面，大量的学术研究成果值得借鉴。综合来看，区域综合评价指标体系由最初的引入国外学者提出的单一的社会经济或民生指标［比如，物质生活质量指数（PQLI），社会进步指数（ISP），人文发展指数（HDI）等］，逐渐发展成了由国内学者提出的更适合我国区域治理观念和现实国情的涉及经济、政治、生态等诸多领域的综合指标体系。区域综合评价指标体系的相关研究成果层出不穷，是经济管理理论研究和实践应用的热点问题。学者们分别从综合竞争力[5]、自主创新能力[5]、城乡统筹发展[6]、政府管理绩效[7]、经济资源环境协调发展[8]，以及可持续发展[9]等多个视角系统构建和分析了区域发展水平或综合绩效评价指标体系，形成了极其丰富的理论研究成果。

1.2　"两美"浙江综合评价方法的选择依据

当前的研究成果，除了缺少从"两美"角度来建立综合评价指标体系外，在评价信息集成方法上还存在着另一个重要缺陷，即大部分成果都以权重向量来表示指标的重要性，并且用算术加权平均来得到各单位的综合评价值。这种综合评价方法的一个重要的理论假设前提是：假定所有指标是相互独立的，不存在相互关联（促进或矛盾）关系。众所周知，现实综合评价与决策问题中，各指标间不可避免存在着彼此影响甚至是相互矛盾的关联情形。而基于非可加测度与非线性积分的综合集成或评价方法则可以有效地弥补基于权重向量和算术加权平均的评价方法的上述缺陷。事实上，正是由于可以更加柔性地描述指标间的关联关系以及有效地综合集成彼此关联的评价信息，基于非可加测度与非线性积分的评价方法已被广泛应用于解决关联多准则决策及综合评价问题[10]。

基于准则权重向量与加权算术平均的经典多准则决策模式，本质上是基于经典可加测度与传统勒贝格积分的集成模式，其理论前提是假定决策准则间相互独立，故难以承担关联多准则决策的任务。非可加测度，拓展了经典可加测度，能柔性描述决策准则间任意（互补、冗余、独立）关联关系。非线性积分，拓展了传统勒贝格积分，包括了 Choquet 积分、Sugeno 积分、Pan 积分等诸多形式，可以灵活集成关联决策信息。因此，基于非可加测度和非线性积分的决策模式，拓展了经典决策模式，是解决关联多准则决策问题的有效途径，见图 1-1。

模式类型	理论前提	决策过程的主要环节			
		初始输入信息 ⟹	生成规范信息 ⟹	选择集成函数 ⟹	计算决策结果
经典决策模式	各决策准则相互独立	准则间相对权重的偏好信息	决策准则的权重向量	加权算术平均算子	加权算术均值
基于非可加测度的决策模式	各决策准则彼此关联	准则间相对权重以及关联关系的关联偏好信息	决策准则集上的非可加测度	多种形式的非线性积分	非线性积分值

图 1-1　两类决策模式对比

因此，在充分汲取现有关于美丽中国、区域治理境界及发展水平等方面综合评价指标体系的相关理论研究成果，以及浙江省以往治理思想和建设方略上所积累的实践经验的基础上，构建"两美"浙江的综合评价指标体系，并利用非可加测度与非线性积分来综合集成相互关联指标上的评价信息，进而形成"两美"浙江的综合评价方法，不仅在理论和实践上是切实可行的，而且也具有极强的理论研究价值和实践指导意义。

1.3 "两美"浙江评价指标体系及提升策略的研究思路

　　本研究的目的可以从两个方面进行阐述：在理论方面，将构建"两美"浙江综合评价指标体系，提出"两美"浙江的区域综合评价方法，给出浙江省及各功能区域达到"两美"愿景的提升策略，旨在进一步完善"两美"浙江的理论研究体系，科学有效地探索"两美"浙江实现方法途径，进而丰富美丽中国及区域综合评价的理论研究成果；在实践方面，本研究所提出的指标体系及评价方法可以为创建"两美"浙江提供理论依据和决策参考，为浙江省和各功能区域逐步实现"两美"愿景提供方法指导和路径建议。

　　本研究的思路是在系统总结美丽中国及区域综合评价等相关研究成果以及浙江省治理思想及建设方略的实践经验的基础上，以《决定》所指出的创建"两美"浙江的总体要求、主要目标、重点工作、主要任务为依据，将"两美"浙江愿景详细分解到生态、经济、文化、政治、社会五大方面的具体指标，理清各评价指标的主次关系和关联关系，构建出"两美"浙江综合评价指标体系和评价方法，完成浙江省及各地区的"两美"建设水平评价，并最终给出相应提升路径和决策建议。

　　本研究可以具体分解为如下步骤：

　　首先，整合国内外区域综合评价理论研究成果与浙江省区域评价实践经验，依据《决定》将"两美"浙江的愿景分解成详细的综合评价指标体系。即将《决定》指出的创建"两美"浙江的总体要求、三大近期主要目标、四大重点工作、七大主要任务系统归纳为生态、经济、文化、政治、社会五大方面详细指标，进而全面呈现"两美"浙江的整体愿景。

　　其次，结合《决定》内容、专家建议及咨询结果，确定各指标间的主次程度和关联关系，确定各层次的非可加测度值。非可加测度需要反映评价准则的重要性以及关联交互情形，而评价准则间的这些特征则需要从《决定》所给的"两美"主要任务和重点目标，以及各相关领域专家的建议意见等信息中进行提炼和抽取。课题组利用非可加测度理论与方法，将专家建议及意见转化为准则间重要程度及关联关系，进而得到合理反映评价准则间关联关系的各级非可加测度。

最后，对浙江省及各功能区域的"两美"建设的综合水平测算，获得"两美"建设水平提升曲线、持续提升方案和发展建议。即根据各测评单位的历史发展数据及其所得"两美"综合评价值（Choquet 积分值），计算各评价指标上评价值、各指标评价值对综合评价值的重要程度和指标间的关联交互程度，提出持续提升"两美"建设水平提供发展建议和方案。

1.4　本书的研究内容

本书旨在构建"两美"浙江综合多层次评价指标体系，提出基于非可加测度的"两美"浙江的区域综合评价方法，给出浙江省及各功能区域"两美"建设的综合水平、提升曲线、持续提升方案和发展建议。研究成果将进一步完善"两美"浙江的理论研究体系，进而丰富美丽中国及区域综合评价的理论研究成果，还可以为创建"两美"浙江提供理论依据和决策参考，为浙江省和各功能区域逐步实现"两美"愿景提供方法指导和路径建议。

本书的主要研究内容分为如下六个方面：

（1）从综合竞争力、自主创新能力、城乡统筹发展、政府管理绩效、经济资源环境协调发展、可持续发展，以及美丽中国等 7 个方面系统总结区域发展水平综合评价指标体系的国内外相关研究成果。

（2）以《浙江省财政支出绩效评价指标体系》和《全面建成小康社会统计监测指标体系》两个指标体系为重点，系统总结归纳浙江省区域治理和发展水平综合评价的实践经验。

（3）在完成以上两方面内容的基础上，从生态、经济、文化、政治、社会五大方面来系统详细分解《决定》所定义的"两美"浙江的发展愿景，形成包含"两美"浙江总体要求、目标、任务的科学合理且具有可操作性的综合评价指标体系。

（4）依据《决定》所给出的建设"两美"浙江的主要目标及重点内容，明确"两美"浙江各综合评价指标的主次和轻重关系，明确各相关指标间的关联交互和彼此影响的关系，进而利用非可加测度来明确各级指标的权重和交互作用情况。

（5）根据近年来（2010~2015 年）浙江省全省历史发展数据，得到其在"两美"浙江各评价指标上的评价值，并利用第四点内容所完成的非可加测度，采用 Choquet 积分这一非线性积分来得到各单位"两美"浙江建设程度的综合评价值。

（6）综合考虑各指标上评价值以及各指标评价值对综合评价值的贡献度以及各相关指标之间的关联交互作用，并提供持续提升"两美"建设水平的发展建议和策略。

以上研究内容的相互关系如图 1-2 所示。

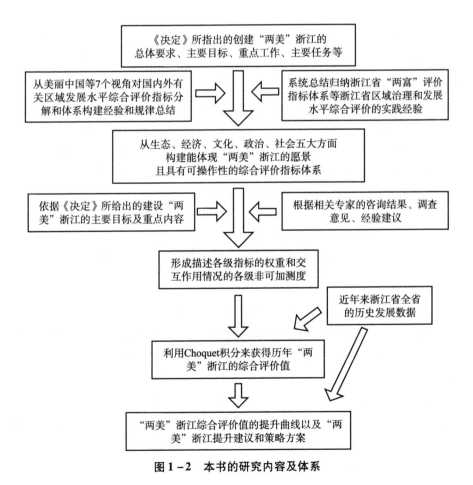

图 1-2 本书的研究内容及体系

| 第 2 章 |
建设 "两美" 浙江的目标和任务

"建设美丽浙江、创造美好生活" 的决定是在 2014 年 5 月由中共浙江省委提出并经中国共产党浙江省第十三届委员会第五次全体会议通过的, 其目的是深入贯彻中共十八大、十八届三中全会和习近平总书记系列重要讲话精神, 积极推进建设美丽中国在浙江的实践, 加快浙江的生态文明制度建设, 努力使浙江健康有序地走向社会主义生态文明新时代。创建 "两美" 浙江也是浙江省所提出的 "八八战略" "创业富民、创新强省" ——"两创" 战略、建设物质富裕精神富有现代化浙江——"两富" 浙江、坚持绿色浙江生态省等重要建设方略、战略决策、治理理念的优化继承和集成发展。

2.1 创建 "两美" 浙江的总体目标

《决定》指出, 创建 "两美" 浙江是一项具有系统性、长期性、艰巨性的历史任务[1], 其涉及全省经济建设、政治建设、文化建设、社会建设、生态文明建设的各个方面和全过程, 需要在经济发展加速转型、产业结构科学升级、空间开发合理布局与优化调整、生态人居环境持续完善、生态资源安全保障、生态文化培育弘扬、法治制度强化提升、人口资源环境协调和可持续发展等国计民生紧密关切的诸多方面, 经过全省上下在相当长时期内的不懈努力, 最终实现天蓝、水清、山绿、地净, 建成并维持富饶秀美、和谐安康、人文昌盛、宜业宜居的美丽浙江。

由上述创建"两美"的总体要求，可以看出，"两美"浙江是一个系统工程，涉及社会发展的多个方面，其创建过程是一个渐进过程。在创建过程强调生态文明建设的重要地位、经济发展与生态的协调发展，以及人居环境的持续完善和保障。在这一总体要求的指导下，《决定》还给出了创建"两美"浙江的具体工作目标和阶段推进重点，如表 2－1 所示。

表 2－1　　　　　　　　　　"两美"浙江创建阶段的任务与目标

时间	总体任务	具体任务	相关衡量指标
2014～2015 年	扎实开展各项基础性工作	● 空间规划体系和主体功能区、环境功能区布局 ● 形成低消耗、低排放、高附加值的产业结构 ● 有力推进"五水共治"、近岸海域污染治理、大气环境治理、耕地土壤污染遏制	县以上城市集中式饮用水源地水质达标率大于90％；省"十二五"规划确定的单位生产总值能耗、主要污染物排放、民生保障和社会公平等主要指标全面完成
2016～2017 年	美丽浙江建设取得明显进展	● 科学合理的生产空间、生活空间和生态空间初步形成 ● 初步建成生态安全屏障体系、环境健康安全体系 ● 生态文明行为习惯养成 ● 社会保障和基本公共服务进一步加强和改善	省第十三次党代会确定的生态环境质量、人民生活品质、社会文明程度等方面的目标全面完成
2018～2020 年	初步形成比较完善的生态文明制度体系	● 以水、大气、土壤和森林绿化美化为主要标志的生态系统初步实现良性循环 ● 全省生态环境面貌出现根本性改观，生态文明建设主要指标和各项工作走在全国前列 ● 建成全国生态文明示范区和美丽中国先行区	城乡统筹发展指数、城乡居民收入、居民健康指数、生态环境指数、文化发展指数、社会发展指数、社会保障指数、农民权益保障指数等达到预期目标
2020 年以后	实现美丽浙江		天蓝、水清、山绿、地净，建成富饶秀美、和谐安康、人文昌盛、宜业宜居

《决定》还指出了创建"两美"浙江的重点工作。指出在三年内（2014～2017 年），努力完成如下重点任务：

①全省河流 1～3 类水质断面比例每年提高 1 个百分点；

②PM2.5 浓度比 2012 年下降 20% 以上，年优良空气天数达到 250 天以上；

③设区市城市公共交通分担率达到 30% 以上，专用停车位新增 60 万个；

④农村生活污水和垃圾集中处理实现全覆盖；

⑤"垃圾海湾""东海无鱼"状况得到改善；

⑥完善从田头到餐桌食品安全全程管控体系，餐桌安全问题得到有效整治。

而在整个创建"两美"浙江的过程，要从以下四个方面进行重点突破：

①深入开展"五水共治"、雾霾治理、城市交通拥堵治理、城乡垃圾处理、浙江渔场修复振兴以及餐饮业污染治理等专项行动，在回应与人民群众生活生命质量密切相关、反映强烈的突出问题上取得突破；

②深入开展节能减排、循环经济培育、重污染高能耗行业整治提升专项行动，在推进我省产业转型升级上取得突破；

③深入开展绿色城镇创建、美丽乡村建设、"四边三化"等专项行动，在进一步改善全省城乡面貌上取得突破；

④深入探索建立和实施生态保护红线划定、资源要素市场化配置约束激励机制、环境准入和环境监管制度、考核评价体系调整等专项改革，在构建生态文明制度体系上取得突破。

2.2　创建"两美"浙江的主要任务

《决定》还指出了创建"两美"浙江的主要任务为以下七个方面：

（1）优化完善实现永续发展的城乡区域空间布局。

具体包括：完善空间规划体系，加强全省陆海统一的地理空间信息系统建设，完善各类规划和功能区划调整机制，探索编制近岸海域主体功能区规划；优化区域空间开发格局，打造浙江海洋经济发展示范区，构建现代农业发展格局，构筑产业集聚大平台，完善新型城市化战略格局，建设生态安全体系；统筹推进城乡一体化，统筹推进城乡规划实施、基础设施建设、产业布局、社会事业发展和生态环境保护，加快形成城乡空间布局框架和城镇体系结构。

（2）加强山川海洋自然生态保护建设。

具体包括：加强重点区域生态保护，加大对重要生态功能区、生态环境敏感区和脆弱区的保护力度，推进自然保护区、海洋特别保护区规范化建设，加大土地、矿产、森林、海岸线和岛礁等资源重点开发区域的生态监管力度；加大生态修复力度，积极建设水环境生态治理和修复工程，全面加强矿山生态环境整治、复垦和沿海滩涂、重点港湾、海域海岛的生态修复；大力推进生态屏障建设，加强绿色生态屏障建设，加强海洋蓝色生态屏障建设，加快海岸防护工程和海岛防护林体系建设，开展滨海生态走廊建设。

（3）着力推进以治水为重点的环境综合治理。

具体包括：抓"五水共治"让水更清，治污水、防洪水、排涝水、保供水、抓节水要齐抓共治、协调并进；抓雾霾治理让天更蓝，深入实施《浙江省大气污染防治行动计划（2013～2017年）》，认真落实六大专项实施方案，切实改善环境空气质量；抓土壤净化让地更净，强化土壤环境保护和综合治理，建立全省土壤信息数据库，加快构建土壤环境监测体系，推进污染企业原址、废弃矿场的土壤污染修复示范工程。

（4）切实优化"诗画江南"人居环境。

具体包括：加快美丽城市规划建设，根据环境和人口承载能力、可开发土地资源和经济社会发展水平，统筹抓好都市区、区域中心城市、县城和中心镇的规划建设，推进绿色城市、智慧城市、人文城市建设，进一步提高城市垃圾分类处理以及收、运、储网络和设施建设与管理水平；提升美丽乡村建设水平，推进村庄生态化有机更新，大力创建绿色城镇和生态示范村，加强村庄规划和建设，精心建设一批"浙派民居"，建设一流森林休闲养生福地，着力打造美丽公路。大力推行绿色建筑和低碳交通，建立健全绿色建筑监管体系，大力推进建筑节能改造和太阳能等可再生资源建筑一体化应用，积极推进低碳综合交通网络建设，实施"公交优先"发展战略，加快建设城市轨道交通，完善智能交通服务体系。

（5）加快打造浙江经济升级版。

具体包括：打好转型升级"组合拳"，优化存量，提升增量，推进经济转型升级，加快发展生态经济，发挥产业集聚区、经济技术开发区等创新平台作用，积极培育战略性新兴产业和高新技术产业，加快信息化和工业化深度融合国家示范区建设，大力发展金融、物流、旅游、健康、文化创意等现代服务业，促进先进制造业与现代服务业融合发展；强化创新驱动发展，全面实施创新驱动发展战略，加快建设创新型省份，扎实推进质量强省、品牌强省和标准强省建设，实现从"浙江制造"向"浙江创造"转变；发展绿色循环低碳经济，加强节约型社会建设，加快建设节水型社会，积极构建以低能耗、低污染、低排放为基础的低碳经济发展模式。

（6）弘扬具有浙江特色的人文精神。

具体包括： 传承优秀传统文化，注重挖掘浙江传统文化中的生态理念和生态思想，抓好非物质文化遗产保护传承与利用，丰富民间民俗特色文化活动载体，传承乡愁记忆，延续历史文脉；不断提升公民人文素养，培育和激发全体公民建设美丽浙江、创造美好生活的主体意识，大力推进志愿服务制度化，增强公民法治观念和科学人文素养，提高全社会节约资源、保护环境的自觉意识，大力倡导绿色低碳的生活方式、消费模式和行为习惯；积极培育生态文化，积极借鉴发达国家注重生态文明的先进理念、有效做法和具体制度，强化全社会的生态伦理、生态道德、生态价值意识，形成政府、企业、公众互动的社会行动体系。

（7）不断提高城乡居民生活品质。

具体包括： 持续改善城乡居民物质生活条件，鼓励群众创业创新，促进城乡居民收入增长和家庭财产普遍增加，不断扩大中等收入群体，深化收入分配制度改革，完善再分配调节机制，全面推进各项社会事业发展，让全省人民享有更好的教育、更稳定的工作、更满意的收入、更可靠的社会保障、更高水平的医疗卫生服务和更舒适的居住条件；不断丰富城乡居民精神文化生活，实施文化强省战略，加强公共文化服务体系建设，持续提高全省人民受教育水平、健康水平和科学素质，积极营造浓厚的社会人文氛围；努力营造和谐稳定的社会环境，深入推进平安浙江建设，加强和创新社会治理，畅通和规范群众诉求表达、利益协调、权益保障渠道，加快社会信用体系建设，全面开展重大决策社会稳定风险评估，加强公共安全体系建设。

《决定》还指出为了实现"两美"浙江的建设目标和主要任务，还应该从"源头严控""过程严管""恶果严惩""多元投入"等方面完善机制体制，从组织领导、法治保障、考核考评、试点先行、全社会共同行动等方面完善组织保障。

总之，"两美"浙江是浙江省在区域治理理论与实践基础上提出的全新概念和愿景，具有理论上的创新性和战略决策上的前瞻性。而《决定》则明确了创建"两美"浙江的定义和内涵、目标与任务，以及机制和组织保障，为"两美"浙江的综合评价指标体系与方法的构建，以及各功能区域提升路径的探索提供了理论依据和实践指引。

如本书绪论中所指出的，"两美"浙江是"建设美丽中国"等治国理念在浙江省的具体实践，也是浙江省以往治理思想和建设方略的集成与升华，其从根本上勾勒出了本行政区域将要实现的社会综合治理境界和整体发展态势。因此，可以从美丽中国的综合评价方面、治理思想和建设方略的实施综合评价方面，以及区域社会治理境界及整体发展态势的综合评价方面等三个方面探索"两美"浙江的综合评价的理论与实践依据，在充分汲取现有关于美丽中国、区域治理境界及发展水平等方面综合评价指标体系的相关理论研究成果，以及浙江省以往治理思想和建设方略上所积累的实践经验的基础上，构建"两美"浙江的综合评价指标体系，并利用非可加测度与非线性积分来综合集成相互关联指标上的评价信息，进而形成"两美"浙江的综合评价方法。

因此，在接下来的章节里，本书将从综合竞争力、自主创新能力、城乡统筹发展、政府管理绩效、经济资源环境协调发展、可持续发展，以及美丽中国等7个方面系统来分析总结区域发展水平综合评价指标体系的国内外相关理论研究成果。并且，以《浙江省财政支出绩效评价指标体系》和《全面建成小康社会统计监测指标体系》两个指标体系为重点，来归纳浙江省区域治理和发展水平综合评价的实践经验。进而，从生态、经济、文化、政治、社会五大方面来系统详细分解《决定》所定义的"两美"浙江的发展愿景，形成包含"两美"浙江总体要求、目标、任务的科学合理且具有可操作性的综合评价指标体系，并最终形成"两美"浙江的综合评价方法。

第 3 章

区域发展综合评价指标体系综述

在区域社会治理水平及整体发展态势的综合评价方面，大量的学术研究成果值得借鉴。区域综合评价指标体系由最初的引入国外学者提出的单一的社会经济或民生指标［如物质生活质量指数（PQLI）、社会进步指数（ISP）、人文发展指数（HDI）等］，逐渐发展成了由国内学者提出的更适合我国区域治理观念和现实国情的涉及经济、政治、生态等诸多领域的综合指标体系。区域综合评价指标体系的相关研究成果层出不穷，是经济管理理论研究和实践应用的热点问题。综合来看，学者们分别从综合竞争力[5]、自主创新能力[5]、城乡统筹发展[6]、政府管理绩效[7]、经济资源环境协调发展[8]，以及可持续发展[9]等多个视角系统构建和分析了区域发展水平或综合绩效评价指标体系，形成了极其丰富的理论研究成果。

3.1　区域综合竞争力

3.1.1　区域综合竞争力的定义及研究历程

区域综合竞争力的大小直接决定着该地区经济发展的质量和潜力，也决定着该地区社会文明程度和发展态势，是衡量一个地区是否具有经济实力、经济发展潜力和持续增长能力的重要标志[11]。区域综合竞争力的研究始于国家竞争力的研究。国家是一个具有区域属性的特定区域，国家竞争力研究是区域竞争力研究的宏观层面[12]。自 20 世纪 90 年代以来，随着城市经济规模的扩大和区域经济协作的加强，对区域综合竞争力的研究逐渐受到政府和学者的广泛关注[13]。

区域竞争力内涵包含了诸多方面[14][15]：一是资源吸引配置能力，区域竞争力的本质内涵是对资源的吸引、争夺和优化配置；二是可持续发展能力，区域竞争力的重要体现就是可持续发展能力，突出了竞争力的可持续特征；三是区域优势说，区域竞争力应是在与其他区域竞争的过程中所表现出来的竞争优势或者是比较优势；四是财富创造力，区域竞争力是一个地区在其发展过程中创造比对手更多的财富的能力；五是区域综合实力，区域竞争力是一个地区在社会经济发展过程中所具有的综合实力和发展能力；六是创新能力，区域竞争力的根本在于创新，创新才是区域竞争力的源泉。

美国、欧盟和日本等发达经济体率先展开了对国际竞争力的评价研究。世界经济论坛（WEF）国际竞争力理论、瑞士洛桑国际管理发展学院（IMD）和迈克尔·波特教授的国家竞争优势理论[14][16]，从不同的角度，通过运用不同的指标体系和分析方法，完成了对各类竞争力的分析和评价，是当今世界区域竞争力评价研究方面的代表。1985 年在世界经济论坛（WEF）的《关于竞争力的报告》中首次提出了国际竞争力的概念，强调国际竞争力是"企业目前和未来在各自的环境中以比他们国内和国外的竞争者更具有吸引力的价格和质量来进行设计生产并销售产品以及提供服务的能力和机会"[11]。瑞士洛桑国际管理发展学院（IMD）在 1994 年出版的《国际竞争力报告》中进一步提出，"国际竞争力是指一个国家在世界市场中均衡地生产出比其竞争对手更多财富的能力。" IMD 的现行国际竞争力模型主要包括四个要素：经济表现（economic performance）、商务效率（business efficiency）、政府效率（government efficiency）和基础设施（infrastructure），如图 3－1 所示。

美国哈佛大学的管理学家迈克尔·波特[14]在其 1990 年发表的著作《国家竞争力》中指出国家竞争力主要体现在一个国家的产业竞争力上，也即产业在市场中的竞争表现。而一个国家的产业竞争优势的强弱主要取决于四项关键要素（要素状况、需求状况、相关产业与辅助产业、企业战略）和两大辅助要素（机遇作用、政府作用），这六大因素之间相互依赖、彼此互动，构成了著名的"钻石模型（波特区域竞争力模型）"，见图 3 – 2。波特的观点开拓了竞争力研究的视野，但并没有建立一个能进行量化分析的评价指标和体系。因其研究模型的核心就是产业竞争力，而对其他宏观环境因素研究涉及较少[17]。

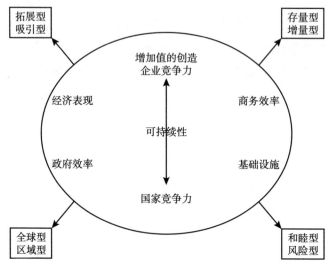

图 3 – 1 IMD 现行国际竞争力模型

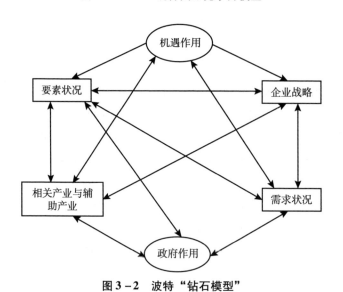

图 3 – 2 波特"钻石模型"

目前，国内的区域综合竞争力研究主要是借鉴国外相关研究的方法和成果，同时结合中国现阶段的国情进行实证研究。从而研究层面来看，除研究国家外，更多的是集中在城市和地区层面[18]。

1991 年，狄昂照、吴明录[19]等承担了国家科委的重大软课题"国际竞争力的研究"，进行了国际竞争力的概念、定义及度量方法等研究；同时提出了决定一个国家国际竞争力的 8 个因素：经济活力、国家干预、工业效能、财政活力、创新能力、对外经济活动活力、人力资源和自然资源。

我国较早对区域竞争力理论进行系统化研究的是王秉安[20]等学者，他们应用微观经济学的原理进行宏观经济的研究，完善了区域竞争力的概念，认为区域竞争力主要由企业竞争力、产业竞争力和涉外竞争力三部分构成，并受到基础设施、科技发展、经济实力、国民素质四个方面因素影响，构建了"直接—间接竞争力"模型，见图 3 - 3。

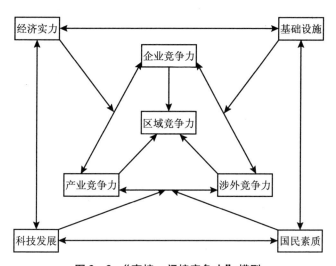

图 3 - 3 "直接—间接竞争力"模型

赵修卫[21]认为区域经济竞争力的优势表现是核心竞争力，是一个区域所持有的，在生产、研发、资源、市场等领域中，与其他区域相比而言，具有较大的竞争优势，同时不易被其他区域模仿学习的能力。

根据国内外有关区域竞争力的研究成果，可以发现，区域竞争力涉及该区域的政治、经济、能源、资源、创新、可持续发展等方面优势与特色，是一个综合评价指标。下面对区域竞争力的综合评价指标体系的主要相关研究成果进行综述。

3.1.2 区域综合竞争力的评价指标体系

王连月、韩立红[18]按照科学性与实用性相统一、全面性和代表性相统一、动态性和静态性相统一的原则，依据某市的统计年鉴，采取层次结构建立评价指标体系，将整个指标体系分为若干层，共包含 7 个一级指标和 13 个二级指标。

左继宏、胡树华[22]通过借鉴国内外学者关于国家竞争力、地区竞争力的概念，提出区域竞争力的定义，并依据定义、指标设计原则及功能构建了区域竞争力的综合评价指标体系，包括 8 个一级指标、23 个二级指标、101 个三级指标。

罗序斌、周绍森[15]在借鉴国内外相关问题评价指标体系研究成果的基础上，按照"区域经济可持续发展为主线，资源承载和环境保护为支撑，科技文化创新为动力，民生保障为目标"的思想，经过多轮的反复筛选、增删、修改、调整和系统整合，最终构建了 1 个目标层、4 个准则层、12 个维度层、86 个指标层的评价指标体系。

王钊、陈乙酉、刘晗[23]在研究重庆区县综合竞争力时选取了经济、社会和绿色生态等三个方面内容，所建立的综合竞争力评价指标体系由目标层、领域层、复合指标层和基本指标层构成，四个层次共 27 个指标，全面反映了重庆各区县的综合实力。

张为付、吴进红[24]根据区域综合竞争力的内涵，将综合竞争力划分为核心竞争力指标、基础竞争力指标和辅助竞争力指标等 33 个一级指标、7 个二级指标、19 个三级指标和 88 个子指标。

现将上述文献的指标体系整理如表 3 − 1 所示。

表 3 - 1 区域综合竞争力的评价指标群

指标名称	二级指标	具体指标
经济综合实力竞争力	经济总量竞争力	GDP（亿元） 社会固定资产投资（亿元） 财政收入（亿元） 零售总额（亿元）
	人均竞争力	人均 GDP（亿元） 人均固定资产投资（亿元） 城镇人均纯收入（亿元） 农民人均纯收入（亿元）
	外向经济	进口总额（亿美元） 出口总额（亿美元） 外贸依存度（%） FDI（亿美元） 旅游外汇收入（亿美元） 三资企业数（个） 外资企业出口占全国的比重（%）
	经济增长	5 年经济总量指标（亿元） 平均增长速度（%）
产业竞争力	产业结构	第二、第三产业占 GDP 比重（%） 第三产业占 GDP 比重（%）
	产业总量	工业总产值（亿元） 工业增加值（亿元） 第三产业总产值（亿元） 第三产业增加值（亿元）
	经济效益	三次产业 5 年平均增长速度（%） 工业利润总额（亿元） 全员劳动生产率（%） 工业经济效益指数（%）
	产业集中度	集中度较高产业数量（个） 集中度较低产业数量（个） 产业群数量（个） 产业群产业关联度（%）
	基本竞争力	固定资产原值（万元） 固定资产净值（万元） 每职工装备水平（万元） 总资产贡献率（%）

续表

指标名称	二级指标	具体指标
企业竞争力	企业规模竞争力	企业数量（个） 大中型企业数量（个）
	企业经营竞争力	产品销售收入（万元） 产品销售利润（万元）
开放竞争力	国际投资水平竞争力	实际利用外资总额（亿美元） 签订合同数（项）
	国际旅游竞争力	国内外旅游人数（人） 旅游创汇收入（亿美元）
科技竞争力	科技投入	科技活动单位科研经费总数（万元） 科技人员数（万人）
	科技人才投入	科技人员数占全国比重（%） 科技人员数（万人）
	科技经费投入	R&D 经费（千元） R&D 经费占 GDP 比重（%） 人均 R&D 经费（元） 科技三费占财政支出比重（%）
	科技产出	高新技术产品出口额（亿美元） SCI、EI、ISTP 收录占全国比重（%） 申请专利数（件） 技术市场成交额（万元）
基础设施竞争力	交通运输竞争力	货物周转量（亿吨公里） 公路密度（公里/平方公里） 铁路密度（公里/平方公里） 水路密度（公里/平方公里） 民用航线数（条） 客运总量（万元） 货运总量（万吨） 高级公路比重（%）
	信息通信竞争力	邮电业务量（百亿元） 人均邮电业务总量（万元） 网络用户（万户） 本地电话用户（百万） 移动电话用户（百万） 百人拥有电话数（户） 百人拥有移动电话数（户） 千人拥有电脑数（台） 国际互联网用户（户）

指标名称	二级指标	具体指标
基础设施竞争力	能源竞争力	发电总量（亿千瓦时） 人均发电量（千瓦时） 总供电量（亿千瓦时） 工业用电量（亿千瓦时） 市区液化气供应量（十万吨） 城市供水量（日百万吨） 人均日用水量（升） 人均供电量（千瓦时）
	环保竞争力	环保经费投入（亿元） 环保经费投入占 GDP 比例（%） 人均公共绿地面积（平方米） 生活垃圾处理率（%） 污水处理率（%）
人力资源竞争力	劳动力素质竞争力	科技工作者（人） 从业人员数（人）
	文化素质竞争力	普通高校在校人数（人） 高等学校数（所）
金融竞争力	存款额	金融机构存款余额（千亿元） 金融机构贷款余额（千亿元） 居民存款余额（千亿元） 保险机构承保额（百亿元）
	金融市场	上市公司数（个） 上市公司融资额（万元） 外资金融机构数（个） 外资金融机构营业额（亿元）
国民素质竞争力	健康竞争力	出生率（%） 死亡率（%） 医生数（千人） 医院床位（万人）
	文化竞争力	文盲、半文盲占 15 岁及以上比例（%） 高校在校生数（万人） 高校数（所）
政府作用力	政府作用	地方财政收入（亿元） 地方财政支出（亿元） 地方财政收入占 GDP 的比重（%） 二次分配占地方财政收入比重（%）
	社会发展	城市化率（%） 社会保险覆盖率（%） 城镇就业率（%）

续表

指标名称	二级指标	具体指标
居民生活水平竞争力	居民收支	城镇居民人均可支配收入（元） 农村居民纯收入（元） 近3年城镇居民平均消费倾向 近3年农村居民平均消费倾向
	居民消费	城镇居民人均储蓄（元） 农村居民人均储蓄（元） 基尼系数 农村居民消费（元） 城市居民消费（元） 价格指数 恩格尔系数

3.2　区域自主创新能力

3.2.1　区域自主创新能力的概述及内涵

区域自主创新能力日益成为一个地区乃至国家获取竞争优势的关键因素[25]。对区域自主创新能力的评价与研究不仅是科学分析区域自主创新实际水平的重要基础，也是区域实现科学发展的重要环节以及各级政府制定科技发展规划的重要依据。《中共浙江省委关于建设美丽浙江创造美好生活的决定》[1]也提到，加快建设创新型省份，积极创建国家自主创新示范区，建设国家级高新区，着力拓展转型升级和创新发展空间。中共中央、国务院印发的《国家创新驱动发展战略纲要》指出，聚焦国家区域发展战略，以创新要素的集聚与流动促进产业合理分工，推动区域创新能力和竞争力整体提升。

很多学者都对区域自主创新能力进行了定义[26]。刘凤朝、潘雄锋、施定国[27]认为区域自主创新能力是指依靠自身的力量实现科技突破，进而支撑经济发展、保障国家安全，并能对全球科技发展产生重大影响的本领和能量。张军涛、陈蕾[25]认为区域自主创新能力是指一个地区的自主创新主体依靠其自身优势通过其自组织的区域自主创新网络，而形成的通过资源有效配置，创造新产品、新技术、新工艺并将其市场化，并最终实现区域可持续发展的能力。傅为忠、韩成艳、刘登峰[28]认为区域自主创新能力是一个区域运用政府、企业、科研机构、高校、中介机构和金融服务机构等创新主体和要素，组织和配置区域内各种创新资源，不断将知识、技术、信息等转化为新产品、新工艺、新服务的能力。

对于区域自主创新能力的具体构成和内涵，国内各学者的观点也不尽相同。刘凤朝、潘雄锋、施定国[27]认为自主创新能力主要由资源能力、载体能力、环境能力、成果能力和品牌能力等五个方面构成。朱孔来[29]结合区域自主创新的内涵、特点和目标，将区域自主创新能力分解为创新资源的投入能力、创新载体的建设能力、创新环境的保障能力以及创新成果的产出能力。张军涛、陈蕾[25]认为区域自主创新能力是以企业为核心的创新主体、创新环境以及二者之间的互动而构成的关系结构，主要包含企业自主创新能力、大学和研究机构自主创新能力、区域自主创新载体能力和区域自主创新支撑能力。

3.2.2　区域自主创新能力的评价指标体系

国内学者建立了区域自主创新能力的多种评价指标体系[30]。

江蕾、李小娟[26]在清晰界定区域自主创新概念的内涵和结构模型基础上，遴选了90个评价指标构成了我国区域自主创新能力的理论评价指标体系，采用隶属度分析、相关分析和鉴别力分析等方法对理论评价指标进行多重实证筛选，构建了由评价目标、评价模块和评价指标三个层面，共25个评价指标组成的我国区域自主创新能力的评价指标体系，并采用内部一致性系数和内容效度方法验证了评价指标体系的信度和效度。

孙恒有、张丽叶[31]依据自主创新能力的构成要素，在参考《中国区域创新能力报告》创新能力指标体系的基础上，以客观性、多角度性、有效性、可行性为原则，提炼出包含4个一级指标、11个二级指标、30个三级指标的指标体系，并指出[31]影响自主创新能力的因素还有体制、组织管理、创新人力资源的实际水平、素质及工作效率、创新财力资源的配置方式等方面，但是这些"软因素"很难定量估计，可以不予考虑。

傅为忠、韩成艳、刘登峰[28]在综合考虑宏观、社会和经济环境，在文献调研和专家筛选的基础上，结合中国科技发展战略研究小组发布的《中国区域创新能力报告 2009》，从创新投入能力、创新产出能力、创新成果转化能力、创新环境支撑能力、创新效益 5 个方面设置了 10 个二级指标、24 个三级指标。

张军涛、陈蕾[25]考虑了区域自主创新能力所包含的资源投入、成果产出、载体能力、环境能力、政策能力等内容，以及区域自主创新主体的创新能力、主体间的互动以及创新主体与创新环境之间的关系，将区域自主创新能力的评价指标体系分为 4 个层次。

现将上述文献的指标体系整理如表 3 - 2。

表 3 - 2　　　　　　　　　　　区域自主创新能力的评价指标群

指标名称	二级指标	具体指标
自主创新投入能力（创新资源投入能力）	资金人力投入	每万人 R&D 经费（万元） 科学家与工程师/科技活动人员（%） R&D 人员（人） R&D 经费支出占 GDP 的比重（%） 企业 R&D 经费占企业销售收入的比重（%）
	通信能力	每万人邮电业务量（万元） 百人固定电话和移动电话用户数（户）
	创新载体	区域高等院校（所） 区域科研机构数量（所） 拥有研发机构的企业占企业总数的比重（%） 高新技术企业数（个）
	教育水平	地区人口中大专以上学历所占比重（%） 教育支出占 GDP 的比重（%）
自主创新产出能力（创新成果产出能力）	高新技术水平	高技术业增加值占工业增加值比重（%） 高新技术产品出口占商品总出口比重（%）
	知识创造能力	每万人发表科技论文数（篇/万人） 每万人出版科技著作（项/万人） 每万人科技项目数量（项/万人）
	专利	发明专利授权量（件/万人） 发明专利数占申请总数的比重（%）

续表

指标名称	二级指标	具体指标
自主创新产出能力 （创新成果产出能力）	新产品市场	高新技术产业新产品销售收入（万元） 新产品销售收入占产品销售收入的比重（%）
	产业成果	大中型工业企业新产品产值（亿元） 高新技术产业总产值（亿元）
创新环境的保障能力	宏观经济环境	人均 GDP（元/人） 政府的财政收入（亿元）
	劳动者素质	教育投资占 GDP 的比重（%） 每万人毕业大学生数量（人/万人）
	市场环境	非国有经济所占比重（%） 外国直接投资占 GDP 的比重（%） 人均居民消费水平（元/人）
创新成果转化能力	科技合作	高校和科研院所来自企业的经费比重（%）
	知识和成果转化	技术市场成合同额（万元） 技术市场成交金额增长率（%）
创新效益	经济发展水平	出口额占 GDP 的比重（%） 高新技术产业产值占 GDP 的比例（%）
	居民收入水平	城镇居民人均可支配收入（元） 城镇居民人均收入增长率（%）
高校和研究机构 自主创新能力	创新产出	每千万研究经费支出产生的国外检索工具收录科技论文数（篇） 每千万研究经费支出产生的国内 3 种专利授权数（件）
	创新合作	高校和科研机构科技活动经费筹集来自政府资金（万元） 高校和科研机构科技活动经费筹集来自企业资金（万元） 高校科技服务课题数（项）

3.3 区域城乡统筹发展

3.3.1 区域城乡统筹发展概述

改革开放以来，中国经济发展取得了巨大成就，城乡居民收入也快速增长，城乡关系得到了局部改善。《中共浙江省委关于建设美丽浙江创造美好生活的决定》[1]明确指出统筹推进城乡一体化，深入实施《浙江省深入推进新型城市化纲要》和关于深入推进新型城市化的实施意见，促进工业化、信息化、城镇化、农业现代化同步发展，加快形成城乡空间布局框架和城镇体系结构。

就区域城乡统筹发展的定义，国内各学者表达了不同的看法。田美荣、高吉喜[32]总结得出城乡统筹就是要实现城乡之间生产要素的合理流动和优化组合，在一定经济发展水平下，逐步缩小基础设施、公共服务水平等方面差距，并使城乡之间各具特色，优势互补。李勤、张元红、张军[33]等认为城乡统筹发展的内容很丰富，它既包括资源、经济等物质实体，又包括科技、教育等非物质实体，同时，城乡统筹又是一个人口、资源、环境、经济和社会的动态持续的协调过程。高珊、徐元明、徐志明[34]认为城乡统筹发展就是要打破城乡二元结构，使城市和农村紧密联系，城乡享有平等的发展权利和发展机会，建立起社会主义市场经济体制下平等和谐的城乡关系。陈鸿彬[35]认为城乡统筹发展，就是要把城市和农村的经济社会发展作为一个整体统一规划，全盘考虑，既要考虑城乡协作和协调发展，又要考虑城乡调控和融合。

3.3.2 区域城乡统筹发展的评价指标体系

判断城乡统筹发展程度是政府分析城乡发展存在问题和制定今后经济社会发展战略的重要前提[35]。在全面推进统筹城乡发展的同时，为了系统体现城乡差距、综合反映推进效率和落实效果、动态跟踪分析统筹进度、及时修正战略途径和政策组合[36]，国内学者建立了诸多评价指标体系。

陈鸿彬[35]认为确定城乡统筹发展评价指标体系，需要从我国国情出发，以发达国家和部分发展中国家20世纪90年代水平为参照系，并以2020年为基本达标年，确定出城乡统筹发展定量评价指标体系由4个子系统42个指标组成。

田美荣、高吉喜[32]构建了反映城乡关系发展状态，体现城乡之间的互动、差异及协调程度的，由城乡协调度和城乡特色度两部分组成的指标体系。

杜茂华、刘锡荣[37]在借鉴其他省份城乡统筹发展指标体系的基础上，建立符合重庆市实际情况的指标体系。该指标体系由4个一级指标、10个二级指标、33 个三级指标构成。33 个指标从经济规模与效益、社会事业发展、基础设施与生态环境建设和城乡规划与管理（空间）等四个方面综合反映城乡统筹程度。

现将上述学者的指标体系整理如下（见表 3 - 3）：

表 3 - 3　　　　　　　　区域城乡统筹发展的评价指标群

指标名称	二级指标	具体指标
城乡统筹经济发展指标	经济总量	城乡人均国民生产总值（GDP） 城（乡）人均 GDP 占比（%） 经济密度（GDP/平方千米） 人均非农产值与农业产值占比（%） 城市居民人均可支配收入（万元） 城市人均财政收入（元）
	经济结构	城乡就业人数占比（%） 支援农村生产支出占地方预算内财政支出的比重（%） 城市第三产业增加值占 GDP 的比重（%）
	经济效益	城乡社会劳动生产率比（%） 农业劳动生产率（%） 全社会劳动生产率（%）
城乡统筹社会发展指标	生活水平	城乡人均受教育年限占比（%） 城乡居民每百户传统耐用消费品拥有量占比（%） 城市信息化综合指数（%） 城市人均住房使用面积（平方米） 城镇化率（%） 城市用管道天然气、液化气普及率（%） 城市污水排放处理率（%）
	文教体福卫	公共教育经费占 GDP 占比重（%） 城市每万人口在校大学生数（人） 城市人均科学事业经费财政支出（元） 城乡居民文化娱乐生活服务消费支出占比（%） 城乡人均教育经费财政支出占比（%） 城乡人均医疗卫生经费财政支出（元）
城乡统筹基础设施与生态环境建设指标	基础设施	人均道路面积（平方米/人） 建成区面积比例（%） 交通网密度（公里/平方公里） 农村村庄路面硬化率（%） 农村已通沥青（或水泥路面）的自然村比重（%） 城市生活垃圾无害化处理率（%）

续表

指标名称	二级指标	具体指标
城乡统筹基础设施与生态环境建设指标	生态环境	建成区绿化覆盖率（%） 城乡环境质量综合指数 城乡环境噪声达标率（%） 城乡环境保护人均投入资金额（万元/人）
城乡统筹规划与管理	空间关联	区域内建制市镇密度（%） 城市密度（人/平方公里） 区域内小城镇总量（个）
城乡统筹特色度	景观特色	城乡传统地方特色建筑率占比（%） 城市现代化景观与乡村田园景观占比（%） 城市绿化覆盖率（%）
	文化特色	城乡特色文化活动举办数量占比（%）

3.4　区域政府管理绩效

3.4.1　区域政府管理绩效

从中国的历史看，"政府管理绩效"概念可以追溯到中国古代的选官、用官制度，会将一个官吏的绩效记录存档，根据其优劣来提拔到合适的官位[38]。现代政府以向公民和社会提供优质高效的服务为宗旨，以提高政府绩效为目标，政府服务的对象是公众，其管理绩效的好坏关系到所有公众的利益[39]。

1993 年，Compel 等人提出了绩效理论，他们认为绩效不是活动的结果，而是活动本身，是人们实际做的并且可以观察到的行为，绩效只包括那些与组织目标有关并且可以根据每个人的熟练性（即贡献水平）进行测量的行动或者行为[40]。范柏乃、朱华[41]认为地方政府管理绩效是指地方政府在一定时期内行使其功能、实现其意志过程中体现出的行政管理能力，是对国民经济和社会事务进行宏观规划、引导和管理所取得的效果和效益，集中表现在行政管理、经济发展、社会稳定、教育科技、生活质量和生态环境等方面。

张红霞、沈玉志、张兆梁[42]认为政府管理绩效是指政府在社会经济管理活动中的结果，政府管理绩效可以分为政治绩效、经济绩效、文化绩效、社会绩效四个方面。白景明[43]认为政府绩效应是政府各部门在依法执政、民主执政、科学执政的前提下从全社会利益扩展出发为人民办事的效率和结果。

3.4.2　区域政府管理绩效的评价指标体系

政府管理绩效评价体系为政府管理绩效的评价提供一套量化考核标准，有效克服政府在行政工作中的盲目性，监控政府职能执行过程中的偏差并能够及时对偏差加以纠正，使政府职能得以在法制的轨道上执行[44]。

政府管理绩效评价作为一种管理工具，在国外公共行政中受到了极大的关注。20 世纪 60 年代，美国会计总署率先建立了以经济性（economy）、效率性（efficiency）和效果性（effectiveness）为主体的"3E"评估方法，由于这种方法过度地偏向经济性等硬性指标，在随后的政府绩效评价体系中，加入了公平（equity）指标，发展为"4E"绩效评估法[41]。在国外政府管理绩效研究热潮的推动下，我国政府和学术界也开始关注和重视政府管理绩效。2002 年，厦门市思明区政府与厦门大学共同开发了"公共部门绩效评估系统"，该系统由评估主体、评估维度和评估指标三方面的内容构成[45]。《中国政府绩效评估研究》课题组在总结国内外相关指标体系设计思想和方法技术的基础上，提出了一套我国地方政府绩效评估指标体系，该评估体系由职能指标、影响指标和潜力指标 3 个一级指标，11 个二级指标以及 33 个三级指标构成[41][46]。

范柏乃、朱华[41]结合国内外政府绩效的评价指标，在对浙江大学 200 多名 MPA 学员的问卷调查和召开多个专家会议的基础上，以中国政府提出的"科学发展观"和"执政为民"为指导原则，从行政管理、经济发展、社会稳定、教育科技、生活质量和生态环境 6 个领域，遴选了 66 个指标构成了地方政府绩效的评价体系，采用隶属度分析、相关分析和鉴别力分析等方法对评价指标进行实证筛选，建立了我国地方政府绩效评价体系。

张红霞、沈玉志、张兆梁[42]鉴于地方政府管理与企业管理的逻辑和内在规律等本质区别，借鉴国内外已有的研究成果，遵循地方政府管理绩效评价指标体系构建的原则，从地方政府自身建设、政府职能及管理成本三个维度构建地方政府管理绩效评价指标体系。

朱敏、张明星、张宏敏[46]在参考《中国政府绩效评估研究》课题组总结的国内外相关指标体系设计思想和方法技术的基础上，经过深入调查，并组织有关专家论证分析，提出了适用于四川及各重点城市的"投入—产出"政府绩效评估指标体系。

现将上述文献的指标体系整理如下（见表3-4）。

表3-4　　　　　　　　　区域政府管理绩效的评价指标群

指标名称	二级指标	二级指标
政府自身建设	改革能力指标	公众对政府职能转变水平的满意度（%） 公众对政府行为法制化水平的满意度（%） 公众及行政人员对决策民主化的满意度（%）
	行政管理	本科以上学历占公务员的比重（%） 政策的稳定性（等级） 政务的公开性（等级） 执法的公正性（等级） 对假冒伪劣产品的打击力度（等级）
	勤政廉政状况	公众及行政人员对机关工作作风、服务质量的满意度（%）
	行政效率	公众对审批程序简化的满意度（%） 信息管理水平（等级）
政府职能建设	经济调节	GDP 增长率（%） 原材料消耗强度（%） 人均 GDP（万元） 单位能耗产出 GDP（元/吨标准煤） 全员劳动生产率（元/人/年）
	市场监督	企业对市场法规完善程度的满意度（等级） 企业对执法的满意度（等级） 企业对政府的满意度（等级）
	公共服务	基础设施建设满意度（等级） 信息公开程度（等级） 社会保险覆盖率（%）

续表

指标名称	二极指标	二极指标
政府管理成本	内部管理成本	行政管理费用与地方财政支出比重（%） 机关在岗职工年工资总额与地方财政支出的比重（%）
	外部成本	公共事业财政支出与地方财政支出的比重（%） 公共项目投资（万元） 政府职能管理费用占地方财政支出比重（%）
政府管理效果	教育科技	教育经费占 GDP 比重（%） 大专以上学历占总人口比重（%） 科技经费占 GDP 比重（%） 万人专利授权量（件）
	生活质量	城镇居民人均可支配收入（元） 农村居民人均纯收入（元） 人均居住面积（平方米） 人均道路面积（平方米） 万人公交车拥有量（辆） 百人固定电话拥有量（部） 人均年生活用电量（度）
	生态环境	环保资金投入占 GDP 比重（%） 工业废水处理率（%） 工业废气净化率（%） 工业固体废物处理率（%） 人均二氧化硫排放量（立方米） 人均绿地面积（公顷） 人均耕地面积（公顷） 森林覆盖率（%）

3.5 区域经济资源环境协调发展

3.5.1 区域经济资源环境协调发展概述

改革开放以来，中国经济发展显著，GDP 增长迅速，提高经济增长率成为主要经济目标之一。但是在这种高增速为导向的经济发展状况背后隐藏着许多问题，诸如环境污染问题和生态破坏问题。早在 1987 年，联合国环境与发展委员会就发表了《我们共同的未来》，提出了可持续发展的概念。1994

年我国推出《中国 21 世纪议程》白皮书，报告指出了我国经济、资源、环境协调可持续发展的战略、政策和措施[47]。2014 年，为建设美丽浙江、创造美好生活，《中共浙江省委关于建设美丽浙江创造美好生活的决定》[1]提出要完善新型城市化战略格局，建设生态安全体系，逐步形成人口、经济、资源、环境相协调的空间开发总体格局。

　　科学正确地认识并把握"经济—资源—环境"之间的规律性，对于解决经济发展与资源环境协调发展的突出问题，产业结构优化升级，认清未来能源发展规划趋势等均具有重要的现实意义[48]。当今世界，发展已不再是单纯的经济发展，而是经济资源环境的协调发展，是全社会的可持续发展。经济质量的提高和改善，往往反映了一个国家或地区生活条件的改善、教育事业的提高和社会的进步，尤其对于中国这样的发展中国家，经济发展始终是发展的主要问题。资源则是一国或一定地区内拥有的物力、财力、人力等各种物质要素的总称，经济的发展很大程度上都取决于自然资源的占有和配置，是人类基本生存和发展的重要物质基础。环境与人类密切相关，影响着人类的日常生产活动，是人类生存发展基础条件，优美适宜的生态环境可为人类的可持续发展和进步提供有力的保障，而生态的破坏和环境的污染则会制约人类的发展[49]。

3.5.2　区域经济资源环境协调发展的评价指标体系

　　经济、资源和环境所包含的内容极其丰富，如何衡量经济、资源和环境之间协调发展的状况是学者们讨论的热点问题。建立一套科学、严密、合理、便于操作的区域经济资源环境协调发展的综合评价指标体系有助于提出促进三者协调发展的战略方针，同时也有助于对三者协调发展的未来做出预测。

　　王学超[47]根据综合性、可操作性、客观性和协调性的原则，同时结合郑州市的实际情况，并咨询相关专家学者的意见，选取 21 个原始指标来衡量郑州市人口、资源、环境与经济的协调发展程度。

　　胡彪、于立云、李健毅等[50]通过专家咨询以及对现有的经济—资源环境系统指标体系、生态文明建设评价指标体系中反映经济、资源、环境系统发展状况的部分做频度统计，选取针对性较强的指标并考虑数据的完整性及可获得性，遵循科学、全面、系统、可操作性强等原则，设计出天津市"经济—资源—环境"系统协调发展度评价指标体系，包括经济子系统、资源子系统、环境子系统三个子系统，综合反映经济总量、经济结构、经济效益，资源供给、资源消耗，环境质量、环境污染、环境治理等方面。

史亚琪、朱晓东、孙翔等[51]将经济子系统评价指标细化为区域经济总量、区域经济结构、区域经济效益三大类，将环境子系统分为环境压力、生态水平和污染防治三大方面，筛选得到由 25 个独立指标构成的连云港市"经济—环境"复合生态系统协调发展评价指标体系。

李祚泳、甘刚、沈仕伦[52]分析了社会、经济与环境指标体系所具有的特征，提出了社会、经济发展态势度和环境功能损害态势度概念，并应用同异反态势排序法计算出态势度，在此基础上建立了社会、经济与环境协调发展的生长曲线指数评价模型。

常阿平、彭伟功、梁丽珍[53]从经济发展对环境的影响和对社会的贡献程度出发建立了经济与环境协调发展评价指标体系，进而提出了区域经济与环境协调发展的定量评价方法。通过建立定量化的数学模型，构建了 6 个二级指标、24 个三级指标，从定量的角度考核一个地区经济发展实力、环境质量以及经济与环境协调发展程度。

李芳林、查奇芬[54]认为资源、环境与经济的协调发展是区域可持续发展的核心内容。因此建立资源环境协调性、经济发展协调性以及社会发展协调性 3 个一级指标、10 个二级指标、55 个三级指标。通过建立一整套逻辑严密、具有可操作性的资源、环境与经济协调发展的核算与评估指标体系，可以帮助分析区域发展过程中取得的成果和存在的不足。

张维群[55]研究了区域人口与经济、社会、资源环境全面协调发展的内涵，构造了包括人口、经济、社会、资源环境等四个方面共 18 个核心指标的评价指标体系。通过指数的加权几何平均数来构造区域人口发展与经济、社会、资源、环境全面协调可持续发展综合评价模型。

蒋小平[56]认为现实中的经济活动与生态环境之间存在着相互影响、相互作用的相关关系。城市经济与生态环境协调发展关系的研究是城市能否可持续发展的重要依据，而其评价指标体系应该包括两大部分：第一，城市综合经济实力发展水平指标；第二，城市生态环境承载力与大气环境承载力指标。

通过构建 7 个二级指标、20 个三级指标体系和评价模型来解决城市经济与生态环境之间的冲突状况并且预测未来的发展态势。

现将上述评价指标体系整理如表 3-5 所示。

表 3-5　　　　　　　区域经济资源环境协调发展的评价指标群

指标名称	指标内容	备注
经济子系统	人均 GDP（元/人）	
	人均社会消费品零售额（元/人）	
	人均社会总产值（元/人）	
	人均财政收入（元/人）	
	财政收入占财政支出比重（%）	
	人均社会消费额（元/人）	
	国民经济年增长率（%）	
	全社会固定资产投资占 GDP 的比重（%）	
	城镇居民人均可支配收入（元/人）	
	第二、第三产业比重（%）	
	旅游收入（万元）	
资源子系统	人均水资源总量（立方米/人）	
	人均农作物播种面积（平方米/人）	
	人均建设用地面积（平方米/人）	
	人均公共绿地面积（平方米/人）	
	林业用地面积（千公顷）	
	耕地面积（千平方米）	
	国土面积（万平方公里）	
	城市天然气供气总量（亿立方米）	
环境子系统	工业废水排放达标率（%）	
	污水处理率（%）	
	工业固体废物综合利用率（%）	
	工业废气处理率（%）	
	生活垃圾无害化处理率（%）	
	环境空气质量优良率（%）	
	建成区绿化覆盖率（%）	
	噪音超标率（%）	
	地区生产总值能耗（吨标准煤/万元）	
	环境污染治理投资占 GDP 的比重（%）	

3.6 区域可持续发展

3.6.1 区域可持续发展定义

可持续发展作为一个具有重要战略意义的思想和理念，已成为生态、资源、环境、经济、社会等学科的研究前沿领域之一。区域可持续发展是可持续发展思想在地域治理上的落实与体现，是指特定区域的需要不削弱其他区域满足其需求，同时当代人的需要不对后代人满足其需求能力构成危害的发展模式[57]。

区域可持续发展是全球可持续发展的基础，其研究对象包括人口、社会、经济、自然在内的复合生态系统，它要求在有效控制人口增长、合理利用自然资源、逐渐改善环境质量的基础上促进区域内的经济增长和社会发展，同时均衡不同区域之间的发展水平，缩小区际发展差距。

区域可持续发展的评价是完善区域可持续发展理论及指导发展实践的基础[58]。在国际上比较有代表性的主要有以色列希伯莱大学所建立的人类活动强度指标（HAI）[59]、联合国开发计划署（UNDP）所建立的人类发展指数（HDI）[60]、由加拿大国际可持续发展研究所（IISD）提出的环境经济可持续发展模型（EESD）、联合国提出的综合"环境—经济"核算体系（SEEA）[57]等。国内具有代表性的有中国科学院、原国家计委地理所设计出包括经济增长、社会进步、资源环境支持及可持续发展能力子系统的指标体系[61]；清华大学 21 世纪发展研究院在研究长白山地区区域可持续发展时提出的包括系统发展水平（包括资源潜力、经济绩效、社会生活质量、生态环境质量 4 个方面）和系统协调性（包括资源转换效率、生态环境治理力度、经济社会发展相关性 3 个方面）的指标体系[62]。

3.6.2 区域可持续发展的评价指标体系

区域可持续发展是一个密不可分的系统，既要达到发展经济的目的，又要保护好人类赖以生存的大气、淡水、海洋、土地和森林等自然资源和环境，使子孙后代能够永续发展和安居乐业。[63]。可持续发展涉及到自然、环境、社会、经济、科技、政治等诸多方面，建立一套科学合理可持续发展综合评价指标体系，可以有效回答区域建设与发展是否促进了可持续发展这一目标的实现[64]。

檀菲菲、张萌、李浩然、陆兆华[65]为使所选指标具有横向和纵向可比性，评价标准选择一级（合格），二级（中等），三级（良好）这 3 个级别，以二级标准作为整个标准体系的主线，在二级基础上制定一级和三级标准。参考国家标准，结合"十二五"发展规划和环境保护规划（比如约束性指标和预期性指标），并适当参考世界发达水平值，制定了包含 3 个系统、18 个指标层的可持续发展综合评价指标体系。

曹利军、王华东[66]认为区域可持续发展是区域发展条件改善的结果，抛开区域复合系统的时空差异，一个区域的可持续发展应该包括经济结构与机制的优化、生活质量和社会福利的提高、动态调节性和输出输入转化能力的增强、资源环境的可持续利用，并将区域可持续发展指标体系分为发展水平、发展效率、发展潜力、发展协调度、发展开放度、发展调控度和发展均衡度 7 个方面 53 个指标。

曾嵘、魏一鸣、范英、李之杰[67]认为可持续发展的实质是自然与社会系统的协调发展，其核心内容可以归纳为人口、资源、环境和经济四项关键要素的协调发展。以北京市的实际出发，建立 4 个一级指标、11 个二级指标、47 个三级指标突出了可持续发展过程中各要素的协调状态，构建了北京市人口、资源环境与经济协调发展的分析与可持续评价体系。

杨唤、陈学中[68]将可持续发展理论应用于区域经济的可持续发展，从自然资源、人力资源、科学技术生态环境、社会、经济等六个方面构建区域经济可持续发展的评价指标体系。根据区域经济可持续发展的内涵，兼顾指标体系建设的独立性、关联性、层次性以及核心性等特点建立了 6 个二级指标、16 个三级指标和 70 个四级指标构成的评价指标体系。

余丹林[69]认为区域可持续发展评价指标体系最终是服务于区域可持续发展目标需要的。因而其指标体系包括了由社会、经济、资源、环境等组成的子系统指标和从区域协调发展的角度突出反映承载力要素和政策法律要素等内容构成的协调度指标。子系统指标和协调度指标二者有机结合、互为补充，耦合成区域可持续发展评价指标体系的总体框架。

陈郁、张树深、张芸、郑洪、吕佳[70]把区域可持续发展指标体系作为对不同地域范围内可持续发展状态、趋势及总体能力判断依据。采用"自上而下"与"自下而上"相结合的指标遴选方法，同时充分考虑到区域的特点，建立了可持续发展的指标体系。该指标体系由目标层、领域层、主题层、指标层 4 个层次共计 71 个指标构成。

李植斌[[71]]研究了区域可持续发展评价指标体系的构建原则、结构、功能，并且对资源环境、经济、社会评价指标体系进行了系统分析。通过构建 3 个目标因子、21 个分类指标探讨了可持续发展评价的内容、过程和方法，认为可采用区域发展协调度模型对区域持续发展系统进行评价和预警。

奚青梅[72]认为区域可持续发展的实质是区域社会、经济、资源、环境 4 大子系统的动态协调发展，因此可以从资源支持能力、环境支持能力、社会支持能力、经济支持能力 4 个方面对区域的可持续发展进行综合的评价。并以 AHP 综合评价法为基础，从资源支持能力、环境支持能力、社会支持能力、经济支持能力 4 个方面，选择 47 个指标对资源型区域可持续发展进行了评价。

现将上述指标体系整理如表 3 - 6 所示。

表 3 - 6 　　　　　　　　　区域可持续发展的评价指标群

指标名称	指标内容	备注
社会发展指标	城市化率（％）	
	农民人均纯收入（元）	
	城镇人均可支配收入（元）	
	城镇人均居住面积（平方米）	
	千人拥有医生数（人）	
	计划生育率（％）	
经济发展指标	人均 GDP（元）	
	第三产业占 GDP 比重（％）	
	在岗职工平均工资（元）	
	城市居民人均生活费收入（元）	
	GDP 增长速度（％）	

续表

指标名称	指标内容	备注
生态环境指标	森林覆盖率（%）	
	空气质量好于二级天数的比例（%）	
	工业固废综合利用率（%）	
	家庭月平均电耗（千瓦时）	
资源可持续性指标	水资源的循环再利用率（%）	
	人均水资源（立方米/人）	
	主要矿种保有存量（亿吨）	
	重要矿产资源的占有率（%）	
	森林资源的再植率（%）	
	人均林地面积（公顷/人）	
科技发展指标	万人每年授权专利数（万件）	
	科技进步贡献率（%）	
	专业技术人员占总人口比重（%）	
	高技术产业比重（%）	
	研究与开发经费占 GDP 比重（%）	

3.7 美 丽 中 国

3.7.1 "美丽中国"的提出和相关研究

"美丽中国"是中国共产党第十八次全国代表大会提出的概念，强调把生态文明建设放在突出地位，融入经济建设、政治建设、文化建设、社会建设各方面和全过程。2012 年 11 月 8 日，在中共十八大报告中首次作为执政理念出现。2015 年 10 月召开的中共十八届五中全会上，"美丽中国"被纳入"十三五"规划，首次被纳入五年计划。2014 年 5 月，为深入贯彻党的中共十八大、十八届三中全会和习近平总书记系列重要讲话精神，积极推进建设美丽中国在浙江的实践，加快生态文明制度建设，努力走向社会主义生态文明新时代，浙江省作出关于建设美丽浙江、创造美好生活的决定，并颁布了《中共浙江省委关于建设美丽浙江创造美好生活的决定》[1]。

"美丽中国"不只与生态文明有关，要求把生态文明建设放在突出地位，并融入经济建设、政治建设、文化建设、社会建设等，这种五位一体的做法是建成"美丽中国"的关键。其实质是对我国未来经济发展模式、社会生活、生态环境建设蓝图的刻画，尤其强调人地之间协调性，资源、能源的永续性[73]。建设美丽中国，核心就是要按照生态文明要求，通过生态、经济、政治、文化及社会五位一体的建设，实现人民对"美好生活"的追求，实现民族伟大复兴的"中国梦"[2]。

2012 年 12 月，四川大学"美丽中国"评价课题组在中共十八大提出建设"美丽中国"之际，适时推出《"美丽中国"省区建设水平（2012）研究报告》和《"美丽中国"省会及副省级城市建设水平（2012）研究报告》，建立了一套包括生态、经济、政治、文化、社会 5 个一级指标，27 项二级指标的"美丽中国"综合评价体系，并对列入评价的 28 个城市的综合建设水平指数进行了测算并进行了排名。

2013 年，四川大学"美丽中国"研究所发布《"美丽中国"省区建设水平（2013）研究报告》与《"美丽中国"省会及副省级城市建设水平（2013）研究报告》，对 2012 年列入评价的 31 个省区的综合建设水平指数进行了测算，并在去年指标体系基础上进行优化，加大对生态文明建设考察的权重，增加反映生态本底、生态文明制度、环境治理、环境友好等指标。

2014 年，《"美丽中国"省区建设水平（2014）研究报告》与《"美丽中国"省会及副省级城市建设水平（2014）研究报告》仍以涵盖生态、经济、政治、文化、社会 5 个方面的综合性指数为主要评价依据，并以联合国人类发展指数（human eevelopment index，HDI）为主要测量方法，对我国省区、省会和副省级城市建设水平进行评比，最终形成排名及研究报告。

2015 年，《"美丽中国"省区建设水平（2015）研究报告》充分结合了党的十八届五中全会提出的关于牢固树立创新、协调、绿色、开放、共享的发展理念，首次将反映地区城乡统筹发展和重点地区脱贫工作情况的国家级重点贫困县数量纳入指标体系；同时，报告还第一次将反映地方绿色执政理念的官员离任"生态审计"制度、地区生态建设与保护投资等纳入指标体系。

3.7.2 "美丽中国"的评价指标体系

建立一套科学、严密、完整的"美丽中国"评价指标体系，能更好地对"美丽中国"建设状况进行监测和预测，从而为"美丽中国"的建设规划提供决策服务[3][74]。

四川大学"美丽中国"研究所2015年颁布的《"美丽中国"省区建设水平（2015）研究报告》在2014年指标体系基础上进行微调，坚持开放性和动态性原则，指标体系最终由生态维度、经济维度、政治维度、文化维度、社会维度5个一级指标、12个二级指标、49个三级指标构成。

胡宗义、赵丽可、刘亦文[3]以"美丽中国"的内涵为基础，根据指标体系设计的原则，从美丽经济、美丽社会、美丽环境、美丽文化，美丽制度和美丽教育6个层面来构建"美丽中国"评价指标体系，共包含3个层次，一级指标为美丽中国目标层；二级目标包括美丽经济、美丽社会、美丽环境、美丽文化、美丽制度和美丽教育6个层面；三级指标在二级指标下选取若干单项评价指标组成，共26个指标。

现将上述文献的指标体系整理如表3－7所示。

表3－7　　　　　　　　　"美丽中国"的评价指标群

一级指标	二级指标	三级指标	单位	指标说明
生态维度	生态质量	世界自然遗产地数量（含双遗产地）	处	通过自然遗产、森林、湿地等反映省区的生态本底，是衡量省自然资源情况的重要指标
		国家级自然保护区数量	处	
		国家级风景名胜区数量	处	
		森林覆盖率	%	
		湿地面积占辖区面积	%	
		建成区绿化覆盖率	%	充分反映了建成区内绿化状况，衡量建成区内对环境的保护力度
		每万人拥有的国家级自然保护区面积	公顷/万人	人均数据反映了生态资源实际状况，是反映整体生态环境水平的重要指标
		每万人拥有的森林及草原面积	公顷/万人	

续表

一级指标	二级指标	三级指标	单位	指标说明
生态维度	环境治理	生活垃圾无害化处理率	%	生活垃圾已成为省区环境的主要污染源之一，要加强资源循环利用和生态环境保护，增强可持续发展能力，使人民在良好的环境下生活，需要监控城市生活垃圾无害化处理情况
		污水处理率	%	反映生活污水、工业废水处理程度
		一般工业固体废物综合利用率	%	反映工业固体废物综合利用情况
经济维度	经济结构	第三产业增加值占 GDP 比重	%	反映产业结构优化升级的指标，对于经济发展方式转变及省、市整体竞争力具有重要意义
		居民消费占 GDP 比重	%	反映优化经济增长需求结构的指标，提高消费需求贡献率，可以促进三大需求拉动的平衡发展，增强经济发展的内生动力
	发展绩效	人均城乡居民储蓄存款额	元	这些是反映居民生活水平的指标，选用人均，既体现发展第一要义，又体现"美丽中国"的构建以人为本，同时选用增长速度，充分考虑了人民生活水平的动态变化，以衡量"美丽生活"的实际绩效
		城镇居民人均可支配收入	元	
		农村居民人均纯收入	元	
		城镇居民可支配收入比上年增长	%	
		农村居民纯收入比上年增长	%	
政治维度	环保作为	节能环保支出占公共财政预算支出的比重	%	反映环境治理保护投入力度的重要指标
		是否将生态文明纳入政绩考核		反映政府对生态文明建设的重视程度以及相关生态文明制度建设是否完善
		是否制定省级生态文明建设相关规划		

续表

一级指标	二级指标	三级指标	单位	指标说明
政治维度	政治进步	是否设有面向社会公众的政府信息公开网络平台		反映政府信息公开的程度，衡量是否能够让广大的人民享有切实的参与和监督权力
		是否推行和试点官员财产公示		反映政府信誉、官员自律、行政效率等问题。财产公示有助于建设廉洁高效的服务型政府
		是否实施差额选举		反映政治的民主进步程度，党的十八大报告指出要保证人民依法实行民主选举、民主决策、民主管理、民主监督；更加注重发挥法治在国家治理和社会管理中的重要作用
文化维度	文化传承	世界文化遗产地数量（含双遗产）	处	反映省区文化传承与文化保护的重要指标
		国家级文物保护单位比上一年新增	处	
		国家非物质文化遗产比上一年新增	个	
	文化投入	文化体育与传媒支出占地方公共财政预算支出比重	%	反映省区文化投入的重要指标，衡量城市对文化的投入状况
		每百万人拥有博物馆数量	个/百万人	反映省区文化设施建设的水平和为群众提供文化服务、繁荣群众文化生活的指标
		每百万人拥有文化馆数量	个/百万人	
		每百万人拥有公共图书馆数量	个/百万人	
	文化消费	城镇居民人均全年文化教育娱乐的现金消费占全年消费支出比重	%	反映城镇和农村居民文化教育娱乐消费的指标，是衡量城镇和农村人民文化生活状况的重要依据
		农村居民人均全年文化教育娱乐的现金消费占全年消费支出比重	%	

续表

一级指标	二级指标	三级指标	单位	指标说明
社会维度	民生投入	教育支出占公共财政支出比重	%	反映教育、社会保障、医疗卫生的投入情况，是体现习近平在常委见面会上讲话精神的重要指标
		社会保障与就业支出占公共财政支出比重	%	
		住房保障支出占公共财政支出比重	%	
		医疗卫生支出占公共财政支出比重	%	
	生活质量	城镇居民人均住宅建筑面积	平方米	反映居民居住情况的重要指标
		农村居民人均居住面积	平方米	
		每万人拥有公共交通车辆	辆/万人	
		每万人拥有卫生技术人员数量	人/万人	衡量能够为群众提供医疗卫生服务的人力资源的能力
		城乡居民收入比（农村＝1）	%	综合反映省区城乡统筹发展，新型城镇化建设的重要指标
		平均预期寿命	岁	反映了各个省区疾病水平和卫生服务水平的综合状况

第4章

浙江省区域综合评价实践经验

本章以"浙江省财政支出绩效评价指标体系"和"全面建成小康社会统计监测指标体系"两个指标体系为重点，总结归纳浙江省区域治理和发展水平综合评价的实践经验。

4.1 浙江省财政支出绩效评价指标体系

判断财政支出活动是否有效率、检验财政资金的使用是否达到高效，客观上要求建立一套科学、合理并行之有效的财政支出绩效评价体系。2003 年10 月中共十六届三中全会提出"建立预算绩效评价体系"后，绩效管理开始在我国财政预算管理中得到应用。

4.1.1 财政支出绩效评价的国内外现状

运用财政支出绩效评价体系，可以对财政支出行为过程及其效果进行科学、客观、公正的衡量和综合评判。财政支出绩效评价强调必须重视支出结果，确立以"结果"及"追踪问效"为导向的财政支出管理模式，有助于支出部门、单位强化"花钱"的责任意识、形成"花钱"看结果的管理理念，也为实现财政部门监控财政资金的运行过程及效果提供了新的手段[75]。

在市场经济国家，开展财政支出绩效评价工作，已成为政府加强宏观管理，促进提高政府资金运行效率，增强政府公共支出效果的关键手段[76]。绩效指标能够提供与投入有关改进管理、提高效率的有价值的信息。财政支出绩效评价通常运用科学、规范的绩效评价方法，按照政府行为的效益、效率和效果原则，以政府行为的成本效益分析为核心的综合指标体系与标准行为作为评价依据，对财政支出的成本和产生的效益进行科学、客观、公正的衡量比较和综合评判[77]。财政绩效评价，既是政府履行受托责任的客观要求，也是实现公共利益最大化的必然要求，更是当前我国深化财政改革的现实需要。

西方发达国家经过几十年的发展，普遍开展了财政支出绩效评价。这些国家（见表 4-1）各级政府通过开展绩效评价，不仅有效地提高了财政支出绩效，节约了财政资金，较好地维护了公众的利益，而且通过绩效评价优化了财政支出结构，使财政支出成为政府施政的重要工具，成为调控经济运行和社会发展的重要经济手段[78]。

表 4-1　　　　　　　　西方各国政府财政支出绩效评价情况

国家	评价建设情况	评价组织实施	评价实施方式	评价内容
英国	1983 年，英国卫生与社会保障部第一次提出了较为系统的绩效评价方案；1997 年，颁布《支出综合审查》	公共服务和公共支出内阁委员会（PSX）指导和监督；主要由各部门自我评价	政府各部门与财政部签订《公共服务协约》；每年向议会提交《秋季绩效评价报告》	对政府部门的评价、对基层单位的评价、对地方政府的评价和对项目的评价
美国	1979 年，《关于行政部门管理的改革和绩效评价工作应用》；1993 年，《政府绩效与结果法案》；目前，美国已经形成了较为完善的绩效评价体系	国会会计总署、总统预算与管理办公室和各政府部门	政府各部门制定长期战略规划和年度计划；每年向国会提交年度绩效报告	部门年度绩效考评、专题绩效评价和项目评价
德国	德国的《基本法》和《预算法》	联邦政府部门和机构、联邦财政部、联邦审计院	对比法、追踪调查法和系统分析法；货币评价法和非货币评价法；静态分析评价法和动态分析评价法	部门自我评价、财政部门综合评价和审计部门审核评价

国家	评价建设情况	评价组织实施	评价实施方式	评价内容
澳大利亚	1976 年,《Coombs 报告》;1983 年,《改革澳大利亚公共服务白皮书》;1984 年,《预算改革白皮书》;1998 年,《辨析目标和产出》;2000 年,《目标与产出框架》	财政与管理部负责组织领导,各部门分别实施评价	政府各部门的部长每年都向财政与管理部上报《部长预算陈述》,简述部门目标与预计完成情况;财政年度结束后,要提交部门《年度绩效报告》,进行绩效评价	部门绩效评价、单位绩效评价、项目评价
加拿大	1977 年,《绩效评价政策》;1981 年,《绩效评价指南》;1994 年,《绩效监察条例》;2000 年,《对绩效评价的研究》;2001 年,《加拿大政府绩效评价政策和标准》	内阁财政委员会秘书处领导,由其所属评价中心具体协调,各部副部长专门负责各部评价事宜	各联邦政府部门都要制定《部门战略规划及预期结果》,每年各政府部门都要对其绩效进行评价,评价一般由各部门内部进行	对国家总体能力的评价、政府部门评价、单位评价和项目评价

在我国,随着社会主义市场经济的不断完善,以及公共财政框架的逐步建立,21 世纪初,财政部提出了"积极探索建立财政支出绩效评价体系"的工作思路[79]。财政部门专门组织力量开展研究,召开了全国财政支出绩效评价研讨会,成立课题组对财政支出绩效评价重点问题进行了专题研究。2001 年,湖北省财政厅率先在该省的恩施土家族苗族自治州选择了 5 个行政事业单位,进行了评价试点工作。2002 年,湖北省又在全省范围内进行了扩大试点,湖南、河北、福建等省相继进行了试点。随后,湖北、广东等省财政支出绩效评价试行办法也相继出台,为财政支出绩效评价工作的开展提出了基本的思路。

4.1.2　浙江省财政支出绩效评价参考指标库

早在 2003 年,浙江省就开始探索财政支出绩效评价工作。2005 年 3 月财政厅撤销统计评价处,成立了绩效评价处。2005 年 10 月,省政府办公厅下发了《关于认真做好财政支出绩效评价工作的通知》,并随文下发了《浙江省财政支出绩效评价办法(试行)》,为全省财政支出绩效评价工作确立了基本制度依据。为使绩效评价工作更具有操作性，财政厅又先后制定出台了《浙江省财政支出绩效评价实施意见》《浙江省中介机构参与绩效评价工作暂行办法》《浙江省财政支出绩效评价专家管理暂行办法》《浙江省财政支出绩效评价工作考核办法（试行）》和《关于印发浙江省中介机构参与绩效评价工作规程（试行）的通知》等一系列配套制度，对绩效评价工作程序、评价指标和标准、组织方式与评价方法等作了明确规定。2008 年，针对评价结果应用，又进一步制定了《关于加强财政支出绩效评价结果应用的意见》，并由预算处以"财预 12 号文[80]"下发各市县。同时，在财政厅内部建立绩效评价联席会议制度，厅预算处、监督局、办公室及各业务处为联席会议成员，不定期召开联席会议，研究绩效评价有关工作。加强内部协调，制定了《厅内部绩效评价工作考核办法》，对有关业务处的绩效评价工作开展情况进行考核，并作为年度工作目标量化考核内容之一。2011 年，颁布了《浙江省财政支出绩效评价参考指标库》。

浙江省绩效评价工作首先从项目支出着手。在评价对象选择上，紧紧围绕财政管理的重点领域、项目支出的重点部门以及社会关注度高、影响力大特别是事关民生方面的支出项目。在评价组织上，采取"项目单位自评、主管部门和财政部门评价"相结合方式，依托人大、政协及有关专家和中介机构的力量，做好具体评价工作。

浙江省的财政支出绩效评价体系的各个组成部分是一个有机的整体[81]。评价的组织实施贯穿于评价工作的始终，是绩效评价工作具体落实的制度和组织保障；对评价对象的具体评价涵盖了从评价对象的确定到得出评价结果的整体评价操作过程，是评价体系构成的核心部分；评价结果的应用则是绩效评价工作目标是否实现的标志。

浙江省财政支出绩效评价参考指标库的总体类别如表 4-2 所示。

可以看出，浙江省财政支出绩效评价参考指标库包含了公共服务、教育、科学技术、文化体育与传媒、社会保障和就业、环境保护、城乡社区、农林水、交通运输、国土资源气象、住户保障等政府管理和社会服务的方方面面，指标体系详尽，可操作性极强。

表 4 - 2　　　　浙江省财政支出绩效评价参考指标库（2011 版，节选）

一级指标	二级指标	具体指标
一般公共服务	发展与改革事务	服务业发展专项
	统计信息事务	第二次农业普查绩效评价指标
		第二次农业普查问卷
	人力资源事务	引进海内外领军人才创业启动资金项目
	人口与计划生育事务	计划生育专项资金评价指标
		计划生育专项调查问卷
	商贸事务	参与山海协作工程、西部大开发和振兴东北重点项目绩效评价指标
	质量技术监督与检验检疫事务	重点检验检测技术装备项目绩效评价指标（质检纺织中心）
		标准化战略项目绩效评价指标
	其他一般公共服务支出	区政府行政运行经费绩效评价指标
	公安	交警支队全球眼监控租用项目绩效评价指标
教育	普通教育	高校基础类实验室建设资金绩效评价指标
		高校专业类实验室建设资金绩效评价指标
		普通教育支出绩效评价指标
		普通教育支出绩效评价调查问卷表
		农村中小学书香校园工程项目
		中学教育投入绩效评价指标
		中学建设项目绩效评价指标
		外来民工子弟学校项目参考业务指标
	职业教育	职业院校实训基地建设绩效评价指标
		市职业教育专项绩效评价指标
		市职业教育专项学生调查问卷
		市职业教育专项教师调查问卷
		市职业教育专项学校调查问卷

续表

一级指标	二级指标	具体指标
科学技术	应用研究	科技三项费用（工业）项目绩效评价指标
	技术研究与开发	加快构筑中心区产业体系专项绩效评价指标
		企业技术创新专项绩效评价指标
	科技攻关与项目	科技产业化类科技专项计划绩效评价指标
		科技产业化类研发项目绩效评价指标
		科技攻关类科技专项计划绩效评价指标
		科技攻关类科研项目绩效评价指标
		科技基础条件建设类项目绩效评价指标
		科技资金整体绩效评价指标
文化体育与传媒	文化	基层文化设施建设项目绩效评价指标
		基层文化设施建设项目调查问卷
		"文化产业发展资金"专项绩效评价指标
		图书馆购书专项评价指标
		浙江美术馆 2009 年度"保安保洁及维护经费"项目绩效评价指标
		浙江美术馆 2009 年度"保安保洁及维护经费"项目问卷
	文物	文物普查补助经费项目评价指标
		碑林（孔庙）扩建工程项目评价指标
		碑林（孔庙）扩建工程项目评价调查问卷
社会保障和就业	人力资源和社会保障管理事务	省级金保工程项目绩效评价指标
	民政管理事务	县级以上老年活动中心评价指标和标准
	就业补助	大学生创业实训——企业实训绩效评价指标
		促进再就业专项资金绩效评价指标
		再就业资金绩效评价调查问卷
		农村劳动力培训及转移资金绩效评价指标
	残疾人事业	浙江省残疾人共享小康工程绩效评价指标
		浙江省残疾人共享小康工程绩效评价调查表
		浙江省残疾人共享小康工程绩效评价调查表统计表
	其他农村生活救助	农村五保和城镇三无对象集中供养资金绩效评价指标
		农村五保和城镇三无对象集中供养机构有关调查表

续表

一级指标	二级指标	具体指标
环境保护	环境监测与监察	"污染源监控平台建设"专项绩效评价指标
	污染防治	电厂烟气脱硫工程项目绩效评价指标
		电厂烟气脱硫工程项目相关表
		电厂烟气脱硫工程项目调查问卷
	污染减排	"排污费"专项绩效评价业务指标
	专项绩效评估	城建环保项目绩效评价指标
		环保专项资金绩效评价指标
		生态市建设项目绩效评价指标
		经济开发区环卫保洁项目绩效评价指标
		经济开发区环卫保洁项目调查问卷
		环保系统使用的所有专项资金绩效评价指标
		环保系统使用的所有专项资金调查问卷
城乡社区事务	事务管理	房地产管理中心房管经费和公房管理单位整体绩效评价指标
		城市维护费财政支出项目绩效评价指标
	规划与管理	城乡一体化建设项目绩效评价指标
		浙中城市群规划编制工作经费绩效评价指标
	公共设施	水厂工程项目评价指标
		公交总公司补助经费项目绩效评价指标
		政府购买公交服务项目绩效评价指标
		路灯电费及养护费专项资金绩效评价指标
		村庄整治工程项目绩效评价指标
		村庄整治工程项目问卷
	环境卫生	垃圾填埋场项目绩效评价指标
		垃圾中转站运转项目
		农村生活垃圾集中收集处置项目评价指标
	基础设施配套费支出	农贸市场改造提升项目
		河道绿带工程绩效评价指标

续表

一级指标	二级指标	具体指标
农林水事务	农业	农村能源建设项目绩效评价指标
		生活污水净化沼气工程绩效评价指标
		沼气项目建设绩效评价指标
	林业	全市兴林富民计划
	水利	"第一轮治太骨干工程"项目绩效评价指标
		河道清草保洁资金绩效评价指标
		堤防加固工程绩效评价指标
		河道整治工程专项资金绩效评价指标
		防洪堤工程延伸项目绩效评价指标
		节水建设工程绩效评价指标
		水库保安工程资金绩效评价指标
	扶贫	低收入农户奔小康项目绩效评价指标
		下山搬迁项目绩效评价指标
	农业综合开发	农业综合开发产业化经营项目绩效评价指标
		茶叶深加工项目绩效评价指标
		有机蜂皇浆、蜂胶软胶囊加工项目绩效评价指标
		现代农业生产发展资金——蔬菜、淡水养殖、竹、水果、虾蟹、油茶、干果产业提升项目绩效评价指标
		现代设施农业示范园专项资金绩效评价指标
		高峰中低产田改造项目绩效评价指标
		小流域农业生态工程项目绩效评价指标
交通运输	公路水路运输	"乡村康庄工程"绩效评价指标
		"学府路及停车场"工程专项绩效评价指标
		高架工程建设项目绩效评价指标
		市区道路整治工程
		市区道路改造工程
	铁路运输	铁路道口安全管理项目绩效评价指标
		铁路道口安全管理项目绩效评价调查问卷
国土资源气象	安全生产监管	安全生产专项资金考核指标绩效评价指标
	国土资源事务	造地改田专项资金绩效评价指标
	海洋管理事务	海域使用动态监视监测管理系统项目绩效评价指标
	测绘事务	基础测绘地图更新项目绩效评价指标
	地震事务	避灾安置场所补助项目绩效评价指标

续表

一级指标	二级指标	具体指标
住房保障支出	廉租住房	廉租房、经济适用房、人才住户建设项目评价指标
	城乡社区住宅	老小区整治项目绩效评价指标
		庭院改善工程项目评价指标
	农村危房改造	困难群众危房改造资金绩效评价指标
	其他保障性安居工程支出	政策性农村住房保险财政补助项目评价指标

2005~2008 年，浙江省采取"统一指标、统一标准、分级评价、上下联动"的方式，分别对第一轮治太骨干工程、第一轮促进就业再就业专项资金、环境自动监测网络建设项目、农村公共卫生服务项目和千万农村劳动力素质培训工程项目实施了综合评价，并将项目评价情况上报省政府，省政府领导对此非常重视并分别作了批示。2007 年和 2008 年，浙江省绩效评价处分别对省级 300 万上以上的 158 个、138 个支出项目组织实施了绩效自评，并委托中介机构对自评情况进行抽查；并于 2008 年，对省级自评工作及专项资金使用情况进行总结，并通报省级各部门，以增强绩效意识，提高财政资金使用效益与效率。

通过上述指标库以及配套的中介库和专家库的建立，使得财政支出绩效评价工作在增强绩效理念、强化支出管理、加强专项资金整合、提高财政资金使用绩效等方面都发挥了积极作用。通过绩效评价，各级政府领导、部门和单位初步树立了绩效理念，开始重视财政支出绩效问题，并把绩效评价工作列入重要议事日程。随着绩效评价工作的全面实施，"要钱随意、花钱不讲效益"的局面有所改变，"使用财政资金要进行评价，必须讲究效益"的绩效理念正在各地、各部门逐步形成。通过绩效评价，对项目运行和资金使用情况进行跟踪问效，不但促进财政支出效益的逐步提高，而且可促进项目单位管理和决策水平的提高。通过绩效评价，对优化财政支出结构，促进公共资源有效配置发挥了积极作用。通过绩效评价，推动了各部门、单位改进资金使用管理方式，提高决策管理水平。

浙江省财政支出绩效评价工作还面临着发展不平衡，绩效理念有待进一步加强，缺乏激励约束手段，影响评价工作推进力度，评价质量有待提高，评价结果应用不够，评价结果的质量和可信度尚未得到广泛认同，评价结果的应用没有得到有效的落实，绩效评价工作的作用难以得到真正发挥等主要问题。针对上述问题可以尝试以科学发展观为指导，强化理念、规范评价、深入推进、注重应用，把绩效管理理念与方法引入财政支出管理，逐步建立与公共财政相适应、以提高政府管理效能和财政资金使用效益为核心的预算监督机制。

4.2　全面建成小康社会统计监测指标体系

从改革开放初期提出"小康"理想，小康社会的理论内涵经历了从"总体"到"全面"、从"三位一体"到"五位一体"、从"建设"到"建成"的发展。经过 30 多年的理论和实践发展，其内涵已逐渐清晰。到 2020 年全面建成小康社会，是中国生产党所确定的"两个一百年"奋斗目标中的首要目标。

2012 年，中国共产党的十八次全国代表大会站在新的历史起点上明确指出，我国进入全面建成小康社会的决定性阶段，进一步丰富了小康社会的内涵，形成了经济建设、政治建设、文化建设、社会建设、生态文明建设"五位一体"的全面建成小康社会总布局。全面建成小康社会是经济、政治、文化、社会、生态文明建设五位一体不可分割的全面小康，同时也是社会全面发展进步与人的幸福指数共同提高的全面小康，是以促进人的全面发展为价值导向，不断解放和发展生产力，实现多领域协同发展、不分地域、不让一个人掉队、惠及 13 亿中国人的全面小康。

2014 年 12 月，习近平总书记把全面建成小康社会与全面深化改革、全面推进依法治国、全面从严治党进行整合，提出"四个全面"这一新的重大战略思想。

2015 年 2 月，习近平总书记从坚持和发展中国特色社会主义全局出发，明确提出"四个全面"的战略布局，科学、辩证地对"四个全面"进行了定位：全面建成小康社会是战略目标，全面深化改革、全面依法治国、全面从严治党是三大战略举措。经过理论和实践的一次次充实，全面建成小康社会的标准较之过往的小康标准，一是水平更高，要从一个国际上中等偏下收入的国家向中等偏上收入的国家迈进；二是范围更全，包括经济、政治、社会、文化、生态五个方面。

2015 年 11 月，中共十八届五中全会顺应我国经济社会新发展，赋予"小康"更高的标准、更丰富的内涵。中共十八届五中全会通过的"十三五"规划建议，进一步明确了全面建成小康社会新的目标要求，向广大人民群众描绘了一幅更加美好、幸福、和谐的全面小康社会图景。

4.2.1 小康社会统计监测指标体系的实施与完善过程

自从邓小平提出"小康社会"这一新概念以来，尤其是党中央把建设小康社会作为战略目标之后，国内对小康的理论研究十分热烈，从各种论文书籍、学者名人谈话，到政策研究报告、统计评价监测，已发表了大量的文献。20 世纪 90 年代初，国家统计局等部门联合制定了《全国小康生活水平基本标准》，用以评价和监测实现小康的进程。总体小康评价指标体系涵盖 5 大方面，包括经济发展水平、物质生活条件、人口素质、精神生活和生活环境，共计 16 个指标。根据这个标准测算，浙江省在 1995 年总体小康实现程度达到 95% 以上，即基本实现总体小康。1999 年总体小康实现程度达到了 100%，即完全实现总体小康的目标。到 2000 年，全国也基本实现了总体小康的目标。

2002 年中共十六大提出全面建设小康社会的目标后，有必要对原来的总体小康评价指标体系作修改和调整，以建立能够科学反映和监测我国全面建设小康社会进程的统计指标体系。2003 年，中共浙江省委政研室、省发改委、省统计局开始研究制定浙江省全面小康监测指标体系，该指标体系由经济发展、社会事业、人民生活、社会和谐和生态环境等 5 大方面 24 个指标构成，2004 年开始测算。2005 年 11 月召开的中共浙江省委十一届九次全体（扩大）会议将《关于浙江全面建设小康社会进程评价的说明》列入全会参阅材料。根据 2007 年 6 月省十二次党代会提出的全面建设小康社会继续走在前列的奋斗目标和中共十七大提出的全面小康新要求，对浙江全面建设小康社会进程评价体系部分指标内涵和目标值做了重要修订。2008 年，国家统计局科研所对原来的总体小康评价指标体系进行修改和调整，建立了能够科学反映和监测我国全面建设小康社会进程的统计指标体系。2008 年 6 月，由国家统计局正式印发了《全面建设小康社会统计监测方案》，组织各地统计部门分别对全国及各地 2000 年以来全面建设小康社会进程进行监测分析，并从 2008 年起连续编印全国和各地的监测报告。

根据 2012 年中共浙江省委十三届二次全会精神，浙江省委政研室、省发改委、省统计局研究制定了《物质富裕精神富有现代化浙江评价指标体系测算方案（试行)》，从 2012 年开始测算试行，替代实施了 8 年的《浙江省全面小康监测指标体系》。

2013 年，国家统计局按照中共十八大提出的全面建成小康社会新要求，对全面建设小康社会指标体系进行了修改和完善，基于"创新、协调、绿色、开放、共享"五大发展理念，形成了《全面建成小康社会统计监测指标体系》，由 5 大方面 39 个一级指标构成。按照中共十八大的新要求，指标体系由经济发展、民主法制、文化建设、人民生活和资源环境 5 个方面组成。经济发展是基础，不仅要实现经济水平逐步提高，更要注重发展方式的转变，走集约型发展道路；民主法制是保障，基本建成法治政府，提高司法公信力，进一步发挥人民积极性、主动性和创造性；文化建设是软实力，提高公民素质和社会文明程度，大力发展文化产业，形成新的支柱产业；人民生活是根本，一切以民为本，实现教育、医疗卫生等公共服务的均等化、实现社会保障的全覆盖，充分就业、缩小差距，实现共同富裕；资源环境是可持续发展，建立生态文明制度，形成人与自然和谐发展现代化建设新局面。39 个指标中有正指标 29 个、逆指标 6 个、区间指标 4 个。具体指标如下：

①经济发展指标。共包含 9 个二级指标，主要反映经济发展水平和潜力。其中，人均 GDP（2010 年不变价）、第三产业增加值占 GDP 的比重、居民消费支出占 GDP 的比重、农业劳动生产率等指标能够反映我国经济发展现状；R&D 经费支出占 GDP 的比重、每万人口发明专利拥有量、互联网普及率以及城镇人口比重等指标用来衡量我国经济发展创新能力和未来经济增长动力。

②民主法制指标。共包含 4 个二级指标，主要反映法治安全建设和社会安全状况。以基层民主参选率、每万名公务人员检察机关立案人数和每万人口拥有律师数来体现我国法治建设的成效；以每万人口刑事犯罪人数、每万

人口交通事故死亡人数、每万人口火灾事故死亡人数和每万人口工伤事故死亡人数（社会安全指数）来衡量安全生产工作与和谐社会的发展状况。

③文化建设指标。共包含 5 个二级指标，主要反映文化产业的发展。包括文化及相关产业增加值占 GDP 比重、人均公共文化财政支出、有线广播电视入户率、每万人口拥有"三馆一站"公用房屋建筑面积和城乡居民文化娱乐服务支出占家庭消费支出比重。

④人民生活指标。共包含 14 个二级指标，主要反映全面小康社会建设过程中居民生活水平的提高。其中，城乡居民人均收入（2010 年不变价）、地区人均基本公共服务支出差异系数、失业率（城镇）、恩格尔系数、基尼系数、城乡居民收入比、城乡居民家庭住房面积达标率等指标能够体现人民生活水平的整体情况；公共交通服务指数、平均预期寿命、平均受教育年限、每千人口拥有执业医师数、基本社会保险覆盖率、农村自来水普及率和农村卫生厕所普及率等指标则体现了在满足温饱需求后，居民生活质量的改善情况。

⑤资源环境指标。共包含 7 个二级指标，主要反映资源利用状况和环境保护成果，也更加直接地体现着五大发展理念的要求。其中包括单位 GDP 能耗（2010 年不变价）、单位 GDP 水耗（2010 年不变价）、单位 GDP 建设用地占用面积（2010 年不变价）、单位 GDP 二氧化碳排放量（2010 年不变价）、环境质量指数、主要污染物排放强度指数和城市生活垃圾无害化处理率。环境质量指数又包含 PM2.5 达标天数比例、地表水达标率、森林覆盖率以及城市建成区绿化覆盖率 4 项三级指标。主要污染物排放强度指数包含单位 GDP 化学需氧量排放强度、单位 GDP 二氧化硫排放强度、单位 GDP 氨氮排放强度、单位 GDP 氮氧化物排放强度 4 项三级指标。

4.2.2 中国全面建成小康社会进程统计监测报告

根据国家统计局公布的数据及分析结果显示，我国全面建成小康社会已经取得了决定性成果，全面建设小康社会的各个指标的实现程度都有较大提高（见表 4 - 3）。

表 4 - 3   我国全面建成小康社会实现程度

年份	经济发展	民主法制	文化建设	人民生活	资源环境	小康指数
2000	50.3	84.8	58.3	58.3	65.4	59.6
2001	52.2	82.6	59.1	60.7	64.6	60.7
2002	54.4	82.5	60.9	62.9	66.3	61.8
2003	56.3	82.4	61.8	65.5	67.2	63
2004	58.2	83.7	62.2	67.7	67.7	64.8
2005	60.6	85.6	63	71.5	69.5	67.2
2006	63.4	88.4	64.1	75	70.6	69.9
2007	66.6	89.9	65.3	78.4	72.6	72.8
2008	69.1	91.1	64.6	80	75.2	74.7
2009	73.1	93.1	66.1	83.7	76.8	77.5
2010	76.1	93.6	68	86.4	78.2	80.1
2013	83.5	50.3	93.2	85.7	85.2	81
2014	86.5	53.3	93.8	90	85.3	83.2
2015	88.5	62.5	94.1	92.2	89.6	86.5

国家统计局分析结果显示：2015 年中国全面建成小康社会的实现程度达到 86.5%，比 2013 年提高 5.5 个百分点。同时，在经济建设、法治安全等领域都取得了不同程度的改善，从评价体系的测算结果来看，文化建设领域的指标实现程度达到 94.1%，排名第一；紧接其后的人民生活、资源环境、经济发展三大领域的完成程度总体上也在稳定增长；法治安全领域虽然目前实现程度排在最后，但是却在五个领域中增幅最大，进步最为明显。

（1）经济增长稳中向好，创新驱动路径更加丰富。2015 年我国在经济发展方面指标的实现程度为 88.5%，比 2013 年提高 5 个百分点，基本符合预期进展。具体来看，经济发展方面的二级指标完成值均有所上升，科技创新投入有待加强，要素配置结构有待优化。从指标完成值的上升幅度来看，尽管全员劳动生产率的指标完成实际值并不理想，但是全员劳动生产率的上升幅度在 9 个二级指标中排名第一，提升速度最快。一方面，全员劳动生产率体现了产业间劳动力资源的配置结构，以及产业增加对 GDP 的贡献情况，因此全员劳动生产率的大幅提高，意味着产业结构的调整效果较为明显，经济增长后劲更足；另一方面，全员劳动生产率指标完成实际值却偏低，这表明经济发展过程中应重视劳动力资源配置效率和产业结构的优化，进一步改善当前经济发展状况。R&D 经费支出占 GDP 的比重在 9 个二级指标中较为靠后，究其原因，一方面，由于我国在研发领域的投资规模较为稳定；另一方面，研发支出对经济增长的影响存在一定的时间滞后性。由此可见，落实创新驱动发展战略，发挥创新在全面小康社会建设进程中的驱动作用，需要加大科技创新和研发领域的投资规模。

（2）法治建设更加健全，社会安全水平逐渐提升。全面建成小康社会，法治安全既是重要保障，也是重要标志。党风廉政建设取得明显成效，司法工作稳步推进。2015 年给予违反中央八项规定精神问题党员干部处分的比例指标实现程度是 76.2%，比 2013 年（26.8%）增加了 49.4 个百分点；上升幅度如此大得益于以习近平为总书记的党中央提出的八项规定、六条禁令，以及针对贪腐问题声势浩大地"打虎拍蝇"。命案现案破案率、最高人民法院受理案件审结率、地方各级人民法院受理案件审结率实现程度均保持在 90% 以上。但是地方各级人民法院受理案件审结率完成程度却呈现逐年下降的趋势，从 2013 年的 95.9% 下降到 2015 年的 90.2%，说明当前我国的基层司法工作还有待进一步完善。

（3）文化产业稳步发展，文化消费水平持续提升。文化建设是全面建成小康社会的精神支柱。根据指标分析结果显示，2015 年我国在文化建设方面的实现程度为 94.1%，比 2013 年提高 0.9 个百分点。从文化建设方面的二级指标来看，2013 年以来，我国文化产业建设方面发展良好，文化及相关产业在国民经济产值中所占比例稳步提升，2015 年文化及相关产业增加值占 GDP 比重实现程度达到 76.2%，比 2013 年（72.6%）提高了 3.6 个百分点；人均文化体育与传媒支出、电视综合人口覆盖率和全国居民文化娱乐服务支出占家庭消费支出比重始终保持稳定，实现程度均为 100%。提质增效是文化建设今后发展趋势。我国公共文化事业发展良好，居民对文化、体育事业的热情不断高涨，文化政策法规体系和文化制度逐渐完善，对外文化交流活动更加丰富。同时，随着各级政府在文化领域的预算投入不断增加，公共文化基础设施建设水平显著提高，尤其是在老少边穷地区，公共文化设施网络的帮扶力度也在不断加大。但是，也应该看到 2015 年文化及相关产业增加值占 GDP 比重完成程度仅达 76.2%，年均增长 1.8 个百分点，相比其他指标的增长速度而言还是较为缓慢。要想顺利实现 2020 年预期目标值，还有较大的发展空间，巨大发展潜力有待进一步挖掘，需加快文化产业和公共文化事业从数量型向质量型发展转变。

（4）人均收入持续增长，生活质量显著提高。人民生活水平和质量普遍提高的小康才是全面小康，"获得感"是全面小康落脚点。我国民生保障力度不减反增，城乡居民教育、就业、养老、医疗、低保等方面都实现稳步提高。医疗卫生体系的不断完善，我国居民健康状况逐渐改善，尤其是新型农村合作医疗体系的建立和完善，对于农民生活与就医条件的改善尤为显著。另外，国家坚持教育优先发展理念，不断加大教育投入，促进我国基础教育体系日渐完善。2015 年，九年义务教育巩固率达到 97.9%，高中阶段毛入学率 96.7%，全国教育经费投入也从 2008 年的 14500.7 亿元增加到 2014 年的 32806.5 亿元。同时，实现了城乡九年义务教育全部免费，建立了覆盖高等学校、中等职业学校和普通高中的教育资助体系，并在农村实施义务教育"两免一补"政策。此外，全国居民人均可支配收入指标完成度达到 75.7%，恩格尔系数、移动电话普及率等指标都已经达到预期目标，但生育率的快速下降和人口老龄化的加速，使得劳动年龄人口在规模和结构上都呈现下降趋势，人口结构的变化、劳动力规模以及劳动力市场结构的优化成为新常态下提升人民生活水平必须面对的挑战。

（5）环境危机倒逼增长转型。全面建成小康社会，不仅仅要实现国内生产总值和城乡人均收入翻一番的目标，更要实现绿色、清洁和可持续发展。从测评结果来看，我国在能源结构调整和环境保护方面取得一定进展，2015 年资源环境方面的指标实现程度为 89.6%，比 2013 年提高 4.4 个百分点，其中单位 GDP 水耗、全国用水总量和城市生活垃圾无害化处理率等指标已经达到预期目标，实现程度为 100%。同时，在节能减排政策的引导下，单位 GDP 能耗指标的完成度也由 2013 年的 63.8% 上升到 2015 年的 94.5%，成为资源环境方面增幅最大的指标。绿色发展仍任重道远。值得注意的是，非化石能源占一次能源消费比重这一指标，与 2013 年相比，2015 年的实现程度提高到 80.0%，表明我国能源结构正在进行着深刻调整。应该说，当前经济发展进入新常态，在稳增长调结构的发展目标下，环境污染、环境危机等问题更加凸显，也对经济增长方式转型形成倒逼机制。从短期来看，经济增长方式的绿色转型仍然面临诸多压力，但是对于长期发展而言，绿色、清洁和可持续发展的经济增长方式才是全面建成小康社会的不竭动力。

4.2.3 2000～2012年浙江省全面建设小康社会监测评价结果及对策

2014年，浙江省统计局依据国家统计局《全面建设小康社会统计监测指标体系》对浙江省2000～2012年的小康水平进行测算和分析，其测算结果见表4-4。浙江省统计局的测算结果显示：浙江省全面建成小康社会总体水平逐年提升，2010年小康指数首次提升至90%以上，又经过2年的努力，2012年小康指数进一步提高至95.82%。在2010年浙江省已有14项指标100%以上实现了全面小康目标；2项指标实现程度在90%～100%；3项指标实现程度在80%～90%；4项指标实现程度在70%～80%，分别是R&D经费支出占GDP比重、文化产业增加值占GDP比重、社会安全指数、居民文教娱乐服务支出占家庭消费支出比重。在浙江省监测的24项指标中已有16项指标100%达到或超过全面小康目标，有5项指标全面小康实现度在90%～99.9%，实现度在90%以下的指标分别是平均受教育年限（87.2%）、社会保险覆盖率（85.1%）、每万人律师数（77.6%）等3项指标。

表4-4　　　　　　　　　　2000～2012年浙江小康指数　　　　　　单位：%

年份	经济发展	民主法制	文化建设	人民生活	资源环境	小康指数
2000	46.6	67.03	59.28	72.96	67.06	62.73
2001	48.7	64.94	60.63	74.29	67.85	63.74
2002	51.3	64.32	67.54	75.56	69.92	66.13
2003	53.74	62.48	71.22	78.25	72.83	68.45
2004	56.95	61.15	78.25	80.08	75.99	71.32
2005	61.4	67.03	80.98	84.42	79.65	75.47
2006	66.11	67.85	82.16	86.83	84.37	78.55
2007	72.3	69.37	83.49	87.71	87.88	81.4
2008	78.92	72.09	87.31	90.02	91.92	85.37
2009	84.75	75.58	88.21	91.32	94.58	88.22

续表

年份	经济发展	民主法制	文化建设	人民生活	资源环境	小康指数
2010	92.03	77.72	94.13	94.08	90.64	91.02
2011	95.1	81.7	95.67	95.79	95.49	93.95
2012	96.69	84.26	98.11	97.72	96.81	95.82

浙江省统计局的测算结果指出，浙江省的全面小康建成进程总体走在全国前列，且从 2002 年以来，全面小康建成进程指数领先于全国指数的优势均保持在两位数。2012 年，浙江省小康指数居全国第三位，列省和自治区第一位，比国家统计统计科研所的原指标体系测算结果前移 3 位。北京、上海超过 96%，浙江、江苏超过 95%，江苏初步测算结果是 95.2%，天津、广东超过 94%，广东初步测算结果是 94.4%（2010 年前六位分别是上海、北京、广东、天津、江苏、浙江）。

浙江省统计局的测算结果认为，自 2010 年以来，小康指数逐年提升，从 2000 年的 62.7% 起步，三四年上一个台阶，2004 年上升至 71.3%，2007 年提高到 81.4%，2010 年提升至 90% 以上，2012 年进一步提高至 95.8%，连续 3 年达到 90% 以上，近 3 年年均提高 2.53 个百分点，基本实现了全面小康目标。2012 年小康指数距离 100% 全面实现目标还差 4.2 个百分点。

浙江省统计局的测算结果指出，从 2000 年以来 12 年各领域分指数变化趋势看，经济发展指数起点最低，但提高速度最快，年均提高 4.17 个百分点，已连续 3 年达到 90% 以上；人民生活指数几乎一直都是五大方面中最高的一个（2012 年被文化建设方面超越），连续 5 年在 90% 以上；文化建设和资源环境指数分别连续 3 年和 5 年达到 90% 以上；民主法制指数起点较高，但提高速度相对较慢，年均提高 1.44 个百分点。

浙江省统计局还给出了 2011～2012 年详细测算结果，如表 4-5 所示。结合表 4-4 与表 4-5 的数据，可以得到如下结论：浙江省经济平稳较快发展，发展质量和效率有所提高；民主法制建设逐步完善，安全感保持在较高水平；文化资源供给进一步增加，文化建设事业进一步发展；人民生活水平逐年提高，生活质量进一步改善；资源利用效率有所提高，环境质量有所改善。

表 4-5　　浙江省全面建成小康社会进程统计监测结果（2011~2012 年）

指标	2011 年		2012 年	
	数值	评价值（%）	数值	评价值（%）
一、经济发展		95.1		96.7
1. 人均 GDP（2010 年不变价）	55396	97.19	59662	100.00
2. 第三产业增加值占 GDP 比重	43.90	93.40	45.20	96.17
3. 居民消费支出占 GDP 比重	36.03	100.00	36.05	100.00
4. R&D 经费支出占 GDP 比重	1.90	75.86	2.08	83.38
5. 每万人口发明专利拥有量	4.71	100.00	6.49	100.00
6. 工业劳动生产率	9.74	81.15	10.07	83.92
7. 互联网普及率	55.87	100.00	59.00	100.00
8. 城镇人口比重	62.30	100.00	63.20	100.00
9. 农业劳动生产率	2.83	100.00	3.16	100.00
二、民主法制		81.7		84.3
10. 基层民主参选率	94.90	99.89	94.90	99.89
11. 每万名公务人员检察机关立案人数	7.01	—	7.85	—
12. 社会安全指数	63.76	63.76	64.24	64.24
13. 每万人口拥有律师数	1.94	84.40	2.13	92.71
三、文化建设		95.7		98.1
14. 文化及相关产业增加值占 GDP 比重	3.99	79.80	4.56	91.20
15. 人均公共文化财政支出	155.99	100.00	172.18	100.00
16. 有线广播电视入户率	82.26	100.00	83.89	100.00
17. 每万人口拥有"三馆一站"公用房屋建筑面积	687.91	100.00	808.23	100.00
18. 城乡居民文化娱乐服务支出占家庭消费支出比重	6.03	100.00	6.02	100.00
四、人民生活		95.8		97.7
19. 城乡居民人均收入（2010 年不变价）	22990	91.96	25247	100.00
20. 地区人均基本公共服务支出差异系数	—	—	—	—
21. 失业率	3.12	100.00	3.01	100.00
22. 恩格尔系数	35.73	100.00	36.06	100.00
23. 基尼系数	—	—	—	—
24. 城乡居民收入比	2.37	100.00	2.37	100.00
25. 城乡居民家庭人均住房面积达标率	64.70	100.00	65.64	100.00
26. 公共交通服务指数	96.97	96.97	98.09	98.09
27. 平均预期寿命	78.12	100.00	78.50	100.00

续表

指标	2011 年		2012 年	
	数值	评价值（%）	数值	评价值（%）
28. 平均受教育年限	9.02	85.91	9.10	86.67
29. 每千人口拥有执业医师数	2.60	100.00	2.71	100.00
30. 基本社会保险覆盖率	80.70	84.95	85.48	89.98
31. 农村自来水普及率	92.67	100.00	93.90	100.00
32. 农村卫生厕所普及率	90.11	100.00	91.45	100.00
五、资源环境		95.5		96.8
33. 单位 GDP 能耗（2010 年不变价）	0.59	100.00	0.55	100.00
34. 单位 GDP 水耗（2010 年不变价）	73.55	100.00	68.12	100.00
35. 单位 GDP 建设用地占用面积（2010 年不变价）	34.72	100.00	32.14	100.00
36. 单位 GDP 二氧化碳排放量（2010 年不变价）	—	—	—	—
37. 环境质量指数	88.16	88.16	89.66	89.66
38. 主要污染物排放强度指数	89.30	89.30	94.41	94.41
39. 城市生活垃圾无害化处理率	96.43	100.00	98.97	100.00
小康指数		94.0		95.8

　　浙江省统计局在测算报告还指出，在看到全面小康建设取得的成绩的同时，也要充分认识到全面建成小康社会任务的艰巨性。主要问题包括：社会公共安全需进一步加强，民主法制建设需进一步推进；科技创新投入不足，经济发展的动力需进一步提升；资源环境保护不容忽视，经济发展代价需进一步控制；居民收入增长放缓，民生保障水平需进一步提高。

　　浙江省统计局在测算报告指出，浙江经济社会发展面临的机遇和挑战前所未有，但机遇大于挑战的总体态势没有改变。浙江省全面小康建设过程中五大领域的各项指标多数都已经基本实现国家统计局科研所制定的全面建成小康社会统计监测指标体系中的目标值，评价值较低的指标均存在着发展水平相对较低且推进难度较大的问题。因此，浙江必须按照干在实处、走在前列的要求，牢牢把握科学发展主题，以全面深化改革为统领，把推动发展的立足点转到提高质量和效益上来，努力实现速度和结构质量效益相统一、经济社会发展与人口资源环境相协调，切实增强机遇意识、忧患意识和责任意识，继续解放思想，坚持改革开放，推动科学发展，促进社会和谐，改善民生保障，进一步提升全面小康社会水平，努力建设物质富裕精神富有的现代化浙江。

浙江省统计局认为可以从以下四个方面来提升本省的小康社会水平。首先，加强和创新社会治理体制，推动"平安浙江"和"法治浙江"建设。健全维护社会和谐稳定长效机制，形成以人为本的社会治理新模式，确保社会和谐稳定。改进社会治理方式，推进社会治理创新综合试点，完善社会治理组织体系和运行机制，深化安全生产管理体制改革，建立隐患排查治理体系和安全预防控制体系，坚持依法行政，努力建设法治政府。其次，全面实施创新驱动发展战略，提高核心竞争力，着力打造浙江经济"升级版"。要以创新驱动发展为核心战略，大力推进高科技、高附加值的产业和产品，推动新兴产业跨越发展，发挥浙江省在电子商务方面起步早、发展快、市场占有率高等优势，积极推进电子商务向各领域拓展，深入实施科教兴省战略，制定和实施人才强省发展纲要，大力推进科技创新，优先发展教育，全力打造人才高地，以创新引领现代化建设。再次，要加强生态环境保护和治理，建设美丽浙江，增强可持续发展能力。强化节能减排工作责任制，建立和完善单位 GDP 能耗和能源消费总量双控管理机制，实施"亩产倍增"计划、"812"土地整治工程和"三改一拆""四边三化"行动，盘活低效利用建设用地，加快二次开发，实现"空间换地"，全力打好"五水共治"攻坚战，狠抓清洁水源、清洁空气、清洁土壤专项行动，完善环境执法监管机制，加大源头地区水环境保护力度，加强重点流域、重点地区水环境治理，健全水污染区域联防联控机制，切实保护好绿水青山。最后，努力保障和改善民生，加快完善社会保障体系和公共服务体系，促进社会和谐稳定。加快建立完善居民收入增长与经济发展同步、劳动报酬增长和劳动生产率提高同步的机制，强化政府公共服务等职责，建立更加公平可持续的社会保障制度，推动城乡居民基本养老保险制度、基本医疗保险制度整合，探索建立城乡居民大病保险制度，使人民群众拥有更好的教育、更稳定的工作、更满意的收入、更可靠的社会保障、更高水平的医疗卫生服务、更舒适的居住条件、更优美的环境，社会和谐稳定。

| 第 5 章 |
"两美"浙江评价可选指标库

本章将整合归纳国内区域综合评价理论研究成果以及浙江省区域评价实践经验，以《决定》指出的创建"两美"浙江的总体要求、三大近期主要目标、四大重点工作、七大主要任务系统为主要依据，将第2、第3、第4章所涉及的指标整理归纳为生态、经济、文化、政治、社会五大方面的指标群，进而形成"两美"浙江评价指标库，为下一步结合具体数据来源构建"两美"浙江综合评价指标体系建立指标基础。

5.1 生态建设指标库

保护生态环境是我国的一项基本国策。解决日益突出的环境恶化问题，促进经济、社会与生态环境协调发展和实施可持续发展战略，是各地政府面临的重要而又艰巨的任务，也是浙江省实现"两美浙江"的主要基础和重要目标。《决定》指出，创建"两美"浙江是一项具有系统性、长期性、艰巨性的历史任务[1]，其涉及全省经济建设、政治建设、文化建设、社会建设、生态文明建设的各个方面和全过程，需要在经济发展加速转型、产业结构科学升级、空间开发合理布局与优化调整、生态人居环境持续完善、生态资源安全保障、生态文化培育弘扬、法治制度强化提升、人口资源环境协调和可持续发展等国计民生紧密关切的诸多方面，经过全省上下在相当长时期内的不懈努力，最终实现天蓝、水清、山绿、地净，建成并维持富饶秀美、和谐安康、人文昌盛、宜业宜居的美丽浙江。

综合第 2、第 3、第 4 章的相关指标，现将生态文明建设的指标分为能源资源存量、可持续发展指标、生态环境质量等 3 个二级指标。

5.1.1　能源资源存量指标

能源资源不足是我国目前面临的一个严重问题：一方面能源存量短缺；另一方面是能源消耗快速增长，能源形势十分严峻。节约资源是根本之策，要节约集约利用资源，推动资源利用方式根本转变，加强全过程节约管理，大幅度降低能源、水、土地消耗强度，提高利用效率和效益。搞清现有能源资源存量是合理节约、科学开发利用能源资源的前提，同时也是生态文明建设的重要内容。

能源资源存量方面的指标群详见表 5 - 1。

表 5 - 1　　　　　　　　　　　　能源资源存量指标群

指标	单位	来源	备注
耕地面积	平方千米	表 3 - 5	计算方法：年初耕地面积，加上当年增加的耕地面积、减去当年减少的耕地面积
人均耕地面积	公顷/人	表 3 - 4	指耕地面积的人均值
人均水资源总量	立方米/人	表 3 - 1、表 3 - 5、表 3 - 6	指在一个地区（流域）内，某一个时期按人口平均每个人占有的水资源量
城市供水量	日百万吨	表 3 - 1	指为城市用户提供的包括输水损失在内的，包括有效供水量和漏损水量
人均农作物播种面积	平方米/人	表 3 - 5	指实际播种或移植有农作物的面积的人均值
人均建设用地面积	平方米/人	表 3 - 5	指城市规划建设地总面积按城市总人口分配的人均面积
城市天然气供气总量	亿立方米	表 3 - 5	供气总量主要取决于用户的类型、数量及各类用户的用气指标。因此城市天然气供气总量一般按用户类型分别计算后汇总
市区液化气供应量	十万吨	表 3 - 1	市区液化气的年供应总量

续表

指标	单位	来源	备注
城市用管道天然气、液化气普及率	%	表 3 - 3	城市用管道天然气、液化气普及率 = 城市用气的非农业人口数/城市非农业人口总数 × 100%
家庭月平均电耗	千瓦时	表 3 - 6	每户人家的月耗电平均值
发电总量	亿千瓦小时	表 3 - 1	发电总量是指发电机进行能量转换产出的电能数量
人均发电量（人均年生活用电量、人均供电量、人均生活用电）	千瓦/年	表 3 - 1、表 3 - 4	指居民年生活用电的人均值
总供电量	亿千瓦时	表 3 - 1	指一段时间内的供应的电量总和
工业用电量	亿千瓦时	表 3 - 1	即以一定时段内工业用电量数值，衡量一个地区经济发展速度的快与慢、总量的多与少
世界自然遗产地数量（含双遗产地）	处	表 3 - 7	通过自然遗产、森林、湿地等反映省区的生态本底，是衡量省自然资源情况的重要指标
国家级自然保护区数量	处	表 3 - 7	
国家级风景名胜区数量	处	表 3 - 7	
湿地面积占辖区面积	%	表 3 - 7	
每万人拥有的国家级自然保护区面积	公顷/万人	表 3 - 7	人均数据反映了生态资源实际状况，是反映整体生态环境水平的重要指标
每万人拥有的森林及草原面积	公顷/万人	表 3 - 7	
单位生产总值能耗	吨标准煤	第 2 章、第 4 章	反映能源消费水平和节能降耗状况的主要指标，一次能源供应总量与国内生产总值（GDP）的比率，是一个能源利用效率指标
单位 GDP 水耗（2010 年不变价）	立方米	第 4 章	指市域总用水量与城市国内生产总值（GDP）之比
单位 GDP 建设用地占用面积（2010 年不变价）	平方米	第 4 章	指在一定时期内（通常为一年），每生产万元国内生产总值（GDP）所占用的建设用地面积

5.1.2 可持续发展指标

区域可持续发展的研究对象是包括人口、社会、经济、自然在内的复合生态系统。可持续发展要求有效控制人口增长、合理利用自然资源、逐渐改善环境质量，最终促进区域内的经济增长和社会协调发展，均衡不同区域之间的发展水平，缩小区域发展差距，实现区域生态系统的整体提升和完善。

可持续发展方面的指标群见表5-2所示。

表5-2　　　　　　　　　　可持续发展的指标群

指标	单位	来源	备注
环保经费投入	亿元	表3-1	反映了对于环保的重视和投入程度
环保经费投入占 GDP 比例	%	表3-1、表3-4	环保经费在 GDP 中所占的比例
城乡环境保护人均投入资金额	万元	表3-3	反映了城乡环境保护投入金额的人均值
污水处理率	%	表3-1、表3-7	反映生活污水、工业废水处理程度
水资源利用率	%	第4章	水资源利用率是指流域或区域用水量占水资源总量的比率，体现的是水资源开发利用的程度
工业废水处理率（工业废水排放达标率）	%	表3-4、表3-5	工业废水处理率是指工业废水处理量与需要处理的工业废水量的比率
工业废气净化率	%	表3-4	反映了工业废弃的净化程度
工业固体废物处理率（工业固体废物综合利用率）	%	表3-4、表3-5、表3-6、表3-7	反映工业固体废物综合利用情况
人均二氧化硫排放量	立方米	表3-4	即二氧化硫排放量的人均值
单位 GDP 二氧化碳排放量（2010 年不变价）	立方米	第4章	指的是产生万元 GDP 排放的二氧化碳数量，降低碳强度只是降低单位 GDP 排放二氧化碳的数量，不一定会产生二氧化碳总量减少的结果
单位 GDP 化学需氧量排放强度	千克/万元	第4章	单位 GDP 化学需氧排强度 = 当年化学需氧量/当年 GDP。审核方法主要采用国家环保总局推荐使用的排放强度法。

续表

指标	单位	来源	备注
单位 GDP 二氧化硫排放强度	千克/万元	第 4 章	即每创造 1 万元 GDP 所排放的二氧化硫数量
单位 GDP 氨氮排放强度	千克/万元	第 4 章	即每创造 1 万元 GDP 所排放的氨氮数量
单位 GDP 氮氧化物排放强度	千克/万元	第 4 章	即每创造 1 万元 GDP 所排放的氮氧化物数量

5.1.3 生态环境质量指标

生态环境质量是指生态环境的优劣程度，它以生态学理论为基础，在特定的时间和空间范围内，从生态系统层次上，反映生态环境对人类生存及社会经济持续发展的适宜程度，根据人类的具体要求对生态环境的性质及变化状态的结果进行评定。生态质量的评价指标主要可以分为人均公共绿地面积、森林覆盖率、生活垃圾无害化处理率、农村生活污水和垃圾集中处理覆盖率、建成区绿化覆盖率、污水排放处理率、环境空气质量优良率、环境噪声达标率、县以上城市集中式饮用水源地水质达标率大于 90% 比例、PM2.5 达标率和地表水达标率。详见表 5－3。

表 5－3　　　　　　　　　　生态环境质量指标群

指标	单位	来源	备注
人均公共绿地面积	公顷/人	表 3－1、表 3－4、表 3－5	人均公共绿地面积 = 城市公共绿地面积/城市非农业人口。公共绿地包括：公共人工绿地、天然绿地，以及机关、企事业单位绿地
森林覆盖率	%	表 3－4、表 3－6、表 3－7、第 4 章	指一个国家或地区森林面积占土地面积的百分比
生活垃圾处理率	%	表 3－1、表 3－3、表 3－7、第 4 章	生活垃圾无害化处理率是指无害化处理的城市市区垃圾数量占市区生活垃圾产生总量的百分比。一般要求生活垃圾无害化处理率≥85%

续表

指标	单位	来源	备注
农村生活污水和垃圾集中处理覆盖率	%	第2章	
建成区绿化覆盖率	%	表3-3、表3-5	指在城市建成区的绿化覆盖面积占建成区的百分比，绿化覆盖面积是指城市中乔木、灌木、草坪等所有植被的垂直投影面积。《国家生态园林城市》指标标准为45%
城市污水排放处理率	%	表3-3	指经管网进入污水处理厂处理的城市污水量占污水排放总量的百分比
城乡环境质量综合指数（环境空气质量优良率、空气质量好于二级天数的比例、环境空气质量达标率）	%	表3-3、表3-5、表3-6	是定量描述空气质量状况的无量纲指数。参与空气质量评价的主要污染物为细颗粒物、可吸入颗粒物、二氧化硫、二氧化氮、臭氧、一氧化碳等六项
城乡环境噪声达标率（镇区噪声达标率）	%	表3-3	环境噪声达标率要大于60%
县以上城市集中式饮用水源地水质达标率	%	第2章、第4章	指向城市市区提供饮用水的集中式水源地，达标水量占总取水量的百分比
PM2.5浓度	微克/立方米	第2章	指直径小于或等于2.5微米的尘埃或飘尘在环境空气中的浓度
PM2.5达标天数比例	%	第4章	指PM2.5浓度达标的天数
地表水达标率	%	第4章	指所有抽查的地表水中，达到标准规范要求的所占的百分比

5.2 经济建设指标库

打好经济转型升级"组合拳"，优化经济存量，提升经济增量是"两美"浙江建设的主要任务之一。实现"两美"浙江经济方面的主要任务包括推进经济转型升级，加快发展生态经济，积极培育战略性新兴产业和高新技术产业，加快信息化和工业化深度融合国家示范区建设，促进先进制造业与现代服务业融合发展，强化创新驱动发展，全面实施创新驱动发展战略，实现从"浙江制造"向"浙江创造"转变，发展绿色循环低碳经济，加强节约型社会建设，加快建设节水型社会，积极构建以低能耗、低污染、低排放为基础的低碳经济发展模式。

"两美"浙江经济建设类指标主要包括经济总量、外向经济和经济发展质量三大类。

5.2.1　经济总量指标

经济总量指标反映了某种社会经济现象在一定时间、空间和条件下的总规模、总水平或工作总量。主要的经济总量指标可包括 GDP、GDP 增长率、人均 GDP、城乡人均 GDP 比、城市人均 GDP、GDP 平均增长速度、经济密度、社会固定资产投资、人均固定资产投资、全社会固定资产投资占 GDP 的比重、固定资产原值、固定资产净值、非国有经济所占比重、政府的财政收入、零售总额、人均非农产值与农业产值比、总资产贡献率、人均社会消费品零售额和居民消费占 GDP 比重，详见表 5 - 4。

表 5 - 4　　　　　　　　　　　　经济总量指标群

指标	单位	来源	备注
GDP	亿元	表 3 - 1	国内各生产单位的增加值求和后所得到的总量称为国内生产总值，它反映常住单位生产活动的总规模和总水平
GDP 增长率（GDP 增长速度）	%	表 3 - 6	GDP 增长率是指 GDP 的年度增长，需用按可比价格计算的国内生产总值来计算
人均 GDP	元/人	表 3 - 1、表 3 - 2、表 3 - 3、表 3 - 5、表 3 - 6	将一个国家核算期内（通常是一年）实现的国内生产总值与这个国家的常住人口（或户籍人口）相比进行计算，得到人均 GDP
城（乡）人均 GDP 比	%	表 3 - 3	即城市 GDP 和农村 GDP 之比
城市人均 GDP	元/人	表 3 - 3	将某城市一年内实现的国内生产总值与该城市的常住人口相比进行计算
GDP 平均增长速度	%	表 3 - 1	衡量的是若干年来经济的平均变化情况

指标	单位	来源	备注
经济密度		表3-3	是指区域国民生产总值与区域面积之比
社会固定资产投资	亿元	表3-1	是以货币表现的建造和购置固定资产活动的工作量
人均固定资产投资	元	表3-1	即社会固定资产总投资/总人数
全社会固定资产投资占GDP的比重	%	表3-5	全社会固定资产投资值与GDP的比值
固定资产原值	万元	表3-1	固定资产原值反映企业在固定资产方面的投资和企业的生产规模、装备水平等
固定资产净值	万元	表3-1	固定资产净值也称为折余价值,是指固定资产原始价值或重置完全价值减去已提折旧后的净额
非国有经济所占比重	%	表3-2	非国有经济是不同于社会主义公有制经济、与生产资料的私人占有相联系的经济形式
政府的财政收入	亿元	表3-1、表3-2	是指政府为履行其职能、实施公共政策和提供公共物品与服务需要而筹集的一切资金的总和
人均非农产值与农业产值比	%	表3-3	非农产值指第二产业总产值加第三产业总产值。农业产值指以货币表现的农、林、牧、渔业全部产品和对农林牧渔业生产活动进行的各种支付性服务活动的价值总量
总资产贡献率	%	表3-1	总资产贡献率是反映企业全部资产的获利能力、评价和考核企业盈利能力的核心指标
社会消费品零售总额	亿元		指批发和零售业、住宿和餐饮业以及其他行业直接售给城乡居民和社会集团的消费品零售额
人均社会消费品零售额	元	表3-5	
居民消费占GDP比重	%	表3-7	反映优化经济增长需求结构的指标,提高消费需求贡献率,可以促进三大需求拉动的平衡发展,增强经济发展的内生动力

5.2.2 外向经济指标

浙江是中国最早对外开放的省份之一,与世界上230多个国家和地区建立了直接的经济贸易关系。浙江积极推进外贸经营主体、出口市场、出口商品和贸易方式多元化,形成民营企业、国有及国有控股企业、外商投资企业等共同开拓国际市场的格局。近年来,高端制造业、高新技术产业、现代服务业、新能源和节能环保产业等领域的外资投资比重进一步扩大。一年一度的浙江省投资贸易洽谈会、中国杭州西湖国际博览会、中国义乌国际小商品博览会是浙江密切与世界经济往来的重要平台。

外向经济指标主要包括进口总额、出口总额、出口额占 GDP 的比重、外贸依存度、FDI、FDI 占 GDP 的比重、旅游外汇收入、旅游收入、国内外旅游人数、三资企业数、外资企业出口占全国比重、实际利用外资总额和合同外资额,详见表 5 – 5。

表 5 – 5 对外经济指标群

指标	单位	来源	备注
进口总额	亿美元	表 3 – 1	
出口总额	亿美元	表 3 – 1	
出口额占 GDP 的比重	%	表 3 – 2	即出口额/GDP,可得相应比例
外贸依存度	%	表 3 – 1	即进出口总额、出口额或进口额与国民生产总值或国内生产总值之比,是开放度的评估与衡量指标
FDI	亿美元	表 3 – 1	即外商直接投资,是别国的投资者(自然人或法人)跨境投入资本或其他生产要素,以获取或控制相应的企业经营管理权为核心,以获得利润或稀缺生产要素为目的的投资活动
FDI 占 GDP 的比重	%	表 3 – 2	即 FDI 占 GDP 的比重
旅游外汇收入	亿美元	表 3 – 1	指本国为入境的国际旅游者提供的商品及各种服务所得到的外汇收入
旅游收入	万元	表 3 – 5	是指旅游接待部门(或国家、地区)在一定时期内通过销售旅游商品而获取的全部货币收入
国内外旅游人数	万人	表 3 – 1	一年内国内外游客的总人数
三资企业数量	个	表 3 – 1	三资企业指在中国境内设立的中外合资经营企业、中外合作经营企业、外商独资经营企业三类外商投资企业
外资企业出口占全国比重	%	表 3 – 1	即外商企业投资出口值占 GDP 的比重

续表

指标	单位	来源	备注
实际利用外资总额	万元	表 3 – 1	指我国在和外商签订合同后，实际到达的外资款项
合同外资额	亿元	表 3 – 1	指根据外商投资企业合同（章程）规定，外方投资者应缴付的注册资本

5.2.3 经济发展质量指标

改革开放以来，浙江凭借其体制优势和地缘优势，迅速崛起成为全国的经济强省，已形成杭州大江东产业集聚区、宁波杭州湾产业集聚区、绍兴滨海产业集聚区、衢州产业集聚区、台州湾循环经济产业集聚区等 15 个省级产业集聚区，引入了中国南车集团、上海大众、东风裕隆汽车、"世界 500 强"瑞士 ABB 集团等一批具有较强竞争力和带动力的大企业大集团。全省拥有一批产品市场覆盖率较高、竞争力较强、在中国同行业中处于领先的优势企业，如浙江吉利控股集团、万向集团、娃哈哈集团、传化集团等。

反映经济发展质量指标包括经济结构和经济效益两方面，具体包括国有及国有控股工业企业人均利税额、特色产业占 GDP 的比例、第二、第三产业（增加值）占 GDP 的比重、工业总产值（增加值）、三次产业 5 年平均增长速度、工业利润总额、集中度较高（低）产业数量、产业群数量、产业群产业关联度、企业数量、产品销售收入（利润）、金融机构存款（贷款）余额、居民存款余额、保险机构承保额、上市公司数、外资金融机构数、高新技术产业产值占 GDP 的比重、全员劳动生产率和工业经济效益指数等，详见表 5 – 6。

表 5 – 6		经济结构指标群		

指标	单位	来源	备注
国有及国有控股工业企业人均利税额	万元	表 3 – 3	利税总额是指企业产品销售税金及附加、应交增值税、管理费用中税金和利润总额之和
特色产业占 GDP 的比重	%		

续表

指标	单位	来源	备注
第二产业占 GDP 比重	%	表 3-1、 表 3-5	第二产业占 GDP 的比重
第三产业占 GDP 比重	%	表 3-1、 表 3-6	服务业的年产值占 GDP 的比重
第三产业增加值占 GDP 比重	%	表 3-7	反映产业结构优化升级的指标
城市第三产业增加值占 GDP 比重	%	表 3-3	即城市第三产业的增加值占 GDP 的比重
工业总产值	亿元	表 3-1	工业总产值是以货币表现的工业企业在报告期内生产的工业产品总量
工业增加值	亿元	表 3-1	工业企业全部生产活动的总成果扣除了在生产过程中消耗或转移的物质产品和劳务价值后的余额
第三产业总产值	亿元	表 3-1	指某一区域的第三产业的年总产值
第三产业增加值	亿元	表 3-1	即流通和服务行业在周期内（一般以年计）比上个清算周期的增长值
三次产业 5 年平均增长速度	%	表 3-1	即第三产业 5 年内的平均增长速度
工业利润总额	亿元	表 3-1	工业利润总额 = 销售利润 + 投资净收益 + 营业外收入 - 营业外支出
集中度较高产业数量	个	表 3-1	产业集中度是针对特定产业而言的集中度，是用于衡量产业竞争性和垄断性的最常用指标。它表现为全部企业中仅只很小比例的企业或数量很少的企业，积聚或支配着占很大比例的生产要素
集中度较低产业数量	个	表 3-1	
产业群数量	个	表 3-1	产业群是指在特定区域中，具有竞争与合作关系，且在地理上集中，有交互关联性的企业、专业化供应商、服务供应商、金融机构、相关产业的厂商及其他相关机构等组成的群体
产业群产业关联度		表 3-1	产业关联度是指产业与产业之间通过产品供需而形成的互相关联、互为存在前提条件的内在联系
企业数量	个	表 3-1	某一区域的企业的数量

续表

指标	单位	来源	备注
大中型企业数量	个	表3-1	工业企业三项指标同时达到从业人数在300人以上，产品销售收入额3000万元以上，资产总额在4000万元以上列入中型企业；从业人数在2000人以上，产品销售收入额在3亿元以上，资产总额在4亿元以上列入大型企业
产品销售收入	万元	表3-1	指企业在日常活动中形成的、会导致所有者权益增加的、与所有者投入资本无关的经济利益的总流入
产品销售利润	万元	表3-1	产品销售利润是指企业销售产品和提供劳务等主要经营业务收入扣除其成本、费用、税金后的利润
金融机构存款余额	千亿	表3-1	指金融机构在截止到某一日以前的存款总和
金融机构贷款余额	千亿	表3-1	指某一时点金融机构存款金额与金融机构贷款金额
居民存款余额	千亿	表3-1	指居民在商业银行截止到某一日以前的存款总和
保险机构承保额	百亿	表3-1	是保险人员对被保险人负提损失补偿或约定给付的金额
上市公司数	个	表3-1	上市公司是指所公开发行的股票经过国务院或者国务院授权的证券管理部门批准在证券交易所上市交易的股份有限公司
上市公司融资额	万元	表3-1	上市融资是指公司通过"上市"这一行为融到的总资本，指公司IPO的股价×发行股本
外资金融机构数	个	表3-1	外资金融机构是指外国金融机构在中国境内投资设立的从事金融业务的分支机构和具有中国法人地位的外商独资金融机构、中外合资金融机构
外资金融机构营业额	亿元	表3-1	即外资金融机构的年营业额
高新技术产业产值占GDP的比例	%	表3-2	目前高新技术产业主要包括信息技术、生物技术、新材料技术三大领域
全员劳动生产率		表3-1、表3-3	指员工在生产劳动过程中从事劳动的效率，即活劳动效率
城乡社会劳动生产率比值	%	表3-3	城镇社会劳动生产率与乡村社会劳动生产率的比值

续表

指标	单位	来源	备注
农业劳动生产率		表 3-3	指农民在生产劳动过程中从事劳动的效率
工业经济效益指数		表 3-1	是综合衡量工业经济效益各方面在数量上总体水平的一种特殊相对数,是反映工业经济运行质量的总量指标

5.3　文化建设指标库

《决定》中指出,要注重挖掘浙江传统文化中的生态理念和生态思想,积极培育和践行社会主义核心价值观,倡导"务实、守信、崇学、向善"的当代浙江人共同价值观。文化产业已经成为经济发展最为重要的动力之一,并创造了令人震撼的经济效益。一个时代、一个国家,乃至一个城市,社会发展的过程中离开了文化繁荣,就绝不会被视为成功的时代、成功的国度和成功的城市。文化发展指标包括两个方面:一个是适用于文化产业等领域的文化产出指标;另一个是适用于社会公共科技文化教育事业,包括公共科技文化设施建设、城市文化环境建设和公共文化服务等领域的科技教育文化投入指标。

综合第 2、第 3、第 4 章的相关指标,现将文化建设指标分为科技投入、科技产出、教育水平和文化建设四大类指标。

5.3.1　科技投入指标

科技投入是指各个投入主体,包括国家、党政、企事业单位,以及每一个公民(农户),根据社会发展的需要和有关产业政策、技术政策投入一定量的资金、物资、劳力于一定的地区、部门或项目上,改善社会生产条件,提高社会再生产能力,以获得预期效益(经济效益、生态效益、社会效益)的行为。

根据前几章的内容可提取出的科技投入方面的指标,见表 5-7。

表 5 – 7 科技投入指标群

指标	单位	来源	备注
科技活动单位科研经费总数	万元	表 3 – 1	主要包括科技开发经费支出、信息化建设支出、科技培训费支出和科技开发奖励经费支出
科技人员数（科技工作者从业人员数、科学家与工程师、科技活动人员）	万人	表 3 – 1、表 3 – 2	科技活动人员指直接从事科技活动、以及专门从事科技活动管理和为科技活动提供直接服务的人员。累计从事科技活动的实际工作时间占全年制度工作时间 10% 以上的人员
科技人员数占全国比重	%	表 3 – 1	科技活动人员数占全国总人数的百分比
高校和科研机构科技活动经费筹集来自政府资金	万元	表 3 – 2	指调查单位在报告期内从各级政府部门获得的计划用于科技活动的经费
高校和科研机构科技活动经费筹集来自企业资金	万元	表 3 – 2	企业界对学术科研工作的资助主有以下四种形式：一是直接拨款；二是以优惠价格向研究机构出售或直接捐赠相关设备；三是以企业名义在研究机构设立研究奖学金；四是企业出资聘请高级管理、技术人员进入研究机构担任相关课程的讲授工作，以减轻研究机构的师资压力
R&D 经费	万元	表 3 – 1	R&D 经费是指以货币形式表现的、在报告年度内全社会实际用于 R&D 活动的经费总和
R&D 经费占 GDP 比重	%	表 3 – 1、表 3 – 2	指用于研究与试验发展（R&D）活动的经费占地区生产总值（GDP）的比重
企业 R&D 经费占企业销售收入的比重	%	表 3 – 2、表 3 – 3	指企业在产品、技术、材料、工艺、标准的研究、开发过程中发生的各种费用占企业销售收入的比重
人均 R&D 经费	元	表 3 – 1	R&D 经费的人均值
每万人 R&D 经费	万元	表 3 – 2	每万人 R&D 经费 = R&D 经费/人口总数/10000
R&D 人员	人	表 3 – 2	指报告期末从事研究与试验发展活动的人员，包括直接从事研究与试验发展课题活动的人员，以及研究院、所等从事科技行政管理、科技服务等工作人员
科技三费占财政支出比重	%	表 3 – 1	科技三费是指国家为支持科技事业发展而设立的新产品试制费、中间试验费和重大科研项目补助费

续表

指标	单位	来源	备注
科技经费占 GDP 比重	%	表 3-4	科技经费投入包括研究人员工资、原材料费、设备调整费及折旧、设计费、工艺规程制定费、实验费、技术图书资料费、委托其他单位进行高新技术及产品研制的费用、与高新技术及产品研究开发有关的其他费用等
区域科研机构数量	所	表 3-2	科研机构是指有明确的研究方向和任务,有一定水平的学术带头人,和一定数量、质量的研究人员,有开展研究工作的基本条件,长期有组织地从事研究与开发活动的机构
高新技术企业数	所	表 3-2	高新技术企业是指在《国家重点支持的高新技术领域》内,持续进行研究开发与技术成果转化,形成企业核心自主知识产权,并以此为基础开展经营活动,在中国境内(不包括港、澳、台地区)注册一年以上的居民企业
拥有研发机构的企业占企业总数的比重	%	表 3-2	企业研发机构是指在区内设立的独立或非独立的具有自主研发能力的技术创新组织载体
城市人均科学事业经费财政支出	元	表 3-3	科学事业经费是指国家预算拨款中用于各级科委归口管理的科学事业经费以及中国科学院系统的科学事业经费

5.3.2 科技产出指标

科技产出是指通过科技活动所产生的各种形式的成果,是科学研究的最终目的,反映了区域科技实力,包括直接产出与间接产出。科技产出指标包括每千万研究经费的产出、高校科技服务课题数、技术市场成交额、高技术产业产出、新产品销售产出、论文及专利等相关指标,详见表 5-8。

表 5-8 科技产出指标群

指标	单位	来源	备注
每千万研究经费支出产生的国外检索工具收录科技论文数	篇	表 3-2	主要评价了高校和研究机构知识创造能力
每千万研究经费支出产生的国内 3 种专利授权数	项	表 3-2	

续表

指标	单位	来源	备注
高校科技服务课题数	项	表3-2	指高校科技服务课题的项目申请数
技术市场成交合同额（技术市场成交额）	万元	表3-1、表3-2	指登记合同成交总额中，明确规定属于技术交易的金额
技术市场成交金额增长率	%	表3-2	指技术市场成交额比上年增长的比例
高技术业增加值占工业增加值比重	%	表3-2	
高新技术产品出口占商品总出口比重	%	表3-2	高新技术产业主要包括信息技术、生物技术、新材料技术三大领域
高新技术产业总产值	亿元	表3-2	
高新技术产品出口额	亿美元	表3-1	
高新技术产业新产品销售收入	万元	表3-2	新产品销售收入是指企业在主营业务收入和其他业务收入中销售新产品实现的收入
新产品销售收入占产品销售收入的比重	%	表3-2	
大中型工业企业新产品产值	亿元	表3-2	
SCI、EI、ISTP、ISR收录比重	%	表3-1	SCI、EI、ISTP、ISR是世界四大重要检索系统
申请专利数	件	表3-1	指专利机构受理技术发明申请专利的数量，是发明专利申请量、实用新型专利申请量和外观设计专利申请量之和
发明专利数占申请总数的比重	%	表3-2	
每万人口发明专利拥有量	种/万人	表3-2	
万人专利授权量	件/万人	表3-4	专利授权量指报告期内由专利行政部门授予专利权的件数，是发明、实用新颖、外观设计三种专利授权数的总和
发明专利授权量	件	表3-2	
每万人发表科技论文数	篇/万人	表3-2	用以衡量一个地区的科技产出水平
每万人出版科技著作	部/万人	表3-2	
每万人科技项目数量	部/万人	表3-2	

5.3.3 教育水平指标

教育尤其是地区高等教育作为区域创新的源泉，为经济发展提供智力支持，是经济转型与技术进步的发动机。教育水平指标主要包括普通高校在校人数、高等学校数、教育经费财政支出比、人均受教育年限等指标，详见表5-9。

表 5-9   教育水平指标群

指标	单位	来源	备注
普通高校在校人数	万人	表 3-1	包括普通高校在校的本专科生和研究生人数，可从教育管理部门和统计部门发布的数据中获得
高等学校数	所	表 3-1、表 3-2	大学、专门学院、高等职业技术学院、高等专科学校的统称，简称高校
文盲、半文盲占 15 岁及以上比例（成人文盲率、青年文盲率）	%	表 3-1	文盲率 = 15 岁以上的文盲人数/15 以上的总人口数×100%
地区人口中大专以上学历所占比重（大专以上学历占总人口比重）	%	表 3-2、表 3-4	即大专以上学历的人所占总人口的比重
教育支出占 GDP 的比重（教育投资占 GDP 的比重）	%	表 3-2、表 3-3、表 3-4	国家财政性教育经费占国内生产总值 4% 的投入指标是世界衡量教育水平的基础线。在国家财政性教育投入上，目前世界平均水平为 7% 左右，其中发达国家达到 9% 左右，经济欠发达的国家也达到 4.1%
城乡人均教育经费财政支出比	%	表 3-3	城市和乡村的人均教育经费之比
每万人毕业大学生数量	人/万人	表 3-2	每万人毕业大学生数量 = 毕业大学生人数/万人口
城市每万人口在校大学生数	人/万人	表 3-3	城市每万人口在校大学生数 = 在校大学生数/城市万人口
城乡人均受教育年限比	%	表 3-3	指某一特定年龄段人群接受学历教育（包括普通教育和成人学历教育，不包括各种非学历培训）的年限总和的平均数。人均受教育年限 =（某一特定年龄段人群中每个人的受教育年限之和/该年龄段人群总数）×100%

5.3.4 文化水平指标

浙江传统文化中富含生态理念和生态思想，省域内有数量可观的国家重大文化和自然遗产地、重点文物保护单位、重要革命遗址遗迹、历史文化名城名镇名村。浙江省重视非物质文化遗产保护传承与利用，注重以民间民俗特色文化活动载体，传承乡愁记忆，延续历史文脉，打造文化精品，促进传统文化现代化。文化水平方面指标主要包括特色文化活动、世界文化遗产、国家级文物保护单位、国家非物质文化遗产、文化体育与传媒支出、博物馆、文化馆、图书馆数量、文化教育娱乐的消费等，详见表 5 – 10。

表 5 – 10   文化水平指标群

指标	单位	来源	备注
城乡特色文化活动举办数量比	%	表 3 – 3	属于城乡的特色统筹指标
世界文化遗产地数量（含双遗产）	处	表 3 – 7	反映省区文化传承与文化保护的重要指标
国家级文物保护单位比上一年新增	处	表 3 – 7	
国家非物质文化遗产比上一年新增	个	表 3 – 7	
文化体育与传媒支出占地方公共财政预算支出比重	%	表 3 – 7	反映省区文化设施建设的水平和为群众提供文化服务、繁荣群众文化生活的指标
每百万人拥有博物馆数量	个/百万人	表 3 – 7	
每百万人拥有文化馆数量	个/百万人	表 3 – 7	
每百万人拥有公共图书馆数量	个/百万人	表 3 – 7	

续表

指标	单位	来源	备注
城镇居民人均全年文化教育娱乐的现金消费占全年消费支出比重（城乡居民文化娱乐服务支出占家庭消费支出比重）	%	表3－7	反映城镇和农村居民文化教育娱乐消费的指标，是衡量城镇和农村人民文化生活状况的重要依据
农村居民人均全年文化教育娱乐的现金消费占全年消费支出比重	%	表3－7	
每百万人公共图书馆藏书量	册	表3－3	图书馆的藏书量一般包括普通图书、期刊报纸合订本、古籍线装书、磁带、录像带、光盘、磁盘、硬盘等，计量单位是册件，通常不包括未装订的期刊报纸、电子图书期刊等
城乡居民文化娱乐生活服务消费支出比	%	表3－3	指城乡用于支付社会提供的各种文化和生活方面的非商品性服务费用之比
文化及相关产业增加值占GDP比重	%	第4章	文化产业增加值是指一定时期内单位文化产值的增加值
人均公共文化财政支出	万元	第4章	即公共文化财政支出的人均值
有线广播电视入户率	%	第4章	即一定区域内可以接收有线电视频道的电视家庭数占区域内全部电视家庭数的比例
每万人口拥有"三馆一站"公用房屋建筑面积	平方米	第4章	"三馆一站"是指文化馆、图书馆、博物馆、镇综合文化站。市民可以免费参观游览
城镇风貌与历史文化保护	等级	第4章	
城乡传统地方特色建筑率比	%	表3－3	强调要统筹协调发展与保护的关系，按照整体保护的原则，切实保护好城市传统风貌和格局
城市现代化景观与乡村田园景观比	%	表3－3	

5.4 政治建设指标库

"两美"建设需要全面统筹、突出重点、严格监管、优化服务，要坚持党政主导、社会参与，把创新体制机制和倡导共建共享作为重要保障，努力营造和谐稳定的社会环境，深入推进平安浙江建设，进一步提高社会治理能力。"两美"浙江的建设还要加快政府职能转变，完善管理体制和运行机制，加强和创新社会治理，强化法律法规、体制机制、人才队伍和信息化保障，提高基层社会管理与服务水平。

政治建设指标主要包括政府运作效率、公共管理保障和社会发展投入三个方面。

5.4.1 政府运作指标

政府运作效率的提高是政治建设的首要目标。政府运作效率的指标主要分为政策的实施以及公众对政策实施的满意度两大类，具体指标可包括公务员素质、信息管理水平、信息公开程度、各专项任务的执行情况、政府工作的满意程度等，详见表 5 – 11。

表 5 – 11　　　　　　　　　　政府运作效率指标群

指标	单位	来源	备注
本科以上学历占公务员比重	%	表 3 – 4	即公务员中本科以上学历所占的比重
信息管理水平	等级	表 3 – 4	反映政府管理软硬件基础与水平
基础设施建设	等级	表 3 – 4	
信息公开程度	等级	表 3 – 4	
是否将生态文明纳入政绩考核		表 3 – 7	反映政府对生态文明建设的重视程度以及相关生态文明制度建设是否完善
是否制定省级生态文明建设相关规划		表 3 – 7	

续表

指标	单位	来源	备注
是否设有面向社会公众的政府信息公开网络平台		表 3 – 7	反映政府信息公开的程度，衡量是否能够让广大的人民享有切实的参与和监督权力
是否实施差额选举		表 3 – 7	反映政治的民主进步程度，要保证人民依法实行民主选举、民主决策、民主管理、民主监督
是否推行和试点官员财产公示		表 3 – 7	反映政府信息公开的程度，衡量是否能够让广大的人民享有切实的参与和监督权力
是否实施建筑节能与绿色建筑发展			推进建筑节能和绿色建筑发展，是推进节能减排和应对气候变化的有效手段
是否推行"四边三化"			"四边三化"指在公路边、铁路边、河边、山边等区域（简称"四边区域"）开展洁化、绿化、美化行动
是否推行"三改一拆"			"三改一拆"指全面开展对城市规划区内旧住宅区、旧厂区和城中村的改造，拆除全省范围内违反土地管理和城乡规划等法律法规的违法建筑
是否推行"五水共治"			"五水共治"是指治污水、防洪水、排涝水、保供水、抓节水这五项共同进行
是否进行生态文明教育和宣传			通过生态文明宣传教育，使人们的生产方式、生活方式和消费方式更加生态化、文明化、理性化，符合人与自然和谐的要求，正确引导全社会加快转变经济发展方式，着力推进绿色发展、循环发展和低碳发展
是否推进供给侧结构性改革			供给侧结构性改革旨在调整经济结构，使要素实现最优配置，提升经济增长的质量和数量。需求侧改革主要有投资、消费、出口"三驾马车"，供给侧则有劳动力、土地、资本、制度创造、创新等要素
居民对政府工作的满意程度	%	表 3 – 3	反映居民对政府行为以及政府服务的主观评价
政策的稳定性	等级	表 3 – 4	属于对政府绩效的评估
政务的公开性	等级	表 3 – 4	
执法的公正性	等级	表 3 – 4	
对假冒伪劣产品的打击力度	等级	表 3 – 4	

指标	单位	来源	备注
公众对政府职能转变水平的满意度	等级	表 3 - 4	服务型政府的一个核心职能就是服务,根本目标就是公众满意度,政府不断改善和提高自身的服务质量,从服务中赢得公众的认可和满意
公众对政府行为法制化水平的满意度	等级	表 3 - 4	
公众及行政人员对决策民主化的满意度	等级	表 3 - 4	
公众及行政人员对机关工作作风、服务质量的满意度	等级	表 3 - 4	
公众对审批程序简化的满意度	等级	表 3 - 4	
企业对市场法规的完善程度的满意度	等级	表 3 - 4	政府与企业的关系更多地体现在政府对企业的各项服务上,政府服务企业的质量必将成为保障和推进企业发展壮大的重要力量
企业对执法的满意度	等级	表 3 - 4	
企业对政府的满意度	等级	表 3 - 4	

5.4.2　公共管理保障指标

全球化背景下的地方政府管理逐渐趋向政府公共政策化、公共管理社会化,从而形成小政府大社会的格局。公共管理是政府制定公共政策,并与其他公共组织一起提供公共产品和服务,处理公共事务的开放式管理活动,是行政管理在新的历史条件下的发展与完善。公共管理保障类指标详见表 5 - 12。

表 5 - 12　　　　　　　　　公共管理保障指标群

指标	单位	备注
基层民主参选率	%	基层民主参选率 = 基层组织参加投票的选民/基层民主参选率选民总数×100%
社会安全指数	%	是衡量一个国家或地区构成社会安全四个基本方面的综合性指数,包括社会治安(用每万人刑事犯罪率衡量)、交通安全(用每百万人交通事故死亡率衡量)、生活安全(用每百万人火灾事故死亡率衡量)和生产安全(用每百万人工伤事故死亡率衡量)

续表

指标	单位	备注
每万名公务人员检察机关立案人数	人次	是《全面建成小康社会统计监测方案》中的指标，主要反映了反腐败情况
每万人口拥有律师数	人	指的是一个区域内每一万人口中平均拥有的律师人数，万人律师比是衡量律师行业发展状况的重要指标，也是衡量一个地区法治建设水平的重要标志
家庭儿童收养登记总数	件	反映了一个区域的儿童福利情况
孤儿数	人	
国家重点优抚对象	万人	优抚工作是国家和社会依法对优抚对象实行优待、抚恤的工作，它通过对以军人及其家属为主体的优抚对象实行物质照顾和精神抚慰，直接服务于军队和国防建设
社会捐赠款物合计	亿元	属于社会慈善捐赠类指标
社区服务机构覆盖率	%	社区服务机构主要职责是开展社区劳动就业、社会保障和社会事务管理工作，参与社区治安维护工作提供社区法律服务，协助开展社区健康管理与服务工作，做好社区计划生育服务，配合开展社区教育
社区服务机构数	个	
便民、利民服务网点	个	指以为民、便民、利民为服务宗旨，为人们提供充值话费、公用事业收费、行政事业收费、电子机票、火车票等各类便民服务的地方
社会组织单位数	个	社会组织包括社会团体、民办非企业单位和基金会三大类
自治组织单位数	个	自治组织指社区组织根据社区居民意愿形成集体选择依法管理社区事务，包括涉外事务和内部事务
交通事故发生数总计	起	是一个区域的年交通事故发生总量

5.4.3 社会发展投入指标

政府所提供的社会发展投入是社会经济正常运行的必要条件，对于促进经济增长和提高社会福利具有重要意义。例如，政府提供的公路、电力和水利等基础设施可以提高资本和劳动的边际生产率，进而提高经济效率；政府提供的法律使得产权得到有效保护，从而使经济有序运转；政府提供的转移支付以及社会保障可以促进社会和谐，降低不平等程度；政府提供的教育和医疗服务可以提高人们的教育水平和健康水平，进而提高人们的素质和改善人们的福利[82]。

用来描述政府社会发展投入类的指标包括公共事业、节能环保、农林水、医疗卫生与计划生育、教育、公共安全等各类型公共财政支出指标，详见表5-13。

表5-13 社会发展投入指标群

指标	单位	来源	备注
地方财政收入	亿元	表3-1	指地方财政年度收入，包括地方本级收入、中央税收返还和转移支付
地方财政收入占GDP的比重	%	表3-1	
地方财政支出	亿元	表3-1	地方财政支出是地方政府为行使其职能，对筹集的财政资金进行有计划的分配使用。体现政府的活动范围和方向，反映财政资金的分配关系
行政管理费用与地方财政支出比重	%	表3-4	
机关在岗职工年工资总额与地方财政支出的比重	%	表3-4	
公共事业财政支出与地方财政支出的比重	%	表3-4	
政府职能管理费用占地方财政支出比重	%	表3-4	
节能环保支出占公共财政预算支出的比重	%	表3-7	反映环境治理保护投入力度的重要指标
农林水支出	亿元		主要包括农业支出、林业支出、水利支出、扶贫支出、农业综合开发支出等
城乡社区支出	亿元		主要包括城乡社区管理事务、城乡社会规划与管理等支出
节能环保支出	亿元		主要包括环境保护管理事务、环境监测与检察、污染防治、自然生态保护、污染减排等支出
医疗卫生与计划生育支出	亿元		主要包括医疗卫生与计划生育管理事务、公立医院、公共卫生、医疗保障、计划生育事务等支出
社会保障和就业支出	亿元		主要包括人力资源和社会保障管理事务、民政管理事务、行政事业单位离退休、就业补助、抚恤、社会福利等支出

续表

指标	单位	来源	备注
文化体育与传媒支出	亿元		主要包括文化、文物、体育、新闻出版广播影视等支出
教育支出	亿元		主要包括教育管理事务、普通教育、职业教育、广播电视教育、特殊教育等支出
公共安全支出	亿元		主要包括武装警察、公安、国家安全、检察、法院、司法、监狱等支出
一般公共服务支出	亿元		主要包括人大事物、政协事务、政府办公厅及相关机构事务、发展与改革事物等的支出
交通运输支出	亿元		主要包括公路水路运输、铁路运输、民用航空运输、邮政业等支出
商业服务业等支出	亿元		主要包括商业流通事物、旅游业管理与服务支出、涉外发展服务支出等
国土海洋气象等支出	亿元		主要包括国土资源事物、海洋管理事务、测绘事物、气象事务等支出
住房保障支出	亿元		主要包括住房公积金和购房补贴等支出
二次分配占地方财政收入比重	%	表 3－1	二次分配指国民收入继初次分配之后在整个社会范围内进行的分配,是指国家的各级政府以社会管理者的身份主要通过税收和财政支出的形式参与国民收入分配的过程
公共项目投资	万元	表 3－4	一般被界定为由中央和地方政府投资形成的固定资本,往往被限定在特定的公共服务领域中,这些资本被称为公共投资,也被称为政府投资
食品安全监管公共卫生服务补助支出	万元		食品安全监管公共卫生服务补助支出主要用于食品药品安全监管和队伍能力建设
可再生能源发展专项支出	万元		可再生能源发展专项支出是为了促进可再生能源开发利用,优化能源结构,保障能源安全
大气污染防治专项支出	万元		指用于节约物质资源和能量资源,减少废弃物和环境有害物(包括三废和噪声等)排放的支出
美丽乡村建设专项支出	万元		美丽乡村建设专项支出是为了加强和规范美丽乡村建设专项资金管理,提高资金使用效益
海洋与渔业综合管理和产业发展专项支出	万元		海洋与渔业综合管理和产业发展专项支出目的是规范省海洋与渔业综合管理和产业发展专项资金使用管理

5.5 社会建设指标库

《决定》中指出，建设"两美浙江"要鼓励群众创业创新，千方百计促进城乡居民收入增长和家庭财产普遍增加，不断扩大中等收入群体，同时全面推进各项社会事业发展，逐步提高财政人均公共服务支出，统筹做好就业、教育、医疗、住房、养老、食品安全、安全生产等各项民生工作，让全省人民享有更好的教育、更稳定的工作、更满意的收入、更可靠的社会保障、更高水平的医疗卫生服务和更舒适的居住条件。

社会建设指标根据"美好生活"以及"两美浙江"的设计，全面反映民生基本问题，体现生态文明融入社会建设的要求，综合第2、第3、第4章的相关指标，主要分为居民生活水平指标、交通运输指标、信息通信指标和社会保障指标。

5.5.1 居民生活水平指标

居民生活水平是指在某一社会生产发展阶段中，居民用以满足物质、文化生活需要的社会产品和劳务的消费程度，具体内容包括：居民的实际收入水平、消费水平和消费结构、劳动的社会条件和生产条件、社会服务的发达程度、闲暇时间的占有量和结构、卫生保健和教育普及程度等[83]。这类指标主要包括城市居民收入、消费、储蓄、价格等方面的指标，还包括城市密度、道路、城市化率等方面的指标。详见表5-14。

表5-14　　　　　　　　　　城乡居民生活水平指标群

指标	单位	来源	备注
城市居民人均可支配收入	万元	表3-1、表3-2、表3-3、表3-4、表3-5、表3-6、表3-7	指城镇居民的实际收入中能用于安排日常生活的收入。它是用以衡量城市居民收入水平和生活水平的最重要和最常用的指标

续表

指标	单位	来源	备注
城市居民人均生活费收入	元/人	表3-6	指该地方上一年度居民家庭人均生活消费收入额
城镇居民人均收入增长率(城镇居民可支配收入比上年增长)	%	表3-2、表3-7	城镇居民可支配收入比上年增长的比率
农村居民人均纯收入	元/人	表3-1、表3-4、表3-6、表3-7	指农民的总收入扣除相应的各项费用性支出后,归农民所有的收入。这个指标是用来观察农民实际收入水平和农民扩大再生产及改善生活的能力
农村居民纯收入比上年增长	%	表3-7	反映了农村居民纯收入比上年增加率
近3年城镇居民平均消费倾向	%	表3-1	指城镇居民任一收入水平上消费支出在可支配收入中的比率
近3年农村居民平均消费倾向	%	表3-1	是指农村居民任一收入水平上消费支出在可支配收入中的比率
城镇居民人均储蓄	元/人	表3-1	指某一时点城镇居民存入银行及农村信用社的人均储蓄金额
农村居民人均储蓄	元/人	表3-1	指某一时点农村居民存入银行及农村信用社的人均储蓄金额
人均城乡居民储蓄存款额	元/人	表3-7	指某一时点城乡居民存入银行及农村信用社的人均储蓄金额
农村居民消费	元	表3-1	通过消费的物质产品和劳务的数量和质量反映出来
城市居民消费	元	表3-1	
人均居民消费水平	元/人	表3-2	
城乡居民每百户传统耐用消费品拥有量之比	%	表3-3	耐用消费品是指那些使用寿命较长,一般可多次使用的消费品。耐用消费品的典型适用产品如:家用电器、家具、汽车等
居民消费价格指数		表3-1	居民消费价格指数,是一个反映居民家庭一般所购买的消费价格水平变动情况的宏观经济指标
每职工装备水平	万元	表3-1	企业装备数与员工人数的比值
支援农村生产支出占地方预算内财政支出比重	%	表3-3	支援农村生产支出是中国国家预算中用于支持农村集体(户)发展生产的各项支出的总称

指标	单位	来源	备注
在岗职工平均工资	元/人	表3-6	即各国有经济、城镇集体经济和其他各种经济类型单位及附属机构的在岗职工得到的劳动报酬的平均数
城市密度	人/平方公里	表3-3	指生活在城市范围内的人口稀密的程度。计算公式：城市密度＝城市人口/城市面积
区域内建制市镇密度	人/平方公里	表3-3	是基础设施建设水平指标中的重要指标。反映了区域内的建设情况和水平
区域内小城镇总量	个	表3-3	
城市人均道路面积（人均道路面积）	平方米/人	表3-3、表3-4	指的是城市中每一居民平均占有的道路面积
建成区面积比例	%	表3-3	建成区面积是指城市行政区内实际已成片开发建设、市政公用设施和公共设施基本具备的区域
农村村庄路面硬化率	%	表3-3	反映了农村路面修整情况，体现了农村的基础设施建设水平
农村已通沥青（或水泥路面）的自然村比重	%	表3-3	
城市化率（城镇化率）	%	表3-1、表3-3、表3-6	即一个地区城镇常住人口占该地区常住总人口的比例。一般是指人口城市化，是指城市数量的增加和城市规模的扩大，人口在一定时期内向城市聚集的过程

5.5.2　交通运输指标

交通运输是国民经济发展的基础设施和重要支撑，也是国民经济现代化的重要组成部分和必要条件。良好的交通运输状况要求具备较完善的、符合本国经济地理要求的交通基础设施网络系统来适应经济和社会发展所产生的各种客货运输需求。主要的交通运输类指标可以有公路水路等交通网密度、货物周转量、公共交通等方面的指标，详见表5-15。

表 5 – 15 交通运输指标群

指标	单位	来源	备注
公路密度	公里/平方公里	表 3 – 1	指每百平方公里或每万人所拥有的公路总里程数
交通网密度	公里/平方公里	表 3 – 3	交通网密度 = 铁路、公路、内河运营里程之和/土地面积
货物周转量	吨公里	表 3 – 1	指在一定时期内,由各种运输工具实际完成运送过程的以重量和运送距离的复合单位(吨公里)计算的货物运输量。把各种运输工具采用各种运输形式(铁路、公路、水运、空运、管道)完成的货运量或货物周转量相加,就得到货运总量和货物总周转量
铁路密度	公里/平方公里	表 3 – 1	衡量一个国家或地区的铁路运输发达程度的指标,即每百平方公里内的铁路公里数
水路密度	公里/平方公里	表 3 – 1	水路运输是以船舶为主要运输工具、以港口或港站为运输基地、以水域包括海洋、河流和湖泊为运输活动范围的一种运输方式
民用航线数	条	表 3 – 1	即航空运输的民用航线数
万人公交车拥有量(每万人拥有公共交通车辆)	辆/万人	表 3 – 4、表 3 – 7	即每万人平均拥有的公共交通车辆标台数
专用停车位新增比率	%	第 2 章	专用停车位即指定的某种车或者某辆车专门停放使用的地方的意思,包括残疾人专用停车位、女性专用停车位等
公共交通分担率(达到30%以上)	%	第 2 章	指城市居民出行方式中选择公共交通(包括常规公交和轨道交通)的出行量占总出行量的比率,这个指标是衡量公共交通发展、城市交通结构合理性的重要指标
客运总量	万元	表 3 – 1	指在一定时期内,各种运输工具实际运送的货物(旅客)数量
货运总量	万吨	表 3 – 1	反映交通运输部门同国民经济其他部门相互联系的主要指标
高级公路比重	%	表 3 – 1	高级公路是指采用高设计要求和高建设标准修建从而拥有高通行能力的公路,包括高速公路、一级公路和极少数优质二级公路

5.5.3　信息通信指标

信息通信技术使得信息的供给量和传输速率不断增强，客观上为劳动者获取信息提供了便利，提高了劳动者信息获取的效率。信息通信技术类的指标可以包括邮电业务量、广播电视、互联网、移动电话、城市信息化等方面的指数，详见表5-16。

表5-16　　　　　　　　　　　信息通信指标群

指标	单位	来源	备注
邮电业务量	百亿	表3-1	指以价值量形式表现的邮电通信企业为社会提供各类邮电通信服务的总数量。邮电业务总量 = $\sum$（各类邮电业务量×不变单价）
人均邮电业务总量	万元/人	表3-1	
每万人邮电业务量	万元	表3-2	
广播电视覆盖率	%	表3-3	指明确表示"能收到"该电视频道的某区域人数与该区域"电视人口"之比。公式表达为：某电视频道的覆盖率 = 某区域"能收到"该电视频道的人数/该区域"电视人口"×100%
网络用户	万户	表3-1	反映一个国家或地区经常使用因特网的人口比例，通常国际上用来衡量一个国家或地区的信息化发达程度
互联网普及率	%		
国际互联网用户	户	表3-1	
千人拥有电脑数	台	表3-1	
本地电话用户	百户	表3-1	反映一个地区的固定电话和移动电话的密度，衡量了该地区的通信设备以及技术的发达程度和普及性
百人固定电话和移动电话用户数	户	表3-2、表3-4	
百人拥有电话数	户	表3-1	
百人拥有移动电话数	户	表3-1	
移动电话用户	百万	表3-1	
城市信息化综合指数	%	表3-3	是反映信息时代国家综合实力的重要指标，由包括资源开发利用、信息网络建设、信息技术应用、信息产品与服务、信息化人力资源和信息化发展环境等6个方面的20项指标综合测算出来的。被形象地称之为信息时代的"国家智商（NIQ）"

5.5.4 社会保障指标

社会保障制度是人类社会发展和进步的结果，是现代社会采取旨在促进人的发展和社会繁荣的保障方式和手段。当今社会保障制度已经成为现代社会文明的重要标志，社会保障制度的实行极大地改善了各国民生状况，成为保障社会成员基本生活的社会福利制度。社会保障指标包括社会保险、城市医疗保险、人均居住面积、恩格尔系数、基尼系数、住房保障支出等方面的指标，详见表 5 – 17。

表 5 – 17　　　　　　　　　　社会保障指标群

指标	单位	来源	备注
出生率	%	表 3 – 1	指某地在一个时期之内（通常指一年）出生人数与平均人口之比，它反映出人口的出生水平，一般用千分数来表示
死亡率	%	表 3 – 1	某一地区一段时间内的死亡人数与该时期平均总人数之比率为该地区死亡率
医生数（每千人拥有执业医师、千人拥有医生数）	千人	表 3 – 1、表 3 – 3、表 3 – 6、表 3 – 7	衡量能够为群众提供医疗卫生服务的人力资源的能力
医院床位（每万人拥有的医院床位数）	万人	表 3 – 1	用来说明一个地方医疗资源的情况
社会保险覆盖率（社会保险综合参保率）	%	表 3 – 1、表 3 – 4	社会保险覆盖率 = 已参加基本养老保险的人数/应参加基本养老保险的人数 ×50% + 已参加基本医疗保险的人数/应参加基本医疗保险的人数 ×50%
城市医疗保险覆盖率	%	表 3 – 3	反映了我国医疗基本制度的完善程度
城镇就业率	%	表 3 – 1	指城镇从业人数与城镇从业人数和城镇失业人数之和之比
城市人均住房使用面积	平方米	表 3 – 3、表 3 – 6、表 3 – 7	反映居民居住情况的重要指标
农村居民人均居住面积	平方米	表 3 – 7	
人均居住面积	平方米	表 3 – 4	

续表

指标	单位	来源	备注
城乡就业人数比	%	表3-3	是衡量城乡就业比例的一个指标
恩格尔系数		表3-1	是食品支出总额占个人消费支出总额的比重
基尼系数		表3-1	其具体含义是指，在全部居民收入中，用于进行不平均分配的那部分收入所占的比例
计划生育率	%	表3-6	计划生育率=计划内出生人数÷同期出生总人数×100%
城市人均医疗卫生经费财政支出	元	表3-3	
教育支出占公共财政支出比重	%	表3-7	
社会保障与就业支出占公共财政支出比重	%	表3-7	反映教育、社会保障、医疗卫生的投入情况
住房保障支出占公共财政支出比重	%	表3-7	
医疗卫生支出占公共财政支出比重	%	表3-7	
城乡居民收入比（农村=1）	%	表3-7	综合反映省区城乡统筹发展，新型城镇化建设的重要指标
平均预期寿命（人均预期寿命）	岁	表3-7	反映了各个省区疾病水平和卫生服务水平的综合状况

| 第 6 章 |
基于 MCCPI 的关联多准则综合评价方法

随着社会经济环境的日益复杂，人们在决策或综合评价时经常要涉及多个相互关联的决策或评价准则，需要综合考虑各个方案在关联准则上的评价信息。如何合理描述普遍存在于准则间的相互关联关系，并有效集成这些准则上的关联评价信息就成为多准则决策与综合评价方法的主要任务。

基于非可加测度和非线性积分的决策与综合评价模式是实现上述关联多准则决策与评价的有效途径之一。非可加测度，拓展自经典可加测度（即决策领域中准则权重向量），可以柔性描述决策准则间任意（互补、冗余、独立）关联关系。而拓展自经典勒贝格积分（即决策领域中的加权算术平均算子）的非线性积分，包括 Choquet 积分、Sugeno 积分、Pan 积分等诸多形式，可以灵活有效地集成关联决策与评价信息。在诸多非线性积分中，因 Choquet 积分具有很好的公理化特性和集成函数性质，被广泛采纳并应用多准则综合决策与评价理论与实践中。

非可加测度确定方法是基于非可加测度与非线性积分的关联多准则决策与综合评价理论研究与实践应用的核心问题。非可加测度确定方法通常基于评价者对评价准则的相对重要性及交互作用程度的主观判断信息来确定出最合适的非可加测度。评价者的主观判断信息通常可以分成隐性偏好信息和显性偏好信息两类，隐性偏好信息通常通过一些典型决策实例的综合评价值来间接反映评价者对准则间重要性和关联程度，而显性偏好信息则是评价准则间重要性和关联程度的直观表述。而 MCCPI（multiple criteira correlative preference information，多准则关联偏好信息）就是一类特殊的显性关联偏好信息。MCCPI 可以通过细化菱形成对比较法和二维刻度表来获取，进而通过构建合适的变换公式、原则和方法将这些信息转换成最优非可加测度。本章介绍基于 MCCPI 的多种非可加测度确定方法及其关联多准则决策与综合评价理论与方法[84]。

设 $X = \{x_1, \cdots, x_n\}$ 为包含 n 个元素的非空有限集合，其幂集记为 $P(X)$，X 的任意子集 $S \subset X$（包括空集$\varnothing$和全集 X）的势记为 $|S|$，R 表示实数集。

6.1 非可加测度与非线性积分

定义 6.1[85][86] 称非空有限集 X 上的集函数 μ：$P(X) \rightarrow [0, 1]$ 为非可加测度，或称模糊测度，或称 Choquet 容度，若满足下列条件：

（1） $\mu(\varnothing) = 0$，$\mu(X) = 1$（边界条件）

（2） S，$T \subset X$ 则 $S \subset T \Rightarrow \mu(S) \leqslant \mu(T)$（单调性约束）。

称非空有限集 X 上的非可加测度为

①可加的，如果对任意两不交子集 S，$T \subset X$，有 $\mu(S \cup T) = \mu(S) + \mu(T)$

②次可加的，如果对任意两不交子集 S，$T \subset X$，有 $\mu(S \cup T) \leqslant \mu(S) + \mu(T)$

③超可加的，如果对任意两不交子集 S，$T \subset X$，有 $\mu(S \cup T) \geqslant \mu(S) + \mu(T)$

④模糊可加的，如果对任意两子集 S，$T \subset X$，有 $\mu(S \cup T) = \mu(S) \vee \mu(T)$

⑤基于势的（对称的），如果对任意 $S \subset X$，$\mu(S)$ 的测度值只与 $|S|$ 有关

显然，非可加测度是正规单调集函数，且空集的函数值为零。从决策分析的角度来看于准则集 X 的任意子集 S，非可加测度值 $\mu(S)$ 可以解释为集合 S 的权重或重要性，单调性则意味着子集的权重不能因为新准则的加入而减少。可以看出，"非可加" 的含义就是 "不一定是可加的"。在有限准则集

上，满足可加性的非可加测度的即为经典概率测度，这时非可加测度即退化为权重向量。满足次可加的非可加测度则意味着决策准则间全部存在冗余关系。相反，满足超可加的非可加测度意味着决策准则间全部存在互补关系。模糊可加是一种特殊次可加关系。基于势的非可加测度则意味每个决策准则的重要性程度都一样，每个准则与其他准则的交互作用也都是一样的，每个准则没有明显区别于其他准则的特征，这种测度可应用于表述匿名决策的情形。

定义 6.2[87][86]　非空有限集 X 上的任意集函数 υ：$P(X) \rightarrow R$ 的默比乌斯表示，记为 m，定义为

$$m(S) = \sum_{T \subset S} (-1)^{|S|-|T|} \upsilon(T), \ \forall S \subset X$$

相应地

$$\upsilon(S) = \sum_{T \subset S} m(T), \ \forall S \subset X$$

定义 6.3[87][86]　非空有限集 X 上的任意集函数 υ：$P(X) \rightarrow R$ 的 Shapley 交互作用指标表示，记为 I_{Sh}，定义为

$$I_{Sh}(S) = \sum_{T \subset X \setminus S} \frac{(|X|-|T|-|S|)!\,|T|!}{(|X|-|S|+1)!} \sum_{L \subset S} (-1)^{|S|-|L|} \upsilon(L \cup T), \ \forall S \subset X$$

相应地

$$\upsilon(S) = \sum_{T \subset X} \beta_{|S \cap T|}^{|T|} I_{Sh}(T), \ \forall S \subset X$$

其中

$$\beta_k^l = \sum_{j=0}^{k} \binom{k}{l} B_{1-j}, \ B_k = -\sum_{l=0}^{k-1} \frac{B_l}{k-1+1} \binom{k}{l}, \ k > 0, \ B_0 = 1$$

上述定义中，B_k，$k = 0$，1，2，$\cdots$ 被称为伯努利数（Bernoulli numbers）。由此定义可见，Shapley 交互作用指标表示的逆变换较为复杂，所以，在实际应用中常常以默比乌斯表示为桥梁，实现其与非可加测度值之间的转换。

集函数的默比乌斯表示与 Shapley 交互作用指标表示有如下关系[87]：

$$I_{Sh}(S) = \sum_{T \supset S} \frac{1}{|T|-|S|+1} m(T)$$

$$m(S) = \sum_{T \supset S} B_{|T|-|S|} I_{Sh}(T)$$

根据默比乌斯表示、Shapley 交互作用指标表示与非可加测度的相应变换

及其逆变换形式，以及非可加测度的边界条件与单调性约束条件，可以分别得到集函数的默比乌斯表示、Shapley 交互作用指标表示对应于一个非可加测度的充要条件。

定理 6.1[87][86]　集函数 m：P(X)→R 是集合 X 上的某一非可加测度的默比乌斯表示当且仅当

①m($\varnothing$) = 0，$\sum\limits_{S \subset X}$ m(S) = 1（边界条件）

② $\sum\limits_{x_i \in T \subset S}$ m(T) ≥ 0，∀S⊂X，∀$x_i \in S$（单调性约束）

定理 6.2[87][86]　集函数 I_{Sh}：P(X)→R 是集合 X 上的某一非可加测度的 Shapley 交互作用指标表示当且仅当

① $\sum\limits_{S \subset X}$ $B_{|S|}I_{Sh}(S)$ = 0，$\sum\limits_{x_i \in X}$ $I_{Sh}(\{x_i\})$ = 1（边界条件）

② $\sum\limits_{S \subset X \setminus \{x_i\}}$ $\beta_{|S \cap T|}^{|S|} I_{Sh}(S \cup \{x_i\})$ ≥ 0，∀$x_i \in X$，∀$T \subset X \setminus \{x_i\}$（单调性约束）

其中

$$\beta_k^l = \sum_{j=0}^{k} \binom{k}{1} B_{l-j}, \quad B_k = -\sum_{l=0}^{k-1} \frac{B_l}{k-l+1} \binom{k}{1}, \quad k > 0, \quad B_0 = 1$$

在非可加测度论中，默比乌斯表示在定义 k 序可加测度、Choquet 积分性质研究与计算、非可加测度确定方法的建模等方面发挥着关键的作用。Shapley 交互作用指标表示则用于描述和说明决策准则间的交互作用，在实际决策分析中被普遍接受和广泛应用。

非线性积分，或称模糊积分，是基于非可加测度的各种积分的统称[86]。具体形式主要包括：Choquet 积分[85]、Sugeno 积分[88]、Pan 积分[89]、对称 Sugeno 积分[90]、（N）模糊积分[91]、类 Choquet 积分[92]、Upper 积分[89]、Lower 积分[93]、可能性积分[94]、基于集合划分的非线性积分[94]、广义勒贝格积分[95]、通用积分[96]等。Choquet 积分是传统的加权算术平均算子、有序加权平均算子的合理拓展，应用最为广泛[86][97]。

定义 6.4[85][86]　设 μ：P(X)→[0, 1] 为非空有限集 X 上的非可加测度，函数 f：X→R 关于非可加测度 μ 的（离散）Choquet 积分定义为

$$(C) \int f \, d\mu = \sum_{i=1}^{n} [f(x_{(i)}) - f(x_{(i-1)})] \mu(X_{(i)})$$

或等价表示为

$$(C) \int f \, \mathrm{d}\mu = \sum_{i=1}^{n} \left[\mu(X_{(i)}) - \mu(X_{(i+1)}) \right] f(x_{(i)})$$

其中，$_{(.)}$ 为集合 X 上一个置换，使得 $f(x_{(1)}) \leqslant \cdots \leqslant f(x_{(n)})$，$f(x_{(0)}) = 0$，$X_{(i)} = \{x_{(i)}, \cdots, x_{(n)}\}$，$X_{(n+1)} = \varnothing$。

Choquet 积分是对经典的勒贝格积分（Lebesgue integral）的拓展。当 μ 为可加的，Choquet 积分退化为勒贝格积分。

离散形式的 Choquet 积分还可以等价表述为默比乌斯表示形式[98]：

$$(C) \int f \, \mathrm{d}\mu = \sum_{S \subset X} m(S) \bigwedge_{x_i \in S} f(x_i)$$

其中，m 是非可加测度 μ 的默比乌斯表示形式。

利用非可加测度描述决策准则的重要性以及准则间的交互作用，需要对每个决策准则子集进行赋值。对于涉及 n 个准则的决策问题，除空集与决策准则全集的测度值分别为 0 与 1 外，还需要对其余 $2^n - 2$ 个决策准则子集的测度值进行赋值。这一赋值过程的指数级复杂度极大限制了非可加测度的实际应用能力。为了合理有效地减少所需确定参数的数量，学者们提出了可分解测度、k 序可加测度、p 对称测度、k 宽容与 k 不宽容测度等特殊类型的非可加测度。而在诸多类型的非可加测度中，k 序可加测度尤其是 2 序可加测度被广泛接受并应用于关联多准则决策与综合评价理论与实践中。

定义 $6.5^{[87]}$ 设 $k \in \{1, \cdots, n\}$。非空有限集 X 上的非可加测度 μ 称为 k 序可加的，如果它的默比乌斯表示形式对 $\forall S \subset X$ 且 $|S| > k$ 有 $m(S) = 0$，并且至少存在一个子集 T，$|T| = k$，使得 $m(T) \neq 0$。

对于 k 序可加测度，只需要确定势小于等于 k 的集合的默比乌斯表示的值，再通过默比乌斯表示与非可加测度的转换关系，即可确定所有子集的测度值。因此，确定包含 n 个准则的决策准则集上的一个 k 序可加测度，最多需要

$$\sum_{i=1}^{k} \binom{n}{i} \leqslant 2^n$$

个参数。比如，当 k = 1 时，只需要确定 n 个参数；当 k = 2 时，2 序可加测度需要确定 $[n(n+1)]/2$ 个参数。随着 k 的增加，非可加测度的参数也越多，其表现能力就越强。随着 k 值从 1 到 n 的变化，k 序可加测度可以覆盖非空有限集 X 上任意复杂度的非可加测度。

由默比乌斯表示与非可加测度的转换关系，不难验证，1 序可加测度就是经典的可加测度。而，对于 2 序可加测度有以下式子成立[87][86]：

$$\mu(\{x_i\}) = m(\{x_i\}), \ i = 1, \cdots, n,$$

$$\mu(\{x_i, x_j\}) = m(\{x_i\}) + m(\{x_j\}) + m(\{x_i, x_j\}), \ i, j = 1, \cdots, n \text{ 且 } i \neq j,$$

$$\mu(S) = \sum_{x_i \in S} m(\{x_i\}) + \sum_{\{x_i, x_j\} \subset S} m(\{x_i, x_j\})$$

$$= \sum_{\{x_i, x_j\} \subset S} \mu(\{x_i, x_j\}) - (|S| - 2) \sum_{x_i \in S} \mu(\{x_i\}), \ S \subset X \text{ 且 } |S| > 2。$$

因此，2 序可加测度也可以完全由其单个准则的测度值 $\mu(\{x_i\})$ 以及所有准则对的测度值 $\mu(\{x_i, x_j\})$ 来确定。k 序可加测度最多只考虑 k 个决策准则间的整体交互作用，而假定大于 k 个决策准则间的整体交互作用为零。需要指出的是，2 序可加测度只涉及准则的重要性和两个准则间交互性，而忽略 3 个及以上的准则间的交互作用，很好的解决了复杂性和表现能力之间的矛盾，结构简单，表述灵活，在实际多准则决策分析中被广泛接受和普遍应用[86][99]。

2 序可加测度的交互作用值与其默比乌斯表示之间有如下关系：

$$\begin{cases} I_i = m(\{x_i\}) + \dfrac{1}{2} \sum_{\{x_i, x_j\} \subset X} m(\{x_i, x_j\}) \\ I_{ij} = m(\{x_i, x_j\}) \end{cases}$$

以及

$$\begin{cases} m(\{x_i\}) = I_i - \dfrac{1}{2} \sum_{\{x_i, x_j\} \subset X} I_{ij} \\ m(\{x_i, x_j\}) = I_{ij} \end{cases}$$

例 6.1（改编自文献[100]）假定某决策者要对表 6-1 中所列汽车进行综合评价并排序。表 2.1 中第 1 列为汽车名称及型号，第 2~第 5 列为各车型在价格（准则 1）、0~100 公里/小时加速时间（准则 2）、最大时速（准则 3）、百公里油耗（准则 4）这四个方面（准则）的评价值。方便起见，简记准则集为 X = {1, 2, 3, 4}。

表 6 – 1　　　　　　　　　　　　　各车型在相应准则上的评价值

车型	价格	0 ~ 100 公里/小时加速时间	最大时速	百公里油耗
Audi A3 1.6 Attraction	0.151	0.960	0.962	0.341
BMW 316i	0.036	0.610	0.974	0.060
Daewoo Nexia 1.5i GL 5p	0.750	0.797	0.680	0.499
Ford Escort Cabrio 1.6 16V Luxury	0.197	0.601	0.834	0.069
Rover 111 Kensington SE 3p	0.808	0.582	0.153	0.900
Seat Ibiza 1.4 5p Slalom	0.703	0.486	0.171	0.532
VolksWagen Polo 1.6 3p Sportline	0.237	0.943	0.738	0.486

决策者认为各准则的重要性依次为：

价格（准则 1）、0 ~ 100 公里/小时加速时间（准则 2）、百公里油耗（准则 4）、最大时速（准则 3），即

准则 1 > 准则 2 > 准则 4 > 准则 3。

进而，决策者对各准则间的交互作用给出如下规定：

①准则 1 与准则 2（价格与 0 ~ 100 公里/小时加速时间）、准则 1 与准则 3（价格与最大时速）、准则 2 与准则 4（0 ~ 100 公里/小时加速时间与百公里油耗）、准则 3 与准则 4（最大时速与百公里油耗）是互补的，即存在正的交互作用；

②准则 1 与准则 4（价格与百公里油耗）、准则 2 与准则 3（0 ~ 100 公里/小时加速时间与最大时速）间是冗余的，即存在负的交互作用；

③忽略 3 个及更多准则间的交互作用。

因此，可以用一个 2 序可加测度来描述决策准则的重要性与其间的交互作用。通过某种辅助算法[100]，可确定各准则的重要性（Shapley 值）以及准则间的交互作用值（Shapley 交互作用指标值），如表 6 – 2 所示。

表 6 – 2　　　　　　　　　　　　　各准则重要性及交互作用

评价值	价格	0 ~ 100 公里/小时加速时间	最大时速	百公里油耗	重要性
价格	—	0.258	0.020	– 0.157	0.438
0 ~ 100 公里/小时加速时间	0.258	—	– 0.142	0.101	0.256

续表

评价值	价格	0～100 公里/小时加速时间	最大时速	百公里油耗	重要性
最大时速	0.020	−0.142	—	0.017	0.128
百公里油耗	−0.157	0.101	0.017	—	0.179

由表 6 - 2 可得，各准则的重要性与交互作用为

$I_1 = 0.438$，$I_2 = 0.256$，$I_3 = 0.128$，$I_4 = 0.179$，$I_{12} = 0.258$，

$I_{13} = 0.020$，$I_{14} = -0.157$，$I_{23} = -0.142$，$I_{24} = 0.101$，$I_{34} = 0.017$，

对于 $S \subset X$ 且 $|S| \geqslant 3$ 时，有 $I(S) = 0$。

则各准则子集的默比乌斯表示值为

$m(\{1\}) = 0.377$，$m(\{2\}) = 0.221$，$m(\{3\}) = 0.147$，

$m(\{4\}) = 0.156$，$m(\{1, 2\}) = 0.258$，$m(\{1, 3\}) = 0.020$，

$m(\{1, 4\}) = -0.157$，$m(\{2, 3\}) = -0.142$，$m(\{2, 4\}) = 0.101$，

$m(\{3, 4\}) = 0.017$，对于 $S \subset X$ 且 $|S| \geqslant 3$ 时，有 $m(S) = 0$。

根据默比乌斯表示与非可加测度的转换关系，可得各准则子集的非可加测度值，如表 6 - 3 所示。进而可以用 Choquet 积分来集成各车型在各准则上的评价值，得到综合评价值，见表 6 - 4。故，决策者认为车型 Daewoo Nexia 为最佳选择。

表 6 - 3 　　　　　　　　　　各准则子集的非可加测度

子集	测度值	子集	测度值	子集	测度值	子集	测度值
∅	0.000	{4}	0.156	{2, 3}	0.226	{1, 2, 4}	0.947
{1}	0.377	{1, 2}	0.856	{2, 4}	0.478	{1, 3, 4}	0.708
{2}	0.221	{1, 3}	0.544	{3, 4}	0.360	{2, 3, 4}	0.510
{3}	0.147	{1, 4}	0.383	{1, 2, 3}	0.861	{1, 2, 3, 4}	1.000

表 6 - 4 　　　　　　　　　　各车型的综合评价值及相应排名

	Audi A3	BMW 316i	Daewoo Nexia	Ford Escort	Rover 111	Seat Ibiza	VolksWagen Polo
Choquet 积分值	0.387	0.226	0.729	0.307	0.663	0.555	0.465
排名	5	7	1	6	2	3	4

多准则关联偏好信息（multicriteria correlation preference information, MCCPI）是指由细化菱形比较法得出的一组二维偏好信息。基于 MCCPI 方法的基本原则是尽可能使得所求 2 可加测度与决策者关联偏好之间差距最小。

6.2 二维偏好成对比较法

本节研究偏好表示菱形的细化与决策者二维偏好成对比较法。图 6 - 1 所示菱形即为第 5 章 DPC 方法中所提出的决策者偏好表示的菱形获取工具。

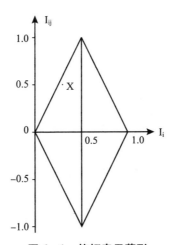

图 6 - 1 偏好表示菱形

在图 6 - 2 中，将线段 OA 或者区间 [0, 1] 分成相等的 8 份，来表示两准则间的九类相对重要性情形。

①准则 i 极端不重要于准则 j，当且仅当所选点的第一个坐标属于区间 [0.00, 0.125)；

②准则 i 非常不重要于准则 j，当且仅当所选点的第一个坐标属于区间 [0.125, 0.25)；

③准则 i 比较不重要于准则 j，当且仅当所选点的第一个坐标属于区间 [0.25, 0.375)；

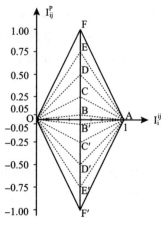

图 6 – 2　细化偏好菱形

④准则 i 稍微不重要于准则 j，当且仅当所选点的第一个坐标属于区间 [0.375，0.50)；

⑤准则 i 与准则 j 重要性相等，当且仅当所选点的第一个坐标是 0.50；

⑥准则 i 稍微重要于准则 j，当且仅当所选点的第一个坐标属于区间 (0.50，0.625]；

⑦准则 i 比较重要于准则 j，当且仅当所选点的第一个坐标属于区间 (0.625，0.75]；

⑧准则 i 非常重要于准则 j，当且仅当所选点的第一个坐标属于区间 (0.75，0.875]；

⑨准则 i 极端重要于准则 j，当且仅当所选点的第一个坐标属于区间 (0.875，1.00]。

为了确定两准则间的局部偏好值，可以将准则 i 和 j 之间的交互情形分成如下九类，如图 6 – 2 所示。

①交互作用几乎为零：所选点位于菱形 OBAB' 内，其中，O = (0.00，0.00)，A = (1.00，0.00)，B = (0.50，0.05)，B' = (0.50，–0.05)；

②存在稍微的正交互作用：所选点位于菱形 OBAC 内，其中，C = (0.50，0.25)；

③存在较强的正交互作用：所选点位于菱形 OCAD 内，其中，D = (0.50，0.50)；

④存在非常强的正交互作用：所选点位于菱形 ODAE 内，其中，E = (0.50, 0.75)；

⑤存在极端强的正交互作用：所选点位于菱形 OEAF 内，其中，F = (0.50, 1.00)；

⑥存在稍微的负交互作用：所选点位于菱形 OB′AC′ 内，其中，C′ = (0.50, -0.25)；

⑦存在较强的负交互作用：所选点位于菱形 OC′AD′ 内，其中，D′ = (0.50, -0.50)；

⑧存在非常强的负交互作用：所选点位于菱形 OD′AE′ 内，其中，E′ = (0.50, -0.75)；

⑨存在极端强的负交互作用：所选点位于菱形 OE′AF′ 内，其中，F′ = (0.50, -1.00)。

基于以上准则，决策者可以大致确定出任意两个准则间的关系偏好信息 MCCPI。方便起见，I_i^{ij} 表示准则 i 相对于准则 j 的重要性程度，I_{ij}^P 表示准则 i 和 j 之间部分关联关系。经过 $\binom{n}{2}$ 次的二维成对比较，可以得到相对重要性矩阵和部分关联信息矩阵，分别设为

$$R = [r_{ij}]_{n \times n} = [I_i^{ij}]_{n \times n} \text{和} P = [p_{ij}]_{n \times n} = [I_{ij}^P]_{n \times n}$$

因为 $I_i^{ij} + I_j^{ij} = 1$，$I_{ij}^P = I_{ji}^P$，有 $r_{ij} + r_{ji} = 1$，$p_{ij} = p_{ji}$。一致起见，设定 $r_{ii} = \frac{1}{2}$，i = 1, 2, …, n。

6.3 基于 MCCPI 的非可加测度确定方法

为了便于理解，可以首先考虑一个简单的情形，即 1 序可加的情形，即从相对重要性矩阵中得到权重向量。

在这种情形下，只需考虑准则间的相对重要性矩阵，而忽略准则间的交互作用。设准则权重向量为 $\omega = (I_1, I_2, …, I_n)$，其中，$I_i$ 是准则 $i \in N$ 的 Shapley 重要性值。整个权重确定过程可以描述为如下情形：

$$R = \left[r_{ij} \right]_{n \times n} = \begin{bmatrix} \dfrac{1}{2} & I_1^{12} & \cdots & I_1^{1n} \\ I_2^{21} & \dfrac{1}{2} & \cdots & I_2^{2n} \\ \vdots & \vdots & \vdots & \vdots \\ I_n^{n1} & I_2^{n2} & \cdots & \dfrac{1}{2} \end{bmatrix} \rightarrow \begin{bmatrix} I_1 \\ I_2 \\ \vdots \\ I_n \end{bmatrix}$$

如果相对重要性矩阵是"完全一致的",并且确定过程是"完全正确",那么下面等式应该满足

$$r_{ij} = I_i^{ij} = \frac{I_i}{I_i + I_j} \tag{6-1}$$

$$r_{ji} = I_j^{ij} = \frac{I_j}{I_i + I_j} \tag{6-2}$$

基于最小二乘原则,可以构建如下非线性规划,记为 $LS - I$:

$$(LS - I): \quad \min Z_1 = \sum_{i \in N} \sum_{j \in N \setminus \{i\}} \left(r_{ij} - \frac{I_i}{I_i + I_j} \right)^2$$

$$s.\,t. \quad I_1 + I_2 + \cdots + I_n = 1$$

考虑到 $r_{ji} = 1 - r_{ij}$ 和

$$\frac{I_j}{I_i + I_j} = 1 - \frac{I_i}{I_i + I_j}$$

有

$$\left(r_{ji} - \frac{I_j}{I_i + I_j} \right)^2 = \left(1 - r_{ij} - \left(1 - \frac{I_i}{I_i + I_j} \right) \right)^2 = \left(r_{ij} - \frac{I_i}{I_i + I_j} \right)^2$$

因此,上述模型可以等价地表述为模型 $LS - I'$:

$$(LS - I'): \quad \min Z_1 = 2 \sum_{i=1}^{n-1} \sum_{j>i}^{n} \left(r_{ij} - \frac{I_i}{I_i + I_j} \right)^2$$

$$s.\,t. \quad I_1 + I_2 + \cdots + I_n = 1$$

现在从相对重要性矩阵和部分关联信息矩阵中确定 2 序可加测度。设 μ 为 $N = \{1, 2, \cdots, n\}$ 上最终所求得的 2 序可加测度,I_i 和 I_{ij} ($i, j = 1, 2, \cdots, n, i \neq j$) 分别是各准则的 Shapley 重要性程度和两准则间的 Shapley 交互作用指标。整体的确定过程可以描述如下:

$$R = \left[\, r_{ij}\,\right]_{n \times n} = \begin{bmatrix} \frac{1}{2} & I_1^{12} & \cdots & I_1^{1n} \\ I_2^{21} & \frac{1}{2} & \cdots & I_2^{2n} \\ \vdots & \vdots & \vdots & \vdots \\ I_n^{n1} & I_2^{n2} & \cdots & \frac{1}{2} \end{bmatrix} \to \begin{bmatrix} I_1 \\ I_2 \\ \vdots \\ I_n \end{bmatrix}$$

$$P = \left[\, p_{ij}\,\right]_{n \times n} = \begin{bmatrix} — & I_{21}^{P} & \cdots & I_{n1}^{P} \\ I_{21}^{P} & — & \cdots & I_{n2}^{P} \\ \vdots & \vdots & \vdots & \vdots \\ I_{n1}^{P} & I_{n2}^{P} & \cdots & — \end{bmatrix} \to \begin{bmatrix} — & I_{21} & \cdots & I_{n1} \\ I_{21} & — & \cdots & I_{n2} \\ \vdots & \vdots & \vdots & \vdots \\ I_{n1} & I_{n2} & \cdots & — \end{bmatrix}$$

如果相对重要性矩阵和部分关联信息矩阵都是"完全一致的",并且确定过程是"完全正确",除了上述式（6-1）、式（6-2）满足外,还应满足下式:

$$p_{ij} = I_{ij}^{P} = \frac{I_{ij}}{I_i + I_j} \tag{6-3}$$

在式（6-1）、式（6-2）和式（6-3）中,左端表示了决策的偏好信息,右端则表示了有关 2 序可加测度的相关信息。在现实情况下,等式两端不可避免地存在一些偏差,即在决策者的关联偏好信息与最终 2 序可加测度之间存在着一些偏差.

如果用平方距离或者欧氏距离来衡量这些偏差,就可以构建如下基于最小二次方差原则的非线性规划模型,记为 LS - II:

$$(LS - II):\ minZ_2 = \sum_{i \in N} \sum_{j \in N \setminus \{i\}} \left[\left(r_{ij} - \frac{I_i}{I_i + I_j} \right)^2 + \left(p_{ij} - \frac{I_{ij}}{I_i + I_j} \right)^2 \right]$$

$$\begin{cases} \sum_{i=1}^{n} I_i = 1, \\ I_i - \frac{1}{2}\sum_{j \in NA} I_{ij} + \frac{1}{2}\sum_{j \in Ai} I_{ij} \geqslant 0 \ for \ \forall A \subseteq N \ and \ \forall i \in A, \\ I_{ij} = I_{ji}, \\ i,\ j = 1,\ 2,\ \cdots,\ n,\ i \neq j. \end{cases}$$

其中,模型中的目标函数是式（6-1）、式（6-2）和式（6-3）中左右两端二次偏差的和。

因为

$$\left(r_{ji} - \frac{I_j}{I_i + I_j}\right)^2 = \left(r_{ij} - \frac{I_i}{I_i + I_j}\right)^2$$

和

$$p_{ji} - \frac{I_{ji}}{I_j + I_i} = p_{ij} - \frac{I_{ij}}{I_i + I_j}$$

模型 LS – II 可以等价表述为 LS – II′:

$$(LS - II'): \min Z_2 = 2\sum_{i=1}^{n-1}\sum_{j>i}^{n}\left[\left(r_{ij} - \frac{I_i}{I_i + I_j}\right)^2 + \left(p_{ij} - \frac{I_{ij}}{I_i + I_j}\right)^2\right]$$

$$\begin{cases} \sum_{i=1}^{n} I_i = 1, \ i = 1, \ 2, \ \cdots, \ n, \\ A(I_1, \ I_{12}, \ I_{13}, \ \cdots, \ I_{1n})^T \geq 0, \\ A(I_i, \ I_{1i}, \ \cdots, \ I_{[i-1][i]}, \ I_{[i][i+1]}, \ \cdots, \ I_{in})^T \geq 0 \ \text{for} \ i = 2, \ 3, \ \cdots, \ n-1, \\ A(I_n, \ I_{1n}, \ I_{2n}, \ \cdots, \ I_{[n-1][n]})^T \geq 0. \end{cases}$$

其中，$A = [a_{ij}]_{2^{n-1} \times n}$，$a_{ij} = 1$ if $j = 1$ 且 $a_{ij} = (-1)^{bitget(dec2bin(i-1),j-1)}\left(\frac{1}{2}\right)$ if $j = 2, \ 3, \ \cdots, \ n$，函数 "bitget(a, k)" 返回字符串 a 的第 k 位的值，函数 "dec2bin(a)" 返回数 a 的二进制表示并且作为一个字符串。显然，模型 LS – II′ 包含了 $2^{n-1}n + 1$ 个约束条件。方便起见，记 $I = (I_1, \ I_2, \ \cdots, \ I_n, \ I_{12}, \ I_{13}, \ \cdots, \ I_{[n-1][n]})$。

由式 (6-1)、式 (6-2) 和式 (6-3)，可得

$$r_{ij} = \frac{I_i}{I_i + I_j} \Rightarrow r_{ij}(I_i + I_j) = I_i,$$

$$r_{ji} = \frac{I_j}{I_i + I_j} \Rightarrow r_{ji}(I_i + I_j) = I_j,$$

$$p_{ij} = \frac{I_{ij}}{I_i + I_j} \Rightarrow p_{ij}(I_i + I_j) = I_{ij}.$$

因此，可构建如下基于最小二乘原则的非线性模型 LS – III：

$$(LS - III)：minZ_3 = \sum_{i \in N} \sum_{j \in N \backslash \{i\}} \left[(r_{ij}(I_i + I_j) - I_i)^2 + (p_{ij}(I_i + I_j) - I_{ij})^2 \right]$$

$$\begin{cases} \sum_{i=1}^{n} I_i = 1, \\ I_i - \dfrac{1}{2} \sum_{j \in NA} I_{ij} + \dfrac{1}{2} \sum_{j \in Ai} I_{ij} \geq 0 \text{ for } \forall A \subseteq N \text{ and } \forall i \in A, \\ I_{ij} = I_{ji}, \\ i, j = 1, 2, \cdots, n, i \neq j. \end{cases}$$

因为

$$(r_{ji}(I_i + I_j) - I_j)^2 = ((1 - r_{ij})(I_i + I_j) - I_j)^2 = ((I_i + I_j) - r_{ij}(I_i + I_j) - I_j)^2$$
$$= (I_i - r_{ij}(I_i + I_j))^2 = (r_{ij}(I_i + I_j) - I_i)^2$$

模型 LS – III 等价表述为 LS – III′：

$$(LS - III')：minZ_3 = 2 \sum_{i=1}^{n-1} \sum_{j>i}^{n} \left[(r_{ij}(I_i + I_j) - I_i)^2 + (p_{ij}(I_i + I_j) - I_{ij})^2 \right]$$

$$\begin{cases} \sum_{i=1}^{n} I_i = 1, i = 1, 2, \cdots, n, \\ A(I_1, I_{12}, I_{13}, \cdots, I_{1n})^T \geq 0, \\ A(I_i, I_{1i}, \cdots, I_{[i-1][i]}, I_{[i][i+1]}, \cdots, I_{in})^T \geq 0, \text{ for } i = 2, 3, \cdots, n-1, \\ A(I_n, I_{1n}, I_{2n}, \cdots, I_{[n-1][n]})^T \geq 0. \end{cases}$$

其中，$A = [a_{ij}]_{2^{n-1} \times n}$ 同于模型 LS – II。模型 LS – III′ 仍包含 $2^{n-1}n + 1$ 个线性约束条件。

此外，通过引入目标偏差变量，模型 LS – III′ 可以转化成一个线性规划模型。设 $r_{ij}(I_i + I_j) - I_i + d_{ij}^- - d_{ij}^+ = 0$，$p_{ij}(I_i + I_j) - I_{ij} + e_{ij}^- - e_{ij}^+ = 0$，其中，$d_{ij}^-$，$d_{ij}^+$，$e_{ij}^-$，$e_{ij}^+ \geq 0$ 目标偏差变量。因此，基于最小绝对偏差准则，可得如下线性规划模型，记为 LP – I：

$$(LP - I)：minZ_4 = \sum_{i=1}^{n-1} \sum_{j>i}^{n} (d_{ij}^- + d_{ij}^+ + e_{ij}^- - e_{ij}^+)$$

$$\begin{cases} \sum_{i=1}^{n} I_i = 1, \ i=1, \ 2, \ \cdots, \ n, \\ A(I_1, \ I_{12}, \ I_{13}, \ \cdots, \ I_{1n})^T \geqslant 0, \\ A(I_i, \ I_{1i}, \ \cdots, \ I_{[i-1][i]}, \ I_{[i][i+1]}, \ \cdots, \ I_{in})^T \geqslant 0, \ \text{for } i=2, \ 3, \ \cdots, \ n-1, \\ A(I_n, \ I_{1n}, \ I_{2n}, \ \cdots, \ I_{[n-1][n]})^T \geqslant 0, \\ r_{ij}(I_i + I_j) - I_i - d_{ij}^- - d_{ij}^+ = 0, \\ p_{ij}(I_i + I_j) - I_{ij} + e_{ij}^- - e_{ij}^+ = 0. \end{cases}$$

其中，$A = [a_{ij}]_{2^{n-1} \times n}$ 同于模型 LS – II，d_{ij}^-，d_{ij}^+，e_{ij}^-，$e_{ij}^+ \geqslant 0$。模型 LP – I 包含 $2^{n-1}n + 2\dbinom{n}{2} + 1$ 个约束条件。

模型 LP – I 本质等同于如下非线性模型：

$$(NP - I): \ \min Z_4' = \sum_{i=1}^{n-1} \sum_{j>i}^{n} \left[\ | r_{ij}(I_i + I_j) - I_i | + | p_{ij}(I_i + I_j) - I_{ij} | \ \right]$$

$$\begin{cases} \sum_{i=1}^{n} I_i = 1, \ i=1, \ 2, \ \cdots, \ n, \\ A(I_1, \ I_{12}, \ I_{13}, \ \cdots, \ I_{1n})^T \geqslant 0, \\ A(I_i, \ I_{1i}, \ \cdots, \ I_{[i-1][i]}, \ I_{[i][i+1]}, \ \cdots, \ I_{in})^T \geqslant 0, \ \text{for } i=2, \ 3, \ \cdots, \ n-1, \\ A(I_n, \ I_{1n}, \ I_{2n}, \ \cdots, \ I_{[n-1][n]})^T \geqslant 0. \end{cases}$$

其中，$A = [a_{ij}]_{2^{n-1} \times n}$ 同于模型 LS – II。

最后，将基于 MCCPI 的 2 序可加测度确定方法的步骤总结如下：

第一步，得到 MCCPI 信息，即相对重要性矩阵和部分关联信息矩阵；

第二步，选择合适的模型，得到其最优解：$I^* = (I_1^*, \ I_2^*, \ \cdots, \ I_n^*, \ I_{12}^*, \ I_{13}^*, \ \cdots, \ I_{[n-1][n]}^*)$；

第三步，通过如下公式，得到相应的默比乌斯表示：

$$m_\mu^*(\{i\}) = I_i^* - \frac{1}{2} \sum_{j \in N \setminus \{i\}} I_{ij}^* \ \text{for} \ \forall i \in N,$$

$$m_\mu^*(\{i, \ j\}) = I_{ij}^* \ \text{for} \ \forall i, \ j \in N \ \text{and} \ i \neq j;$$

第四步，通过正式得到最终 2 序可加测度

$$\mu^*(A) = \sum_{B \subseteq A} m_\mu^*(B) = \sum_{i \in A} m_\mu^*(\{i\}) + \sum_{i,j \in A} m_\mu^*(\{i, j\}) \text{ for } \forall A \subseteq N$$

6.4 关联综合评价问题实例演算

考虑此多准则决策问题，假定决策者需要按对表 6 – 5 所列的汽车进行排序（改编自文献[100]）。表 6 – 5 中第一列车的品牌和类型，第二至五列为各车型在各准则上的评价值：①价格；②0 ~ 100 公理/每小时的所需时间；③最大时速；④每公里油耗。

表 6 – 5 各车型在各准则上的评价值

评价值	Car A	Car B	Car C	Car D	Car E	Car F	Car G
价格	0.153	0.065	0.823	0.941	0.675	0.876	0.922
加速时间	0.586	0.902	0.557	0.629	0.689	0.271	0.734
最大时速	0.483	0.854	0.493	0.521	0.472	0.277	0.712
耗油量	0.845	0.417	0.521	0.816	0.611	0.758	0.691

决策者认为：

准则 1 非常重要于准则 2，其间存在极端强的正交互作用；

准则 1 非常重要于准则 3，其间存在较强的正交互作用；

准则 1 稍微重要于准则 4，其间存在非常强的负交互作用；

准则 2 非常重要于准则 3，其间存在稍微的负交互作用；

准则 2 非常重要于准则 4，其间存在较强的负交互作用；

准则 4 非常重要于准则 3，其间存在较强的正交互作用；

经过 6 次 2 维成对比较，决策通过细化菱形获得 MCCPI 信息，如图 6 – 3 所示。

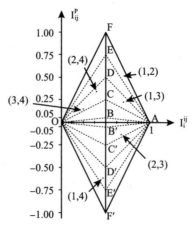

图 6-3 四个准则间 2 维决策者关联偏好信息

可以获得如下相对重要性矩阵和部分关联信息矩阵：

$$R = \begin{bmatrix} 0.500 & 0.667 & 0.700 & 0.471 \\ 0.333 & 0.500 & 0.667 & 0.400 \\ 0.300 & 0.333 & 0.500 & 0.250 \\ 0.429 & 0.600 & 0.750 & 0.500 \end{bmatrix},$$

$$P = \begin{bmatrix} — & 0.550 & 0.230 & -0.610 \\ 0.550 & — & -0.130 & 0.340 \\ 0.230 & -0.130 & — & 0.150 \\ -0.610 & 0.340 & 0.150 & — \end{bmatrix}.$$

由相对重要性矩阵 R，采用如下模型 LS−I′：

$$(LS - I'): \min Z_1 = 2\left(0.667 - \frac{I_1}{I_1 + I_2}\right)^2 + 2\left(0.700 - \frac{I_1}{I_1 + I_3}\right)^2$$

$$+ 2\left(0.471 - \frac{I_1}{I_1 + I_4}\right)^2 + 2\left(0.667 - \frac{I_2}{I_2 + I_3}\right)^2$$

$$+ 2\left(0.400 - \frac{I_2}{I_2 + I_4}\right)^2 + 2\left(0.250 - \frac{I_3}{I_3 + I_4}\right)^2$$

s. t. $I_1 + I_2 + I_3 + I_4 = 1$。

求解得 $\omega^* = (I_1^*,\ I_2^*,\ I_3^*,\ I_4^*) = (0.331,\ 0.207,\ 0.118,\ 0.344)$。

基于相对重要性矩阵 R 和部分关联信息矩阵 P，可构建如下模型 LS – II′，LS – III′和 LP – I：

$$(LS - II'):\ \min Z_2 = 2\left(0.667 - \frac{I_1}{I_1 + I_2}\right)^2 + 2\left(0.700 - \frac{I_1}{I_1 + I_3}\right)^2$$

$$+ 2\left(0.471 - \frac{I_1}{I_1 + I_4}\right)^2 + 2\left(0.667 - \frac{I_2}{I_2 + I_3}\right)^2$$

$$+ 2\left(0.400 - \frac{I_2}{I_2 + I_4}\right)^2 + 2\left(0.250 - \frac{I_3}{I_3 + I_4}\right)^2$$

$$+ 2\left(0.550 - \frac{I_{12}}{I_1 + I_2}\right)^2 + 2\left(0.230 - \frac{I_{13}}{I_1 + I_3}\right)^2$$

$$+ 2\left(-0.610 - \frac{I_{14}}{I_1 + I_4}\right)^2 + 2\left(-0.130 - \frac{I_{23}}{I_2 + I_3}\right)^2$$

$$+ 2\left(0.340 - \frac{I_{24}}{I_2 + I_4}\right)^2 + 2\left(0.150 - \frac{I_{34}}{I_3 + I_4}\right)^2$$

s. t.

$$I_1 + I_2 + I_3 + I_4 = 1,$$

$$A(I_1,\ I_{12},\ I_{13},\ I_{14})^T \geqslant 0,\ A(I_2,\ I_{12},\ I_{23},\ I_{24})^T \geqslant 0,$$

$$A(I_3,\ I_{13},\ I_{23},\ I_{34})^T \geqslant 0,\ A(I_4,\ I_{14},\ I_{24},\ I_{34})^T \geqslant 0,$$

其中，

$$A = \begin{bmatrix} 1 & 1/2 & 1/2 & 1/2 \\ 1 & 1/2 & 1/2 & -1/2 \\ 1 & 1/2 & -1/2 & 1/2 \\ 1 & 1/2 & -1/2 & -1/2 \\ 1 & -1/2 & 1/2 & 1/2 \\ 1 & -1/2 & 1/2 & -1/2 \\ 1 & -1/2 & -1/2 & 1/2 \\ 1 & -1/2 & -1/2 & -1/2 \end{bmatrix}.$$

$$(LS - III'):\ \min Z_3 = 2[0.667(I_1 + I_2) - I_1]^2$$

$$+ 2[0.700(I_1 + I_3) - I_1]^2 + 2[0.471(I_1 + I_4) - I_1]^2$$

$$+ 2[0.667(I_2 + I_3) - I_2]^2 + 2[0.400(I_2 + I_4) - I_2]^2$$

$$+2[0.250(I_3+I_4)-I_3]^2+2[0.550(I_1+I_2)-I_{12}]^2$$
$$+2[0.230(I_1+I_3)-I_{13}]^2+2[-0.610(I_1+I_4)-I_{14}]^2$$
$$+2[-0.130(I_2+I_3)-I_{23}]^2+2[0.340(I_2+I_4)-I_{24}]^2$$
$$+2[0.150(I_3+I_4)-I_{34}]^2$$

s. t.

$$I_1+I_2+I_3+I_4=1,$$
$$A(I_1,\ I_{12},\ I_{13},\ I_{14})^T\geqslant0,\ A(I_2,\ I_{12},\ I_{23},\ I_{24})^T\geqslant0,$$
$$A(I_3,\ I_{13},\ I_{23},\ I_{34})^T\geqslant0,\ A(I_4,\ I_{14},\ I_{24},\ I_{34})^T\geqslant0,$$

其中，A 同模型 LS – II′。

$(LP-I):\ \min Z_4=d_{12}^-+d_{12}^++d_{13}^-+d_{13}^++d_{14}^-+d_{14}^++d_{23}^-+d_{23}^++d_{24}^-+d_{24}^++d_{34}^-$

$$+d_{34}^++e_{12}^-+e_{12}^++e_{13}^-+e_{13}^++e_{14}^-+e_{14}^++e_{23}^-+e_{23}^++e_{24}^-+e_{24}^+$$
$$+e_{34}^-+e_{34}^+$$

s. t.

$$I_1+I_2+I_3+I_4=1,$$
$$A(I_1,\ I_{12},\ I_{13},\ I_{14})^T\geqslant0,\ A(I_2,\ I_{12},\ I_{23},\ I_{24})^T\geqslant0,$$
$$A(I_3,\ I_{13},\ I_{23},\ I_{34})^T\geqslant0,\ A(I_4,\ I_{14},\ I_{24},\ I_{34})^T\geqslant0,$$
$$0.667(I_1+I_2)-I_1+d_{12}^--d_{12}^+=0,\ 0.700(I_1+I_3)-I_1+d_{13}^--d_{13}^+=0,$$
$$0.471(I_1+I_4)-I_1+d_{14}^--d_{14}^+=0,\ 0.667(I_2+I_3)-I_2+d_{23}^--d_{23}^+=0,$$
$$0.400(I_2+I_4)-I_2+d_{24}^--d_{24}^+=0,\ 0.250(I_3+I_4)-I_3+d_{34}^--d_{34}^+=0,$$
$$0.550(I_1+I_2)-I_{12}+e_{12}^--e_{12}^+=0,\ 0.230(I_1+I_3)-I_{13}+e_{13}^--e_{13}^+=0,$$
$$-0.610(I_1+I_4)-I_{14}+e_{14}^--e_{14}^+=0,\ -0.130(I_2+I_3)-I_{23}+e_{23}^--e_{23}^+=0,$$
$$0.340(I_2+I_4)-I_{24}+e_{24}^--e_{24}^+=0,\ 0.150(I_3+I_4)-I_{34}+e_{34}^--e_{34}^+=0,$$

其中，A 同模型 LS – II′。

表 6 – 6 为上述三个模型所得最优解，表 6 – 7 及表 6 – 8 分别是对应的默比乌斯表示和 2 序可加测度。从表 6 – 6、表 6 – 7 和表 6 – 8 上来看，三种方法所获得 2 序可加测度值相差不大。利用 Choquet 积分作为集成函数，可得七种类型汽车的综合评价值与排序，如表 6 – 9 所示。模型 LS – II′，LS – III′和 LP – I 获得相同的最终排序，与模型 LS – I′所获得的结果有较大差异。

表 6 - 6　　　　　三种方法所获得 Shapley 重要性和交互作用指标值

	LS - II′	LS - III′	LP - I		LS - II′	LS - III′	LP - I
I_1	0.353	0.350	0.355	I_{12}	0.255	0.251	0.205
I_2	0.222	0.213	0.215	I_{13}	0.087	0.074	0.106
I_3	0.116	0.119	0.107	I_{14}	-0.363	-0.373	-0.398
I_4	0.309	0.318	0.333	I_{23}	-0.033	-0.019	-0.042
				I_{24}	0.155	0.156	0.183
				I_{34}	0.064	0.066	0.065

表 6 - 7　　　　　　　　三种方法所获得默比乌斯表示

	LS - II′	LS - III′	LP - I		LS - II′	LS - III′	LP - I
$m_\mu(\{1\})$	0.363	0.374	0.398	$m_\mu(\{1, 2\})$	0.255	0.252	0.205
$m_\mu(\{2\})$	0.035	0.019	0.042	$m_\mu(\{1, 3\})$	0.087	0.074	0.106
$m_\mu(\{3\})$	0.057	0.059	0.043	$m_\mu(\{1, 4\})$	-0.363	-0.374	-0.398
$m_\mu(\{4\})$	0.382	0.394	0.398	$m_\mu(\{2, 3\})$	-0.034	-0.019	-0.042
				$m_\mu(\{2, 4\})$	0.155	0.156	0.183
				$m_\mu(\{3, 4\})$	0.064	0.066	0.065

表 6 - 8　　　　　　　　三种方法所获得 2 序可加测度

	LS - II′	LS - III′	LP - I		LS - II′	LS - III′	LP - I
$\mu(\varnothing)$	0.000	0.000	0.000	$\mu(\{4\})$	0.382	0.394	0.398
$\mu(\{1\})$	0.363	0.373	0.398	$\mu(\{1, 4\})$	0.382	0.394	0.398
$\mu(\{2\})$	0.034	0.019	0.042	$\mu(\{2, 4\})$	0.570	0.569	0.623
$\mu(\{1, 2\})$	0.652	0.644	0.645	$\mu(\{1, 2, 4\})$	0.825	0.820	0.828
$\mu(\{3\})$	0.057	0.059	0.043	$\mu(\{3, 4\})$	0.503	0.518	0.505
$\mu(\{1, 3\})$	0.508	0.507	0.547	$\mu(\{1, 3, 4\})$	0.590	0.592	0.612
$\mu(\{2, 3\})$	0.057	0.059	0.043	$\mu(\{2, 3, 4\})$	0.658	0.674	0.688
$\mu(\{1, 2, 3\})$	0.763	0.758	0.753	$\mu(\{1, 2, 3, 4\})$	1.000	1.000	1.000

表6-9　　　　　　　　　　　七种类型汽车的综合评价和排序

		Car A	Car B	Car C	Car D	Car E	Car F	Car G
LS-I′	$C_\mu()$	0.511	0.448	0.620	0.776	0.626	0.632	0.772
	Ranking	6	7	5	1	4	3	2
LS-II′	$C_\mu()$	0.527	0.323	0.636	0.727	0.629	0.501	0.790
	Ranking	5	7	3	2	4	6	1
LS-III′	$C_\mu()$	0.536	0.329	0.639	0.730	0.628	0.508	0.791
	Ranking	5	7	3	2	4	6	1
LP-I	$C_\mu()$	0.556	0.332	0.651	0.743	0.635	0.521	0.803
	Ranking	5	7	3	2	4	6	1

6.5　进一步讨论及综合评价方法步骤

如上例所示，由给定的 MCCPI 信息，三种方法获得相同的排序，这说明这三种方法间具有一定的相互替代性。因此，在下面的讨论中，简单起见，可以只用模型 LP-I，而其他模型也面临着相似的问题。

下面进一步讨论在细化菱形中的相对先要性和部分偏好信息的表示问题。例如，上例中，准则1非常重要于准则2，其间存在极端强的正交互作用。这种关系可以概括为二维语言向量（非常重要，极端正），在上例中，选择了 (0.667，0.550) 来表示这种关系，见图6-3或矩阵 R 和 P。其实，根据上节所列规则，（非常重要，极端正）对应于由线 $I_1 = 0.625$，$I_1 = 0.750$，AE 及 AF 组成的区域：

$$R^{(sm,ep)} = \{0.625 < I_1^{12} \leqslant 0.75, \ 1.5(1 - I_1^{12}) \leqslant I_{12}^P \leqslant 2(1 - I_1^{12})\}.$$

这个区域 $R^{(sm,ep)}$ 中任意一个点都可以用来表示准则1与准则2间的（非常重要，极端正）关系。然而，选择不同的点必将求得不同的 Shapely 重要性和交互作用值，最终会得到决策方案的不同综合评价值和排序。简便起见，图6-4给出由模型 LP-I 给出的20组随机排序结果。可以看出，车 C 和车 D、车 A 和车 F 之间的排名经常会发生变化。

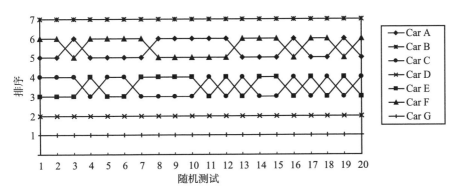

图 6 - 4 20 次随机实验所得的七种车型的排序结果

因此，如何选择目标区域中合适的点就变成了一个很有挑战性的问题。受层次分析法的 1~9 计分刻度的启发，可以得到如表 6 - 10 所示的 2 维（相对重要性和部分关联信息）偏好信息。在表中，可行的相对重要性值和部分关联信息的中值被选做代表值。例如，准则 i 极端重要于准则 j 的区间为 [0.00, 0.125)，而 0.0625 则被选做代表值；若两准则间"极端正的交互作用"，则对应于区间（$1.5\min(I_i^{ij}, 1 - I_i^{ij})$, $2\min(I_i^{ij}, 1 - I_i^{ij})$], 故 $1.75\min(I_i^{ij}, 1 - I_i^{ij})$ 就被选做了代表值。如果用表 6 - 10 中所示的值来表示获取 MCCPI 信息（如表 6 - 11 所示），再利用模型 LP - I 求解，可以得到如表 6 - 12 所示的各车型的综合评价值和排序结果。这一结果与表 6 - 9 中所示结果一致，并且车 C 和车 E 的结果非常接近。

表 6 - 10　　　　　　　　　二维 MCCPI 刻度

准则 i 与准则 j 的相对重要性

九类	I_i^{ij} 的取值
极端不重要	0.0625
非常不重要	0.1875
比较不重要	0.3125
稍微不重要	0.4375
相等	0.5000

续表

准则 i 与准则 j 的相对重要性	
九类	I_i^{ij} 的取值
稍微重要	0.5625
比较重要	0.6875
非常重要	0.8125
极端重要	0.9375

准则 i 与准则 j 之间的局部偏好值	
九类	I_{ij}^{P} 的取值
极端正	$1.75\min(I_i^{ij},\ 1-I_i^{ij})$
非常正	$1.25\min(I_i^{ij},\ 1-I_i^{ij})$
比较正	$0.75\min(I_i^{ij},\ 1-I_i^{ij})$
稍微正	$0.3\min(I_i^{ij},\ 1-I_i^{ij})$
几乎为零	0.000
稍微负	$-0.3\min(I_i^{ij},\ 1-I_i^{ij})$
比较负	$-0.75\min(I_i^{ij},\ 1-I_i^{ij})$
非常负	$-1.25\min(I_i^{ij},\ 1-I_i^{ij})$
极端负	$-1.75\min(I_i^{ij},\ 1-I_i^{ij})$

表 6-11　　　　　利用二维刻度表所得的 MCCPI 信息

准则	1 vs 2	1 vs 3	1 vs 4	2 vs 3	2 vs 4	3 vs 4
MCCPI	(strongly more, extremely positive)	(strongly more, strongly positive)	(slightly less, strongly negative)	(strongly more, slightly negative)	(slightly less, strongly positive)	(strongly less, strongly positive)
选定区域	$\{0.625 < I_1^{12} \leq 0.75,\ 1.5(1-I_1^{12}) \leq I_{12}^{P} \leq 2(1-I_1^{12})\}$	$\{0.625 < I_1^{13} \leq 0.75,\ 0.5(1-I_1^{13}) \leq I_{13}^{P} \leq (1-I_1^{13})\}$	$\{0.375 \leq I_1^{14} < 0.50,\ 1-1.5I_1^{14} \leq I_{14}^{P} \leq -I_1^{14}\}$	$\{0.625 < I_2^{23} \leq 0.75,\ -0.5(1-I_2^{23}) \leq I_{23}^{P} \leq -0.1(1-I_2^{23})\}$	$\{0.375 \leq I_2^{24} < 0.50,\ 0.5I_2^{24} \leq I_{24}^{P} \leq I_2^{24}\}$	$\{0.25 \leq I_3^{34} < 0.375,\ 0.5I_3^{34} \leq I_{34}^{P} \leq I_3^{34}\}$
图 6-3 中被选点	(0.667, 0.550)	(0.700, 0.230)	(0.471, -0.610)	(0.667, -0.130)	(0.400, 0.340)	(0.250, 0.150)
二维刻度值	(0.6875, 0.5467)	(0.6875, 0.2343)	(0.4375, -0.5469)	(0.6875, -0.0938)	(0.4375, 0.3281)	(0.3125, 0.2344)

表 6 - 12　　　利用二维刻度表信息所获得七种车型的综合评价值与排序

		Car A	Car B	Car C	Car D	Car E	Car F	Car G
LP - I	$C_\mu()$	0.498	0.313	0.620	0.702	0.618	0.463	0.779
	Ranking	5	7	3	2	4	6	1

综上，可以得到基于 MCCPI 的关联多准则综合评价方法的具体步骤为：

第一步，确定评价准则，得到评价对象在各准则上的评价值，并将评价值进行规范化处理。

第二步，利用细化偏好菱形或二维 MCCPI 刻度表来获取决策者关于各准则间重要性及关联交互作用的 MCCPI 信息（多准则关联偏好信息），即得到相对重要性矩阵和部分关联信息矩阵。

第三步，基于相对重要性矩阵和部分关联信息矩阵，选择合适模型类型，构建优化模型并求得最优 Shapley 交互作用指标值，并得到最终非可加测度或默比乌斯表示。

第四步，结合非可加测度或默比乌斯表示，利用 Choquet 积分计算各评价对象的综合评价值，并进行排序和结果分析。

│第7章│
"两美"浙江整体评价指标体系与结果分析

本章在第5章所列的五类评价指标库的基础上，依据数据的可获得性和专家建议，挑选指标来构建"两美"浙江整体评价指标体系。进而利用第6章所给出的基于MCCPI的综合评价方法，得出2010～2015年"两美"浙江整体评价结果。最后，对评价指标体系和评价结果进行分析评述，并给出"两美"浙江整体提升策略和建议。

7.1 "两美"浙江整体评价指标体系

"两美"浙江整体水平评价体系的指标是从第5章所给出的各分类可选指标库中进行选择，在选择具体指标时，一个重要考虑因素是指标数据的可获得性。课题组主要从国家统计局网站提供的统计数据（http：//www.stats. gov. cn/）、中国统计信息网（http：//www. tjcn. org/）、浙江省统计局提供的《浙江省国民经济和社会发展统计公报》（http：//www. zj. stats. gov. cn/tjgb）、浙江省环保厅提供的《浙江省环境状况公报》（http：//www. zjepb. gov. cn）、浙江省财政厅提供的《浙江省一般公共收支情况》（http：//www. zjczt. gov. cn/）等数据库中获得数据。在可获得数据的指标中，结合多位专家的建议，选取了生态、经济、文化、政治、社会等5个一级指标，能源资源存量等17个二级指标，发电量等56个三级指标，构建了"两美"浙江整体水平评价指标体系，具体指标见表7-1。

表 7-1   **"两美"浙江综合评价指标体系**

一级指标	二级指标	三级指标	单位
生态建设	能源资源存量	发电量	亿千瓦小时
		城市天然气供气总量	亿立方米
		人均水资源量	立方米/人
		国家级自然保护区个数	个
	可持续发展	污水处理率	%
		工业固体废物利用率	%
		水资源利用率	%
		单位 GDP 二氧化硫排放强度	万吨/万亿元
	生态环境质量	生活垃圾无害化处理率	%
		森林覆盖率	%
		县以上城市集中式饮用水源地水质达标率	%
		建成区绿化覆盖率	%
经济建设	经济总量	GDP	亿元
		社会消费品零售总额	亿元
		社会固定资产投资	亿元
	外向经济	合同外资	亿美元
		旅游外汇收入	亿美元
		进口总额	亿美元
		出口总额	亿美元
	经济发展质量	工业增加值	亿元
		上市公司融资额	亿元
		金融机构存款余额	亿元
文化建设	科技投入	R&D 经费占 GDP 比重	%
		全社会科技活动经费	亿元
		财政科技拨款占财政支出的比重	%
	科技产出	高技术业增加值占工业增加值比重	%
		国家认定的企业技术中心数量	家
		专利申请数	万件
	教育水平	小学生生均校舍建筑面积	平方米
		普通高考录取率	%
		研究生招生量	人
	文化建设	每百万人拥有博物馆数量	个/百万人
		每百万人拥有公共图书馆数量	个/百万人
		文化体育与传媒支出	亿元

续表

一级指标	二级指标	三级指标	单位
政治建设	政府运作	是否制定省级生态文明建设相关规划	
		是否推行"五水共治"	
		是否设有面向社会公众的政府信息公开网络平台	
	公共管理保障	国家重点优抚对象	万人
		社会组织单位数	个
		交通事故直接财产损失总计	万元
		社区服务机构覆盖率	%
	社会发展投入	农林水支出	亿元
		医疗卫生支出	亿元
		社会保障和就业支出	亿元
社会建设	居民生活水平	城镇居民人均住房建筑面积	平方米
		农村居民人均纯收入	元
		居民消费价格指数	%
	交通运输	交通运输、仓储和邮政业增加值	亿元
		货物周转量	亿吨公里
		沿海港口货物吞吐量	亿吨
	信息通信	邮电业务总量	亿元
		互联网用户数	万户
		移动电话用户	万户
	社会保障	参合率	%
		新增各类养老机构床位数	万张
		支出医疗救助资金	亿元

　　生态建设指标分成了能源资源存量、可持续发展程度以及生态环境质量3个二级指标来衡量。①能源资源存量。能源资源存量主要包括发电量、城市天然气供气总量、人均水资源和国家级自然保护区个数。发电量是指发电机进行能量交换产出的电能数量；城市天然气供气总量主要是指城市用户的用气总量；人均水资源即平均每个人占有的水资源量；国家级自然保护区个数是衡量省自然资源情况的重要指标，浙江省现有的国家级自然保护区包括清凉峰、天目山、龙王山、乌岩岭、大盘山、古田山、凤阳山、九龙山、长兴国家级地质遗迹保护区、南麂列岛和韭山列岛。②可持续发展。可持续发展指标主要包括污水处理率、工业固体废物利用率、水资源利用率和单位GDP二氧化硫排放强度。污水处理率反映了生活污水、工业废水的处理程度；工业固体废物利用率反映工业固体废物综合利用情况；水资源利用率体

现的是水资源开发利用的程度；单位 GDP 二氧化硫排放强度即每创造 1 万元 GDP 所排放的二氧化硫数量。③生态环境质量。生态环境质量主要由生活垃圾无害化处理率、森林覆盖率、县以上城市集中式饮用水源地水质达标率和建成区绿化覆盖率四个指标来反映。生活垃圾无害化处理率指无害化处理的城市市区生活垃圾数量占市区生活垃圾产生总量的百分比，由于生活垃圾已成为市区环境的主要污染源之一，所以生活垃圾的处理情况在一定程度上也反映了该地的生态质量；森林覆盖率和建成区绿化覆盖率都反映了一个地区的绿化程度；县以上城市集中式饮用水源地水质达标率指向城市市区提供饮用水的集中式水源地，达标水量占总取水量的百分比，在一定程度上反映了该地区的水质状况，侧面体现生态环境质量。

经济建设类指标主要可分为经济总量、外向经济和经济发展质量 3 个二级指标。①经济总量。经济总量指标包括 GDP、社会消费品零售总额和社会固定资产投资。这三个指标都属于宏观经济指标：GDP 是最受关注的宏观经济统计数据，是衡量国民经济发展情况的重要指标，GDP 增速越快表明经济发展越快，增速越慢表明经济发展越慢，GDP 负增长表明经济陷入衰退；社会消费品零售总额反映国内消费支出情况，对判断国民经济现状和前景具有重要的指导作用；社会固定资产投资反映了固定资产投资相关信息。②外向经济。外向经济指标主要包括合同外资、旅游外汇收入、进口总额和出口总额。合同外资即根据外商投资企业合同规定，外方投资者应缴付的注册资本；旅游外汇收入指本国为入境的国际旅游者提供的商品及各种服务所得到的外汇收入；进出口总额是以货币表示的一定时期内该区域全部实际进出口商品的总金额，反映了该地区对外贸易的总体规模和发展水平。③经济发展质量。经济发展质量包括工业增加值、上市公司融资额和金融机构存款余额。工业增加值是指工业企业在报告期内以货币形式表现的工业生产活动的最终成果；上市融资额指公司 IPO 的股价与发行股本的乘积；金融机构存款余额指金融机构在截止到某一日以前的存款总和。

文化建设类指标包括了科技投入、科技产出、教育水平和文化建设 4 个二级指标。①科技投入。科技投入指标分为 R&D 经费占 GDP 比重、全社会科技活动经费和财政科技拨款占财政支出的比重。R&D 经费包括报告期内各调查单位用于 R&D 项目活动的直接支出，间接用于 R&D 活动的管理费、服务费，以及与 R&D 活动相关的基本建设支出和外协加工费等；科技活动经费是指报告年度内用于科技活动的实际支出，由于 R&D 活动是科技活动的组成部分，故 R&D 经费是科技活动经费的一部分；地方财政科技拨款作为国家财政拨款体系的重要组成部分，是科技活动经费的重要来源。②科技产出。科技产出情况由高技术业增加值占工业增加值比重、国家认定的企业技术中心数量和专利申请数三个指标来衡量。高技术总产值和增加值都是作为评价高技术发展规模的指标；国家认定的企业技术中心有较强的经济技术实力和较好的经济效益，在国民经济各主要行业中具有显著的规模优势和竞争优势；专利授权量指报告期内由专利行政部门授予专利权的件数，是发明、实用新颖、外观设计三种专利授权数的总和。③教育水平。教育水平二级指标下分小学生生均校舍建筑面积、普通高考录取率、研究生招生量三个指标，这些指标的数据都可从《浙江省国民经济和社会发展统计公报》中获得。④文化建设。主要包括每百万人拥有博物馆数量、每百万人拥有公共图书馆数量、文化体育与传媒支出三个指标。这三个指标都是反映省区文化设施建设的水平和为群众提供文化服务、繁荣群众文化生活的指标，指标数据可从《浙江省国民经济和社会发展统计公报》中获得。

政治建设指标主要可以分为政府运作、公共管理保障和社会发展投入 3 个二级指标。①政府运作。政府运作主要考察地方政府是否推行有关于生态保护和建设的政策，本书选取是否制定省级生态文明建设相关规划、是否推行"五水共治"、是否设有面向社会公众的政府信息公开网络平台三个指标来衡量政府运作。指标数据由"是"或者"否"分别代表值"1"和"0"。②公共管理保障。公共保障管理分为国家重点优抚对象、社会组织单位数、交通事故直接财产损失总计和社区服务机构覆盖率。指标数据都可从各年《浙江省国民经济和社会发展统计公报》中获得。③社会发展投入。社会发展投入主要包括农林水支出、医疗卫生支出以及社会保障和就业支出。农林水支出主要包括农业支出、林业支出、水利支出、扶贫支出、农业综合开发支出等；医疗卫生支出主要包括主要包括医疗卫生管理事务支出、公立医院、基层医疗卫生机构支出、公共卫生、医疗保障、中医药、食品和药品监督管理等方面的支出；社会保障和就业支出主要包括人力资源和社会保障管理事务、民政管理事务、行政事业单位离退休、就业补助、抚恤、社会福利等支出。上述数据都可从各年《浙江省省级一般公共预算收支决算》中获取。

社会建设指标主要分为居民生活水平、交通运输、信息通信和社会保障4 个二级指标。①居民生活水平。居民生活水平指标主要包括城镇居民人均住房建筑面积、农村居民人均纯收入和居民消费价格指数。这三个指标反映了居民的收入和消费情况，也代表了他们的生活水平。②交通运输。交通运输指标包括交通运输、仓储和邮政业增加值、货物周转量和沿海港口货物吞吐量三个指标。指标数据都可从各年《浙江省国民经济和社会发展统计公报》中获得。③信息通信。信息通信指标包括邮电业务总量、互联网用户数和移动电话用户三个三级指标。指标数据都可从历年《浙江省国民经济和社会发展统计公报》中获得。④社会保障。社会保障下分参合率、新增各类养老机构床位数和支出医疗救助资金三个指标。指标数据都可从各年《浙江省国民经济和社会发展统计公报》中获得。

7.2 "两美"浙江整体评价各指标数据及规范化

课题组主要从国家统计局网站提供的统计数据（http：//www. stats. gov. cn/）、中国统计信息网（http：//www. tjcn. org/）、浙江省统计局提供的《浙江省国民经济和社会发展统计公报》（http：//www. zj. stats. gov. cn/tjgb）、浙江省环保厅提供的《浙江省环境状况公报》（http：//www. zjepb. gov. cn）、浙江省财政厅提供的《浙江省一般公共收支情况》（http：//www. zjczt. gov. cn/）等数据库中获得各指标的相关数据，见表 7 - 2。

在数据分析之前，需要将数据进行规范化处理。这里采用通用的 min - max 规范化方法。设$\min_A$ 和$\max_A$ 分别为指标 A 的正理想值和负理想值，将指标 A 的指标值 x 通过 min - max 规范化线性映射到标准区间［0，1］中，得到其规范化数据值 x′，其公式为

$$x' = \frac{x - \min_A}{\max_A - \min_A}$$

各指标数据的规范化最大值和最小值见表 7 - 3。

根据上述正负理想值，利用规范化公式，即可得"两美"浙江整体水平评价各指标的规范化数据，见表 7 - 4。

表7-2 "两美" 浙江整体水平评价各指标数据

一级指标	二级指标	三级指标	2010年	2011年	2012年	2013年	2014年	2015年
生态建设	能源资源存量	发电量（亿千瓦小时）	2568.36	2777.40	2710.00	2941.80	2885.29	2912.55
		城市天然气供气总量（亿立方米）	11.89	14.87	19.13	23.01	32.81	31.93
		人均水资源量（立方米/人）	2608.70	1365.71	2641.29	1697.20	2057.33	2547.48
		国家级自然保护区个数（个）	9.00	10.00	10.00	10.00	10.00	10.00
	可持续发展	污水处理率（%）	81.27	83.74	86.16	88.57	89.94	91.33
		工业固体废物利用率（%）	94.31	91.62	90.43	93.20	92.75	92.50
		水资源利用率（%）	15.70	29.90	15.40	24.10	19.50	15.00
		单位GDP二氧化硫排放强度（万吨/万亿元）	24.47	20.49	18.05	15.72	14.29	12.54
	生态环境质量	生活垃圾无害化处理率（%）	96.32	94.91	97.78	99.32	99.95	99.26
		森林覆盖率（%）	60.58	60.58	60.82	60.89	60.91	60.96
		县以上城市集中式饮用水源地水质达标率（%）	87.40	86.40	86.70	86.10	85.00	89.40
		建成区绿化覆盖率（%）	37.80	38.10	39.46	39.88	40.53	40.45
经济建设	经济总量	GDP（亿元）	27748.00	32363.00	34739.00	37757.00	40173.00	42886.00
		社会消费品零售总额（亿元）	10163.00	11931.00	13546.00	15138.00	16905.00	19785.00
		社会固定资产投资（亿元）	12376.04	14185.28	17649.40	20194.00	23555.00	26665.00
	外向经济	合同外资（亿美元）	200.50	205.80	210.70	243.80	244.00	278.00
		旅游外汇收入（亿美元）	39.30	45.40	51.50	54.00	57.50	67.90
		进口总额（亿美元）	730.00	930.40	876.70	870.00	817.90	707.00
		出口总额（亿美元）	1805.00	2163.60	2245.70	2488.00	2733.50	2767.00
	经济发展质量	工业增加值（亿元）	10397.00	10878.00	10875.00	11701.00	12543.00	13193.00
		上市公司融资额（亿元）	1820.00	2448.00	2786.00	3031.00	3706.00	5181.00
		金融机构存款余额（亿元）	54478.00	60893.00	66679.00	73732.00	79242.00	90302.00

续表

一级指标	二级指标	三级指标	2010 年	2011 年	2012 年	2013 年	2014 年	2015 年
文化建设	科技投入	R&D 经费占 GDP 比重（%）	1.82	1.92	2.04	2.20	2.34	2.33
		全社会科技活动经费（亿元）	830.00	960.00	1200.00	1300.00	1470.00	1586.00
		财政科技拨款占财政支出的比重（%）	3.80	3.75	3.99	4.06	4.03	4.05
	科技产出	高技术业增加值占工业增加值的比重（%）	23.00	24.10	24.10	25.60	34.10	37.20
		国家认定的企业技术中心数量（家）	48.00	52.00	60.00	70.00	77.00	93.00
		专利申请数（万件）	12.07	17.71	24.90	29.40	26.10	30.70
	教育水平	小学生生均校舍建筑面积（平方米）	7.00	7.00	7.00	7.50	7.80	8.20
		普通高考录取率（%）	83.80	85.30	85.40	85.90	85.80	87.10
		研究生招生量（人）	16575	17565	18748	19535	20164	21496
	文化水平	每百万人拥有公共图书馆数量（个/百万人）	1.78	1.78	1.77	1.78	1.78	1.81
		每百万人拥有博物馆数量（个/百万人）	1.65	1.83	2.34	2.69	2.69	4.03
		文化体育与传媒支出（亿元）	77.14	85.09	94.17	106.01	115.36	165.38
政治建设	政府运作	是否制定省级生态文明建设相关规划	是	是	是	是	是	是
		是否推行"五水共治"	否	否	否	是	是	是
		是否设有面向社会公众的政府信息公开网络平台	否	否	是	是	是	是
	公共管理保障	国家重点优抚对象（万人）	17.85	14.70	21.00	26.20	27.60	29.90
		社会组织单位数（个）	28937.00	29448.00	31880.00	36426.00	39844.00	43784.00
		交通事故直接财产损失总计（万元）	9047.20	8453.80	8054.50	7522.80	6655.30	6355.40
		社区服务机构覆盖率（%）	60.80	56.80	75.70	73.90	73.90	94.00
	社会发展投入	农林水支出（亿元）	290.37	373.72	408.21	513.03	524.85	738.14
		医疗卫生支出（亿元）	224.53	279.00	305.91	350.73	427.72	485.50
		社会保障和就业支出（亿元）	206.43	291.82	316.35	397.06	435.54	541.69

续表

一级指标	二级指标	三级指标	2010年	2011年	2012年	2013年	2014年	2015年
社会建设	居民生活水平	城镇居民人均住房建筑面积（平方米）	35.30	36.90	37.10	38.82	40.90	40.50
		农村居民人均纯收入（元）	11303.00	13071.00	14552.00	16106.00	19373.00	21125.00
		居民价格消费指数（%）	103.80	105.60	102.30	102.30	102.10	101.40
	交通运输	交通运输、仓储和邮政业增加值（亿元）	1041.00	1198.00	1277.00	1326.00	1517.00	1599.00
		货物周转量（亿吨公里）	7112.00	8627.00	9183.00	9867.00	9548.00	9878.00
		沿海港口货物吞吐量（亿吨）	7.80	8.70	9.30	13.80	13.90	13.80
	信息通信	邮电业务总量（亿元）	1972.00	898.00	1024.00	1179.00	1684.50	2392.00
		互联网用户数（万户）	3670.00	4944.00	5887.00	5998.00	5998.00	6746.00
		移动电话用户（万户）	5047.00	5756.00	6443.00	7072.00	7371.00	7466.00
	社会保障	参合率（%）	92.00	97.50	97.70	97.80	97.70	97.75
		新增各类养老机构床位数（万张）	1.51	2.10	3.20	2.80	3.70	3.60
		支出医疗救助资金（亿元）	6.15	6.50	7.50	8.70	9.80	10.10

表 7 - 3　"两美"浙江整体水平评价各指标的正负理想值

一级指标	二级指标	三级指标	负理想值	正理想值
生态建设	能源资源存量	发电量（亿千瓦小时）	1850	3000
		城市天然气供气总量（亿立方米）	5	40
		人均水资源量（立方米/人）	100	3000
		国家级自然保护区个数（个）	0	14
	可持续发展	污水处理率（%）	0	100
		工业固体废物利用率（%）	0	100
		水资源利用率（%）	60	10
		单位 GDP 二氧化硫排放强度（万吨/万亿元）	100	0
		生活垃圾无害化处理率（%）	0	100
	生态环境质量	森林覆盖率（%）	58	61.5
		县以上城市集中式饮用水源地水质达标率（%）	0	100
		建成区绿化覆盖率（%）	0	100
经济建设	经济总量	GDP（亿元）	10000	45000
		社会消费品零售总额（亿元）	1000	22000
		社会固定资产投资（亿元）	1000	30000
	外向经济	合同外资（亿美元）	150	300
		旅游外汇收入（亿美元）	10	80
		进口总额（亿美元）	300	1200
		出口总额（亿美元）	500	3200
	经济发展质量	工业增加值（亿元）	7000	14500
		上市公司融资额（亿元）	100	6500
		金融机构存款余额（亿元）	30000	100000

续表

一级指标	二级指标	三级指标	负理想值	正理想值
文化建设	科技投入	R&D经费占GDP比重（%）	0.7	3
		全社会科技活动经费（亿元）	200	1800
		财政科技拨款占财政支出的比重（%）	2	4.5
	科技产出	高技术业增加值与工业增加值比重（%）	15	40
		国家认定的企业技术中心数量（家）	0	100
		专利申请数（万件）	0	36
	教育水平	小学生生均校舍建筑面积（平方米）	3	9
		普通高考录取率（%）	60	92
		研究生招生量（人）	10000	25000
	文化建设	每百万人拥有博物馆数量（个/百万人）	1	2
		每百万人拥有公共图书馆数量（个/百万人）	0	4.2
		文化体育与传媒支出（亿元）	0	200
	政府运作	是否制定省级生态文明建设相关规划		
		是否推行"五水共治"		
		是否设有面向社会公众的政府信息公开网络平台		
政治建设	公共管理保障	国家重点优抚对象（万人）	0	35
		社会组织单位数（个）	5000	50000
		交通事故直接财产损失总计（万元）	15000	5000
		社区服务机构覆盖率（%）	0	100
	社会发展投入	农林水支出（亿元）	0	1000
		医疗卫生支出（亿元）	0	600
		社会保障和就业支出（亿元）	0	600

续表

一级指标	二级指标	三级指标	负理想值	正理想值
社会建设	居民生活水平	城镇居民人均住房建筑面积（平方米）	0	50
		农村居民人均纯收入（元）	8000	24000
		居民消费价格指数（%）	140	90
	交通运输	交通运输、仓储和邮政业增加值（亿元）	100	2000
		货物周转量（亿吨公里）	500	11000
		沿海港口货物吞吐量（亿吨）	1	18
	信息通信	邮电业务总量（亿元）	100	3000
		互联网用户数（万户）	1000	8000
		移动电话用户（万户）	2000	8000
	社会保障	参合率（%）	0	100
		新增各类养老机构床位数（万张）	0.5	4.5
		支出医疗救助资金（亿元）	0	12

表7-4　　　　　　　　　　　　"两美"浙江整体水平评价各指标规范化数据

一级指标	二级指标	三级指标	2010年	2011年	2012年	2013年	2014年	2015年
生态建设	能源资源存量	发电量	0.6247	0.8064	0.7478	0.9494	0.9003	0.9240
		城市天然气供气总量	0.1969	0.2820	0.4037	0.5146	0.7946	0.7694
		人均水资源量	0.8651	0.4365	0.8763	0.5508	0.6749	0.8440
		国家级自然保护区个数	0.6429	0.7143	0.7143	0.7143	0.7143	0.7143
	可持续发展	污水处理率	0.8127	0.8374	0.8616	0.8857	0.8994	0.9133
		工业固体废物利用率	0.9431	0.9162	0.9043	0.9320	0.9275	0.9250
		水资源利用率	0.8860	0.6020	0.8920	0.7180	0.8100	0.9000
		单位GDP二氧化硫排放强度	0.7553	0.7951	0.8195	0.8428	0.8571	0.8746
	生态环境质量	生活垃圾无害化处理率	0.9632	0.9491	0.9778	0.9932	0.9995	0.9926
		森林覆盖率	0.7371	0.7371	0.8057	0.8257	0.8314	0.8457
		县以上城市集中式饮用水源地水质达标率	0.8740	0.8640	0.8670	0.8610	0.8500	0.8940
		建成区绿化覆盖率	0.3780	0.3810	0.3946	0.3988	0.4053	0.4045
经济建设	经济总量	GDP	0.5071	0.6389	0.7068	0.7931	0.8621	0.9396
		社会消费品零售总额	0.4363	0.5205	0.5974	0.6732	0.7574	0.8945
		社会固定资产投资	0.3923	0.4547	0.5741	0.6619	0.7778	0.8850
	外向经济	合同外资	0.3367	0.3720	0.4047	0.6253	0.6267	0.8533
		旅游外汇收入	0.4186	0.5057	0.5929	0.6286	0.6786	0.8271
		进口总额	0.4778	0.7004	0.6408	0.6333	0.5754	0.4522
		出口总额	0.4833	0.6161	0.6466	0.7363	0.8272	0.8396
	经济发展质量	工业增加值	0.4529	0.5171	0.5167	0.6268	0.7391	0.8257
		上市公司融资额	0.2688	0.3669	0.4197	0.4580	0.5634	0.7939
		金融机构存款余额	0.3497	0.4413	0.5240	0.6247	0.7035	0.8615

续表

一级指标	二级指标	三级指标	2010年	2011年	2012年	2013年	2014年	2015年
文化建设	科技投入	R&D 经费占 GDP 比重	0.4870	0.5304	0.5826	0.6522	0.7130	0.7087
		全社会科技活动经费	0.3938	0.4750	0.6250	0.6875	0.7938	0.8663
		财政科技拨款占财政支出的比重	0.7200	0.7000	0.7960	0.8240	0.8120	0.8180
	科技产出	高技术业增加值占工业增加值比重	0.3200	0.3640	0.3640	0.4240	0.7640	0.8880
		国家认定的企业技术中心数量	0.4800	0.5200	0.6000	0.7000	0.7700	0.9300
		专利申请数	0.3353	0.4919	0.6917	0.8167	0.7250	0.8528
	教育水平	小学生生均校舍建筑面积	0.6667	0.6667	0.6667	0.7500	0.8000	0.8667
		普通高考录取率	0.7438	0.7906	0.7938	0.8094	0.8063	0.8469
		研究生招生量	0.4383	0.5043	0.5832	0.6357	0.6776	0.7664
	文化水平	每百万人拥有公共图书馆数量	0.7808	0.7756	0.7710	0.7825	0.7792	0.8054
		每百万人拥有博物馆数量	0.3934	0.4358	0.5564	0.6409	0.6398	0.9586
		文化体育与传媒支出	0.3857	0.4255	0.4709	0.5301	0.5768	0.8269
政治建设	政府运作	是否制定省级生态文明建设相关规划	1.0000	1.0000	1.0000	1.0000	1.0000	1.0000
		是否推行"五水共治"	0.0000	0.0000	1.0000	1.0000	1.0000	1.0000
		是否设有面向社会公众的政府信息公开网络平台	0.0000	0.0000	1.0000	1.0000	1.0000	1.0000
	公共管理保障	国家重点优抚对象	0.5100	0.4200	0.6000	0.7486	0.7886	0.8543
		社会组织单位数	0.5319	0.5433	0.5973	0.6984	0.7743	0.8619
		交通事故直接财产损失总计	0.5953	0.6546	0.6946	0.7477	0.8345	0.8645
		社区服务机构覆盖率	0.6080	0.5680	0.7570	0.7390	0.7390	0.9400
	社会发展投入	农林水支出	0.2904	0.3737	0.4082	0.5130	0.5249	0.7381
		医疗卫生支出	0.3742	0.4650	0.5099	0.5846	0.7129	0.8092
		社会保障和就业支出	0.3441	0.4864	0.5273	0.6618	0.7259	0.9028

续表

一级指标	二级指标	三级指标	2010 年	2011 年	2012 年	2013 年	2014 年	2015 年
社会建设	居民生活水平	城镇居民人均住房建筑面积	0.7060	0.7380	0.7420	0.7764	0.8180	0.8100
		农村居民人均纯收入	0.2064	0.3169	0.4095	0.5066	0.7108	0.8203
		居民价格消费指数	0.7240	0.6880	0.7540	0.7540	0.7580	0.7720
	交通运输	交通运输、仓储和邮政业增加值	0.4953	0.5779	0.6195	0.6453	0.7458	0.7889
		货物周转量	0.6297	0.7740	0.8270	0.8921	0.8617	0.8931
		沿海港口货物吞吐量	0.4000	0.4529	0.4882	0.7529	0.7588	0.7529
	信息通信	邮电业务总量	0.6455	0.2752	0.3186	0.3721	0.5464	0.7903
		互联网用户数	0.3814	0.5634	0.6981	0.7140	0.7140	0.8209
		移动电话用户量	0.5078	0.6260	0.7405	0.8453	0.8952	0.9110
	社会保障	参合率	0.9200	0.9750	0.9770	0.9780	0.9770	0.9775
		新增各类养老机构床位数	0.2525	0.4000	0.6750	0.5750	0.8000	0.7750
		支出医疗救助资金	0.5125	0.5417	0.6250	0.7250	0.8167	0.8417

7.3 2010～2015 年"两美"浙江整体评价计算过程及结果分析

7.3.1 生态建设指标计算过程及结果分析

生态建设一级指标包含了能源资源存量、可持续发展和生态环境质量等3 个二级指标。

（1）能源资源存量二级指标。

经过专家组讨论，确定出能源资源存量所包含的发电量、城市天然气供气总量、人均水资源量、国家级自然保护区个数等 4 个三级指标间的相对重要性及交互作用间的关系，如图 7 – 1 所示。

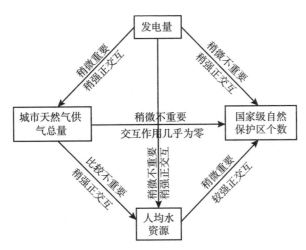

图 7 – 1 能源资源存量子指标之间的相对重要性及交互作用

根据上图指标间的重要性和交互作用，由细化菱形比较法（图 6 – 2）可以得出相对重要性矩阵和部分关联信息矩阵如下：

$$R = \begin{bmatrix} 0.500 & 0.580 & 0.415 & 0.416 \\ 0.420 & 0.500 & 0.277 & 0.494 \\ 0.585 & 0.723 & 0.500 & 0.542 \\ 0.584 & 0.506 & 0.458 & 0.500 \end{bmatrix} \quad P = \begin{bmatrix} — & 0.126 & 0.144 & 0.164 \\ 0.126 & — & 0.060 & -0.015 \\ 0.144 & -0.136 & — & 0.244 \\ -0.195 & -0.015 & 0.244 & — \end{bmatrix}$$

基于相对重要性矩阵 R 和部分关联信息矩阵 P，利用 LS - I 模型可求得各指标的 Shapley 重要性和交互作用指标值、2 序可加测度以及各年综合评价值，如表 7 - 5、表 7 - 6、表 7 - 7 所示。其中，指标 1、2、3、4 分别表示能源资源存量所包含的发电量、城市天然气供气总量、人均水资源量、国家级自然保护区个数等 4 个三级指标。

表 7 - 5　　　　能源资源存量子指标的 Shapley 重要性和交互作用值

指标集	重要性值	指标集	交互作用值
{1}	0.221	{1, 2}	0.050
{2}	0.177	{1, 3}	0.082
{3}	0.346	{1, 4}	0.078
{4}	0.255	{2, 3}	0.031
		{2, 4}	-0.006
		{3, 4}	0.147

表 7 - 6　　　　　　能源资源存量子指标的 2 序可加测度

指标集	测度值	指标集	测度值	指标集	测度值
{∅}	0	{1, 2}	0.306	{1, 2, 3}	0.635
{1}	0.116	{1, 3}	0.414	{1, 2, 4}	0.523
{2}	0.140	{1, 4}	0.340	{1, 3, 4}	0.785
{3}	0.216	{2, 3}	0.387	{2, 3, 4}	0.673
{4}	0.146	{2, 4}	0.279	{1, 2, 3, 4}	1
		{3, 4}	0.509		

表 7 - 7　　　2010～2015 年"两美"浙江能源资源存量二级指标综合评价值

指标	2010 年	2011 年	2012 年	2013 年	2014 年	2015 年
发电量	0.6247	0.8064	0.7478	0.9494	0.9003	0.9240
城市天然气供气总量	0.1969	0.2820	0.4037	0.5146	0.7946	0.7694

续表

指标	2010 年	2011 年	2012 年	2013 年	2014 年	2015 年
人均水资源量	0.8651	0.4365	0.8763	0.5508	0.6749	0.8440
国家级自然保护区个数	0.6429	0.7143	0.7143	0.7143	0.7143	0.7143
能源资源存量综合评价值	0.625	0.524	0.716	0.648	0.754	0.811

（2）可持续发展二级指标。

经过专家组讨论，确定出可持续发展所包含的污水处理率、工业固体废物利用率、水资源利用率、单位 GDP 二氧化硫排放强度等 4 个三级指标间的相对重要性及交互作用间的关系，如图 7 - 2 所示。

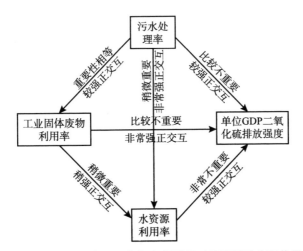

图 7 - 2 可持续发展子指标之间的相对重要性及交互作用

由图 7 - 2 可知，专家组认为：

①污水处理率指标与工业固体废物利用率指标之间的重要性相等；

②污水处理率指标比水资源利用率指标稍微重要；

③污水处理率指标比较不重要于单位 GDP 二氧化硫排放强度指标；

④工业固体废物利用率指标比水资源利用率指标稍微重要；

⑤工业固体废物利用率指标比较不重要于单位 GDP 二氧化硫排放强度指标；

⑥水资源利用率指标非常不重要于单位 GDP 二氧化硫排放强度指标；

⑦污水处理率指标和工业固体废物利用率指标之间存在较强正交互作用；

⑧污水处理率指标和水资源利用率指标之间存在非常强正交互作用；

⑨污水处理率指标和单位 GDP 二氧化硫排放强度指标之间存在较强正交互作用；

⑩工业固体废物利用率指标和水资源利用率指标之间存在稍强正交互作用；

⑪工业固体废物利用率指标和单位 GDP 二氧化硫排放强度指标之间存在较强正交互作用；

⑫水资源利用率指标和单位 GDP 二氧化硫排放强度指标之间存在较强正交互作用。

根据上述指标间的重要性和交互作用，由细化菱形比较法（图 6 - 2）可以得出相对重要性矩阵和部分关联信息矩阵如下：

$$R = \begin{bmatrix} 0.500 & 0.500 & 0.556 & 0.367 \\ 0.500 & 0.500 & 0.506 & 0.339 \\ 0.444 & 0.494 & 0.500 & 0.222 \\ 0.633 & 0.661 & 0.778 & 0.500 \end{bmatrix} \quad P = \begin{bmatrix} — & 0.395 & 0.635 & 0.267 \\ 0.395 & — & 0.068 & 0.452 \\ 0.635 & 0.068 & — & 0.112 \\ 0.267 & 0.452 & 0.112 & — \end{bmatrix}$$

基于相对重要性矩阵 R 和部分关联信息矩阵 P，利用 LS - I 模型可求得各指标的 Shapley 重要性和交互作用指标值、2 序可加测度以及各年综合评价值，如表 7 - 8、表 7 - 9、表 7 - 10 所示。其中，指标 1、2、3、4 分别表示污水处理率、工业固体废物利用率、水资源利用率、单位 GDP 二氧化硫排放强度等 4 个指标。

表 7 - 8　　可持续发展子属指标的 Shapley 重要性和交互作用值

指标集	重要性值	指标集	交互作用值
{1}	0.244	{1, 2}	0.140
{2}	0.205	{1, 3}	0.234
{3}	0.158	{1, 4}	0.115
{4}	0.393	{2, 3}	0.018
		{2, 4}	0.252
		{3, 4}	0.062

表 7 – 9   可持续发展子指标的 2 序可加测度

指标集	测度值	指标集	测度值	指标集	测度值
{∅}	0	{1, 2}	0.140	{1, 2, 3}	0.393
{1}	0	{1, 3}	0.235	{1, 2, 4}	0.685
{2}	0	{1, 4}	0.293	{1, 3, 4}	0.590
{3}	0	{2, 3}	0.019	{2, 3, 4}	0.512
{4}	0.179	{2, 4}	0.431	{1, 2, 3, 4}	1
		{3, 4}	0.242		

表 7 – 10   2010～2015 年"两美"浙江可持续发展二级指标综合评价值

指标	2010 年	2011 年	2012 年	2013 年	2014 年	2015 年
污水处理率	0.8127	0.8374	0.8616	0.8857	0.8994	0.9133
工业固体废物利用率	0.9431	0.9162	0.9043	0.9320	0.9275	0.9250
水资源利用率	0.8860	0.6020	0.8920	0.7180	0.8100	0.9000
单位 GDP 二氧化硫排放强度	0.7553	0.7951	0.8195	0.8428	0.8571	0.8746
可持续发展综合评价值	0.784	0.717	0.840	0.795	0.844	0.889

（3）生态环境质量二级指标。

经过专家组讨论，确定出生态环境质量所包含的生活垃圾无害化处理率、森林覆盖率、县以上城市集中式饮用水源地水质达标率、建成区绿化覆盖率等 4 个三级指标间的相对重要性及交互作用间的关系，如图 7 – 3 所示。

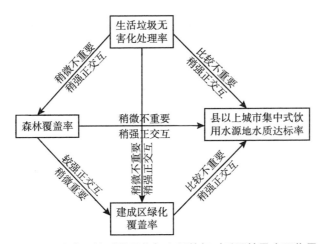

图 7 – 3   生态环境质量子指标之间的相对重要性及交互作用

根据上述指标间的重要性和交互作用，由细化菱形比较法（图6-2）可以得出相对重要性矩阵和部分关联信息矩阵如下：

$$
R = \begin{bmatrix} 0.500 & 0.056 & 0.439 & 0.285 \\ 0.944 & 0.500 & 0.611 & 0.386 \\ 0.561 & 0.389 & 0.500 & 0.266 \\ 0.715 & 0.614 & 0.734 & 0.500 \end{bmatrix} \quad P = \begin{bmatrix} — & 0.019 & 0.207 & 0.093 \\ 0.019 & — & 0.236 & 0.138 \\ 0.207 & 0.236 & — & 0.107 \\ 0.093 & 0.138 & 0.107 & — \end{bmatrix}
$$

基于相对重要性矩阵 R 和部分关联信息矩阵 P，利用 LS-I 模型可求得各指标的 Shapley 重要性和交互作用指标值、2 序可加测度以及各年度综合评价值，如表 7-1、表 7-12、表 7-13 所示。其中，指标 1、2、3、4 分别表示生活垃圾无害化处理率、森林覆盖率、县以上城市集中式饮用水源地水质达标率、建成区绿化覆盖率等 4 个指标。

表 7-11　　生态环境质量子指标的 Shapley 重要性和交互作用值

指标集	重要性值	指标集	交互作用值
{1}	0.095	{1, 2}	0.008
{2}	0.331	{1, 3}	0.052
{3}	0.156	{1, 4}	0.048
{4}	0.418	{2, 3}	0.115
		{2, 4}	0.103
		{3, 4}	0.061

表 7-12　　　　生态环境质量子指标的 2 序可加测度

指标集	测度值	指标集	测度值	指标集	测度值
{∅}	0	{1, 2}	0.267	{1, 2, 3}	0.476
{1}	0.041	{1, 3}	0.135	{1, 2, 4}	0.730
{2}	0.218	{1, 4}	0.401	{1, 3, 4}	0.556
{3}	0.042	{2, 3}	0.375	{2, 3, 4}	0.851
{4}	0.312	{2, 4}	0.633	{1, 2, 3, 4}	1
		{3, 4}	0.415		

表 7 – 13   2010 ~ 2015 年"两美"浙江生态环境质量二级指标综合评价值

指标	2010 年	2011 年	2012 年	2013 年	2014 年	2015 年
生活垃圾无害化处理率	0.9632	0.9491	0.9778	0.9932	0.9995	0.9926
森林覆盖率	0.7371	0.7371	0.8057	0.8257	0.8314	0.8457
县以上城市集中式饮用水源地水质达标率	0.8740	0.8640	0.8670	0.8610	0.8500	0.8940
建成区绿化覆盖率	0.3780	0.3810	0.3946	0.3988	0.4053	0.4045
综合评价值	0.735	0.737	0.783	0.796	0.805	0.818

（4）生态建设一级指标。

生态建设主要包括能源资源存量、可持续发展和生态环境质量等 3 个二级指标。经过专家组讨论，确定出这 3 个二级指标间的相对重要性及交互作用间的关系如下（见图 7 – 4）。

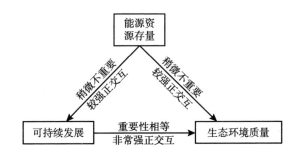

图 7 – 4   生态建设子指标之间的相对重要性及交互作用

①能源资源存量指标比可持续发展指标稍微不重要；
②能源资源存量指标比生态环境质量指标稍微不重要；
③可持续发展指标和生态环境质量指标重要性相等；
④能源资源存量指标和可持续发展指标之间存在较强正交互作用；
⑤能源资源存量指标和生态环境质量指标之间存在较强正交互作用；
⑥可持续发展指标和生态环境质量指标之间存在非常强正交互作用。

根据生态建设的二级指标间的重要性和交互作用，可得能源资源存量指标、可持续发展指标和生态环境质量指标之间的相对重要性矩阵 R 和部分关联信息矩阵 P：

$$R = \begin{bmatrix} 0.500 & 0.485 & 0.433 \\ 0.515 & 0.500 & 0.500 \\ 0.567 & 0.500 & 0.500 \end{bmatrix} \quad P = \begin{bmatrix} — & 0.413 & 0.304 \\ 0.413 & — & 0.629 \\ 0.304 & 0.629 & — \end{bmatrix}$$

基于相对重要性矩阵 R 和部分关联信息矩阵 P，利用 LS - I 模型可求得各指标的 Shapley 重要性和交互作用指标值、2 序可加测度以及各年评价值如表 7 - 14、表 7 - 15、表 7 - 16 所示。其中，指标 1、2、3 分别表示能源资源存量、可持续发展和生态环境质量等 3 个二级指标。

表 7 - 14　　　　　生态建设子指标的 Shapley 重要性和交互作用值

指标集	重要性	指标集	交互作用值
{1}	0.295	{1, 2}	0.260
{2}	0.348	{1, 3}	0.198
{3}	0.357	{2, 3}	0.436

表 7 - 15　　　　　　生态建设子指标的 2 序可加测度

指标集	测度值	指标集	测度值
{∅}	0	{1, 2}	0.326
{1}	0.066	{1, 3}	0.304
{2}	0	{2, 3}	0.476
{3}	0.040	{1, 2, 3}	1

表 7 - 16　　　　2010～2015 年"两美"浙江生态建设一级指标综合评价值

指标	2010 年	2011 年	2012 年	2013 年	2014 年	2015 年
能源资源存量二级指标	0.625	0.524	0.716	0.648	0.754	0.811
可持续发展二级指标	0.784	0.717	0.840	0.795	0.844	0.889
生态环境质量二级指标	0.735	0.737	0.783	0.796	0.805	0.818
生态建设一级指标	0.678	0.617	0.748	0.718	0.779	0.814

综合表 7 - 7、表 7 - 10、表 7 - 13 和表 7 - 16 可得图 7 - 5 所示的"两美"浙江生态建设相关指标评价值。

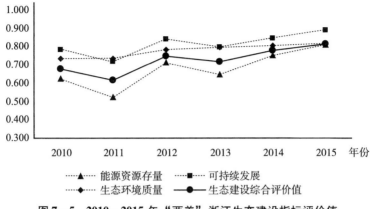

图 7 - 5   2010 ~ 2015 年"两美"浙江生态建设指标评价值

通过图 7 - 5 可以看出,"两美"浙江生态建设整体水平在 2011 年与 2013 年略有波动,但整体显现了逐步上升的趋势。产生波动的原因主要是能源资源存量和生态环境质量两个方面,具体来看,一是由于"能源资源存量"的"人均水资源量"这个三级指标不够稳定,分别在 2011 年和 2013 年出现了回落的情况;二是"可持续发展"中的"水资源利用率"指标也在 2011 年、2013 年出现了波动。可见,生态建设中涉及的水资源的存量及其利用率是一些不够稳定的因素,应在生态建设中十分注重水资源的存量和利用率的保证。

7.3.2 经济建设指标计算过程及结果分析

经济建设一级指标包括经济总量、外向经济和经济发展质量 3 个二级指标和 10 个三级指标。

(1)经济总量二级指标。

经过专家组讨论,确定出经济总量所包含的 GDP、社会消费品零售总额、社会固定资产投资等 3 个三级指标间的相对重要性及交互作用间的关系,如图 7 - 6 所示。

图7-6　经济总量子指标之间的相对重要性及交互作用

根据图7-6指标间的重要性和交互作用，由细化菱形比较法（图6-2）可以得出相对重要性矩阵和部分关联信息矩阵如下：

$$R = \begin{bmatrix} 0.500 & 0.406 & 0.616 \\ 0.594 & 0.500 & 0.5 \\ 0.384 & 0.500 & 0.500 \end{bmatrix} \quad P = \begin{bmatrix} — & 0.508 & 0.141 \\ 0.508 & — & 0.358 \\ 0.141 & 0.358 & — \end{bmatrix}$$

基于相对重要性矩阵R和部分关联信息矩阵P，利用LS-I模型可求得各指标的Shapley重要性和交互作用指标值、2序可加测度以及各年评价值如表7-17、表7-18、表7-19所示。其中，指标1、2、3分别表示GDP、社会消费品零售总额、社会固定资产投资3个三级指标。

表7-17　　　　经济总量子指标Shapley重要性和交互作用值

指标集	重要性	指标集	交互作用指标值
{1}	0.323	{1, 2}	0.408
{2}	0.480	{1, 3}	0.073
{3}	0.198	{2, 3}	0.139

表7-18　　　　经济总量子指标2序可加测度

指标集	测度值	指标集	测度值
{∅}	0	{1, 2}	0.697
{1}	0.083	{1, 3}	0.248
{2}	0.207	{2, 3}	0.438
{3}	0.092	{1, 2, 3}	1

表 7 - 19　　　　2010 ~ 2015 年"两美"浙江经济总量二级指标综合评价值

指标	2010 年	2011 年	2012 年	2013 年	2014 年	2015 年
GDP	0.5071	0.6389	0.7068	0.7931	0.8621	0.9396
社会消费品零售总额	0.4363	0.5205	0.5974	0.6732	0.7574	0.8945
社会固定资产投资	0.3923	0.4547	0.5741	0.6619	0.7778	0.8850
综合评价值	0.425	0.505	0.600	0.682	0.774	0.895

（2）外向经济二级指标。

经过专家组讨论，确定出外向经济二级指标所包含的合同外资、旅游外汇收入、进口总额、出口总额等 4 个三级指标间的相对重要性及交互作用间的关系，如图 7 - 7 所示。

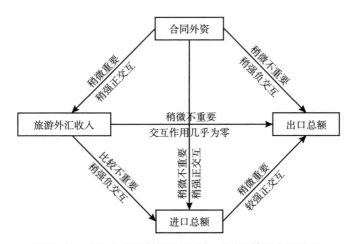

图 7 - 7　外向经济子指标之间的相对重要性及交互作用

根据上图指标间的重要性和交互作用，由细化菱形比较法（图 6 - 2）可以得出相对重要性矩阵和部分关联信息矩阵如下：

$$R = \begin{bmatrix} 0.500 & 0.477 & 0.256 & 0.374 \\ 0.523 & 0.500 & 0.426 & 0.494 \\ 0.744 & 0.574 & 0.500 & 0.254 \\ 0.626 & 0.506 & 0.746 & 0.500 \end{bmatrix} \quad P = \begin{bmatrix} - & 0.053 & 0.052 & 0.059 \\ 0.053 & - & 0.156 & 0.148 \\ 0.052 & 0.156 & - & 0.246 \\ 0.059 & 0.148 & 0.246 & - \end{bmatrix}$$

基于相对重要性矩阵 R 和部分关联信息矩阵 P，利用 LS – I 模型可求得各指标的 Shapley 重要性和交互作用指标值、2 序可加测度以及各年评价值如表 7 – 20、表 7 – 21、表 7 – 22 所示。其中，指标 1、2、3、4 分别表示合同外资、旅游外汇收入、进口总额、出口总额等 4 个指标。

表 7 – 20 外向经济子指标的 Shapley 重要性和交互作用值

指标集	重要性	指标集	交互作用值
{1}	0.159	{1, 2}	0.020
{2}	0.225	{1, 3}	0.022
{3}	0.257	{1, 4}	0.031
{4}	0.359	{2, 3}	0.075
		{2, 4}	0.086
		{3, 4}	0.151

表 7 – 21 外向经济子指标的 2 序可加测度

指标集	测度值	指标集	测度值	指标集	测度值
{∅}	0	{1, 2}	0.277	{1, 2, 3}	0.507
{1}	0.123	{1, 3}	0.278	{1, 2, 4}	0.619
{2}	0.135	{1, 4}	0.379	{1, 3, 4}	0.685
{3}	0.133	{2, 3}	0.343	{2, 3, 4}	0.805
{4}	0.225	{2, 4}	0.446	{1, 2, 3, 4}	1
		{3, 4}	0.509		

表 7 – 22 2010 ~ 2015 年"两美"浙江外向经济二级指标综合评价值

指标	2010 年	2011 年	2012 年	2013 年	2014 年	2015 年
合同外资	0.3367	0.3720	0.4047	0.6253	0.6267	0.8533
旅游外汇收入	0.4186	0.5057	0.5929	0.6286	0.6786	0.8271
进口总额	0.4778	0.7004	0.6408	0.6333	0.5754	0.4522
出口总额	0.4833	0.6161	0.6466	0.7363	0.8272	0.8396
综合评价值	0.434	0.547	0.582	0.654	0.664	0.691

（3）经济发展质量二级指标。

经过专家组讨论，确定出经济发展质量所包含的工业增加值、上市公司融资额、金融机构存款余额 3 个三级指标间的相对重要性及交互作用间的关系，如图 7 - 8 所示。

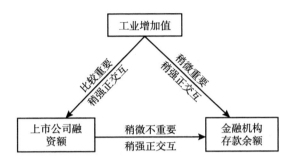

图 7 - 8   经济发展质量子指标之间的相对重要性及交互作用

根据上图指标间的重要性和交互作用，由细化菱形比较法（图 6 - 2）可以得出相对重要性矩阵和部分关联信息矩阵如下：

$$R = \begin{bmatrix} 0.500 & 0.740 & 0.554 \\ 0.260 & 0.500 & 0.395 \\ 0.446 & 0.605 & 0.500 \end{bmatrix} \quad P = \begin{bmatrix} — & 0.047 & 0.097 \\ 0.047 & — & 0.143 \\ 0.097 & 0.143 & — \end{bmatrix}$$

基于相对重要性矩阵 R 和部分关联信息矩阵 P，利用 LS - I 模型可求得各指标的 Shapley 重要性和交互作用指标值、2 序可加测度以及各年评价值如表 7 - 23、表 7 - 24、表 7 - 25 所示。其中，指标 1、2、3 分别表示工业增加值、上市公司融资额、金融机构存款余额等 3 个指标。

表 7 - 23　　经济发展质量子指标的 Shapley 重要性和交互作用值

指标集	重要性	指标集	交互作用值
{1}	0.469	{1, 2}	0.031
{2}	0.194	{1, 3}	0.078
{3}	0.337	{2, 3}	0.076

表 7 - 24   经济发展质量子指标的 2 序可加测度

指标集	测度值	指标集	测度值
{∅}	0	{1, 2}	0.586
{1}	0.415	{1, 3}	0.753
{2}	0.141	{2, 3}	0.477
{3}	0.260	{1, 2, 3}	1

表 7 - 25 2010～2015 年"两美"浙江经济发展质量二级指标综合评价值

指标	2010 年	2011 年	2012 年	2013 年	2014 年	2015 年
工业增加值	0.4529	0.5171	0.5167	0.6268	0.7391	0.8257
上市公司融资额	0.2688	0.3669	0.4197	0.4580	0.5634	0.7939
金融机构存款余额	0.3497	0.4413	0.5240	0.6247	0.7035	0.8615
综合评价值	0.372	0.454	0.495	0.584	0.684	0.827

（4）经济建设一级指标。

经济建设指标包括经济总量、外向经济和经济发展质量等 3 个二级指标。专家组讨论设定 3 个二级指标之间的重要性和交互作用如下（见图 7 - 9）。

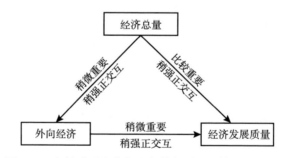

图 7 - 9 经济建设子指标之间的相对重要性及交互作用

①经济总量指标比外向经济指标稍微重要；

②经济总量指标比经济发展质量指标稍微重要；

③外向经济指标比经济发展质量指标稍微重要；

④经济总量指标和外向经济指标之间存在稍强正交互；

⑤经济总量指标和经济发展质量指标之间存在稍强正交互；

⑥外向经济指标和经济发展质量指标之间存在稍强正交互。

根据上述 MCCPI 信息，可得相对重要性矩阵 R 和部分关联信息矩阵 P：

$$R = \begin{bmatrix} 0.500 & 0.508 & 0.633 \\ 0.492 & 0.500 & 0.590 \\ 0.367 & 0.410 & 0.500 \end{bmatrix} \quad P = \begin{bmatrix} — & 0.060 & 0.098 \\ 0.060 & — & 0.042 \\ 0.098 & 0.042 & — \end{bmatrix}$$

基于相对重要性矩阵 R 和部分关联信息矩阵 P，利用 LS - I 模型可求得各指标的 Shapley 重要性和交互作用指标值、2 序可加测度以及各年评价值如表 7 - 26、表 7 - 27、表 7 - 28 所示。其中，指标 1、2、3 分别表示括经济总量、外向经济和经济发展质量 3 个二级指标。

表 7 - 26　　　　经济建设子指标的 Shapley 重要性和交互作用值

指标集	重要性	指标集	交互作用值
{1}	0.394	{1，2}	0.046
{2}	0.365	{1，3}	0.062
{3}	0.241	{2，3}	0.025

表 7 - 27　　　　经济建设子指标的 2 序可加测度

指标集	测度值	指标集	测度值
{∅}	0	{1，2}	0.716
{1}	0.340	{1，3}	0.600
{2}	0.330	{2，3}	0.552
{3}	0.198	{1，2，3}	1

表 7 - 28　　　2010～2015 年"两美"浙江经济建设一级指标综合评价值

指标	2010 年	2011 年	2012 年	2013 年	2014 年	2015 年
经济总量二级指标	0.425	0.505	0.600	0.682	0.774	0.895
外向经济二级指标	0.434	0.547	0.582	0.654	0.664	0.691
经济发展质量二级指标	0.372	0.454	0.495	0.584	0.684	0.827
经济建设综合评价值	0.410	0.502	0.557	0.638	0.701	0.792

综合表 7 - 19、表 7 - 22、表 7 - 25 和表 7 - 28 可得图 7 - 10 所示的"两美"浙江经济建设相关指标评价值。

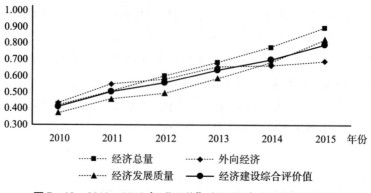

图 7 - 10   2010 ~ 2015 年"两美"浙江经济建设指标评价值

通过表 7 - 28 及图 7 - 10 可以看出,"两美"浙江经济建设方面的指标总体来看始终保持稳步提升。具体来看(见表 7 - 2 和表 7 - 4),只有"外向经济"在 2015 年度出现了增速降低的现象,其主要原因是"外向经济"的"进口总额"这个三级指标在 2011 年极速提升,而后逐渐降低回落,到了 2015 年浙江省进口总额低于了 2010 年的水平。值得一提的还有,2015 年浙江省的出口总额只有小额度增长。

7.3.3   文化建设指标计算过程及结果分析

文化建设指标包括科技投入、科技产出、教育水平和文化水平等 4 个二级指标和 12 个三级指标。

(1)科技投入二级指标。

经过专家组讨论,确定出科技投入所包含的 R&D 经费占 GDP 比重、全社会科技活动经费、财政科技拨款占财政支出的比重等 3 个三级指标间的相对重要性及交互作用间的关系,如图 7 - 11 所示。

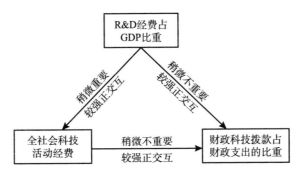

图 7 - 11　科技投入子指标之间的相对重要性及交互作用

根据图 7 - 11 指标间的重要性和交互作用，由细化菱形比较法（图 6 - 2）可以得出相对重要性矩阵和部分关联信息矩阵如下：

$$R = \begin{bmatrix} 0.500 & 0.562 & 0.468 \\ 0.438 & 0.500 & 0.405 \\ 0.532 & 0.595 & 0.500 \end{bmatrix} \quad P = \begin{bmatrix} — & 0.363 & 0.345 \\ 0.363 & — & 0.247 \\ 0.345 & 0.247 & — \end{bmatrix}$$

基于相对重要性矩阵 R 和部分关联信息矩阵 P，利用 LS - I 模型可求得各指标的 Shapley 重要性和交互作用指标值、2 序可加测度以及各年评价值如表 7 - 29、表 7 - 30、表 7 - 31 所示。其中指标 1、2、3 分别表示 R&D 经费占 GDP 比重、全社会科技活动经费、财政科技拨款占财政支出的比重这 3 个三级指标。

表 7 - 29　　　　　　科技投入子指标的 Shapley 重要性和交互作用值

指标集	重要性	指标集	交互作用值
{1}	0. 343	{1, 2}	0. 221
{2}	0. 267	{1, 3}	0. 253
{3}	0. 391	{2, 3}	0. 162

表 7 - 30　　　　　　　科技投入子指标的 2 序可加测度

指标集	测度值	指标集	测度值
{∅}	0	{1, 2}	0. 403
{1}	0. 106	{1, 3}	0. 543

续表

指标集	测度值	指标集	测度值
{2}	0.076	{2, 3}	0.421
{3}	0.184	{1, 2, 3}	1

表7-31   2010～2015年"两美"浙江科技投入二级指标综合评价值

指标	2010年	2011年	2012年	2013年	2014年	2015年
R&D经费占GDP比重	0.4870	0.5304	0.5826	0.6522	0.7130	0.7087
全社会科技活动经费	0.3938	0.4750	0.6250	0.6875	0.7938	0.8663
财政科技拨款占财政支出的比重	0.7200	0.7000	0.7960	0.8240	0.8120	0.8180
综合评价值	0.487	0.537	0.632	0.693	0.751	0.759

（2）科技产出二级指标。

经过专家组讨论，确定出科技产出所包含的高技术业增加值占工业增加值比重、国家认定的企业技术中心数量、专利申请数等3个三级指标间的相对重要性及交互作用间的关系，如图7-12所示。

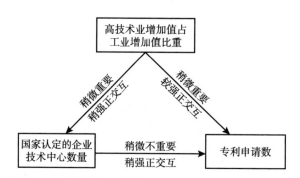

图7-12   科技产出子指标之间的相对重要性及交互作用

根据图7-12指标间的重要性和交互作用，由细化菱形比较法（图6-2）可以得出相对重要性矩阵和部分关联信息矩阵如下：

$$R = \begin{bmatrix} 0.500 & 0.595 & 0.576 \\ 0.405 & 0.500 & 0.396 \\ 0.424 & 0.604 & 0.500 \end{bmatrix} \quad P = \begin{bmatrix} — & 0.071 & 0.276 \\ 0.071 & — & 0.049 \\ 0.276 & 0.049 & — \end{bmatrix}$$

基于相对重要性矩阵 R 和部分关联信息矩阵 P，利用 LS-I 模型可求得各指标的 Shapley 重要性和交互作用指标值、2 序可加测度以及各年评价值如表 7-32、表 7-33、表 7-34 所示。其中，指标 1、2、3 分别表示高技术业增加值占工业增加值比重、国家认定的企业技术中心数量、专利申请数。

表 7-32　　　　科技产出子指标 Shapley 重要性和交互作用值

指标集	重要性	指标集	交互作用值
{1}	0.412	{1, 2}	0.047
{2}	0.249	{1, 3}	0.207
{3}	0.339	{2, 3}	0.029

表 7-33　　　　科技产出子指标 2 序可加测度

指标集	测度值	指标集	测度值
{∅}	0	{1, 2}	0.543
{1}	0.285	{1, 3}	0.713
{2}	0.211	{2, 3}	0.461
{3}	0.221	{1, 2, 3}	1

表 7-34　　　2010~2015 年"两美"浙江科技产出二级指标综合评价值

指标	2010 年	2011 年	2012 年	2013 年	2014 年	2015 年
高技术业增加值占工业增加值比重	0.3200	0.3640	0.3640	0.4240	0.7640	0.8880
国家认定的企业技术中心数量	0.4800	0.5200	0.6000	0.7000	0.7700	0.9300
专利申请数	0.3353	0.4919	0.6917	0.8167	0.7250	0.8528
综合评价值	0.358	0.429	0.493	0.577	0.747	0.881

（3）教育水平二级指标。

经过专家组讨论，确定出教育水平所包含的小学生生均校舍建筑面积、普通高考录取率、研究生招生量等 3 个三级指标间的相对重要性及交互作用间的关系，如图 7-13 所示。

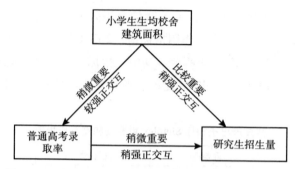

图7－13　教育水平子指标之间的相对重要性及交互作用

根据图7－13指标间的重要性和交互作用，由细化菱形比较法（图6－2）可以得出相对重要性矩阵和部分关联信息矩阵如下：

$$R = \begin{bmatrix} 0.500 & 0.562 & 0.717 \\ 0.438 & 0.500 & 0.597 \\ 0.283 & 0.403 & 0.500 \end{bmatrix} \quad P = \begin{bmatrix} — & 0.300 & 0.273 \\ 0.300 & — & 0.151 \\ 0.273 & 0.151 & — \end{bmatrix}$$

基于相对重要性矩阵R和部分关联信息矩阵P，利用LS－I模型可求得各指标的Shapley重要性和交互作用指标值、2序可加测度以及各年评价值如表7－35、表7－36、表7－37所示。其中，指标1、2、3分别表示小学生生均校舍建筑面积、普通高考录取率、研究生招生量。

表7－35　　　　　**教育水平子指标Shapley重要性和交互作用值**

指标集	重要性	指标集	交互作用值
{1}	0.463	{1，2}	0.239
{2}	0.332	{1，3}	0.182
{3}	0.205	{2，3}	0.081

表7－36　　　　　　　**教育水平子指标2序可加测度**

指标集	测度值	指标集	测度值
{∅}	0	{1，2}	0.670
{1}	0.248	{1，3}	0.512
{2}	0.176	{2，3}	0.322
{3}	0.080	{1，2，3}	1

表 7 - 37　　　　2010~2015 年"两美"浙江教育水平二级指标综合评价值

指标	2010 年	2011 年	2012 年	2013 年	2014 年	2015 年
小学生生均校舍建筑面积	0.6667	0.6667	0.6667	0.7500	0.8000	0.8667
普通高考录取率	0.7438	0.7906	0.7938	0.8094	0.8063	0.8469
研究生招生量	0.4383	0.5043	0.5832	0.6357	0.6776	0.7664
综合评价值	0.605	0.635	0.661	0.723	0.761	0.825

（4）文化水平二级指标。

经过专家组讨论，确定每百万人拥有博物馆数量、每百万人拥有公共图书馆数量、文化体育与传媒支出等 3 个三级指标间的相对重要性及交互作用间的关系，如图 7 - 14 所示。

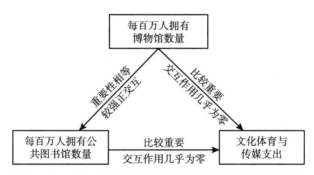

图 7 - 14　文化水平子指标之间的相对重要性及交互作用

根据图 7 - 14 指标间的重要性和交互作用，由细化菱形比较法（图 6 - 2）可以得出相对重要性矩阵和部分关联信息矩阵如下：

$$R = \begin{bmatrix} 0.500 & 0.500 & 0.457 \\ 0.500 & 0.500 & 0.461 \\ 0.543 & 0.539 & 0.500 \end{bmatrix} \quad P = \begin{bmatrix} — & 0.562 & -0.040 \\ 0.562 & — & 0.042 \\ -0.040 & 0.042 & — \end{bmatrix}$$

基于相对重要性矩阵 R 和部分关联信息矩阵 P，利用 LS - I 模型可求得各指标的 Shapley 重要性和交互作用指标值、2 序可加测度以及各年评价值如表 7 - 38、表 7 - 39、表 7 - 40 所示。其中，指标 1、2、3 分别表示每百万人拥有博物馆数量、每百万人拥有公共图书馆数量、文化体育与传媒支出。

表7-38　　　　　文化水平子指标的 Shapley 重要性和交互作用值

指标集	重要性	指标集	交互作用值
{1}	0.409	{1, 2}	0.467
{2}	0.422	{1, 3}	-0.002
{3}	0.169	{2, 3}	0.005

表7-39　　　　　　文化水平子指标的 2 序可加测度

指标集	测度值	指标集	测度值
{∅}	0	{1, 2}	0.830
{1}	0.177	{1, 3}	0.342
{2}	0.186	{2, 3}	0.359
{3}	0.168	{1, 2, 3}	1

表7-40　　　　2010~2015 年"两美"浙江文化水平二级指标综合评价值

指标	2010 年	2011 年	2012 年	2013 年	2014 年	2015 年
每百万人拥有公共图书馆数量	0.7808	0.7756	0.7710	0.7825	0.7792	0.8054
每百万人拥有博物馆数量	0.3934	0.4358	0.5564	0.6409	0.6398	0.9586
文化体育与传媒支出（亿元）	0.3857	0.4255	0.4709	0.5301	0.5768	0.8269
综合评价值	0.449	0.483	0.557	0.621	0.637	0.833

（5）文化建设一级指标。

文化建设一级指标包括科技投入、科技产出、教育水平和文化水平这4个二级指标，专家组认为其间的相对重要性和交互作用如下（见图7-15）。

①科技投入指标与科技产出指标的重要相等；

②科技投入指标比教育水平指标稍微不重要；

③科技投入指标比文化水平指标稍微不重要；

④科技产出指标比教育水平指标稍微不重要；

⑤科技产出指标比文化水平指标稍微不重要；

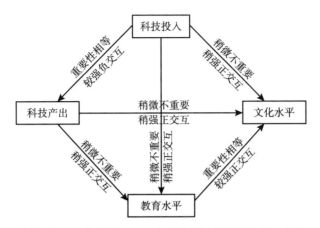

图 7-15　文化建设子指标之间的相对重要性及交互作用

⑥教育水平指标与文化水平指标的重要性相等；
⑦科技投入指标与科技产出指标之间存在较强负交互作用；
⑧科技投入指标与教育水平指标之间存在稍强正交互作用；
⑨科技投入指标与文化水平指标之间存在稍强正交互作用；
⑩科技产出指标与教育水平指标之间存在稍强正交互作用；
⑪科技产出指标与文化水平指标之间存在稍强正交互作用；
⑫教育水平指标与文化水平指标之间存在较强正交互作用。

根据文化建设二级指标间的重要性和交互作用，可得科技投入、科技产出、教育水平和文化水平之间的相对重要性矩阵 R 和部分关联信息矩阵 P：

$$
R = \begin{bmatrix} 0.500 & 0.500 & 0.467 & 0.499 \\ 0.500 & 0.500 & 0.416 & 0.387 \\ 0.533 & 0.584 & 0.500 & 0.500 \\ 0.501 & 0.613 & 0.500 & 0.500 \end{bmatrix} \quad P = \begin{bmatrix} — & -0.276 & 0.199 & 0.239 \\ -0.276 & — & 0.079 & 0.119 \\ 0.199 & 0.079 & — & 0.296 \\ 0.239 & 0.119 & 0.296 & — \end{bmatrix}
$$

基于相对重要性矩阵 R 和部分关联信息矩阵 P，利用 LS-I 模型可求得各指标的 Shapley 重要性和交互作用指标值、2 序可加测度以及各年综合评价值如表 7-41、表 7-42、表 7-43 所示。其中，指标 1、2、3、4 分别表示科技投入、科技产出、教育水平和文化水平。

表7 – 41 文化建设子指标的 Shapley 重要性和交互作用值

指标集	重要性	指标集	交互作用值
{1}	0.240	{1, 2}	– 0.122
{2}	0.203	{1, 3}	0.103
{3}	0.279	{1, 4}	0.124
{4}	0.278	{2, 3}	0.038
		{2, 4}	0.057
		{3, 4}	0.164

表7 – 42 文化建设子指标的 2 序可加测度

指标集	测度值	指标集	测度值	指标集	测度值
{∅}	0	{1, 2}	0.282	{1, 2, 3}	0.550
{1}	0.188	{1, 3}	0.417	{1, 2, 4}	0.569
{2}	0.217	{1, 4}	0.417	{1, 3, 4}	0.811
{3}	0.127	{2, 3}	0.381	{2, 3, 4}	0.708
{4}	0.106	{2, 4}	0.379	{1, 2, 3, 4}	1
		{3, 4}	0.396		

表7 – 43 2010 ~ 2015 年"两美"浙江文化建设一级指标综合评价值

指标	2010 年	2011 年	2012 年	2013 年	2014 年	2015 年
科技投入二级指标	0.487	0.537	0.632	0.693	0.751	0.759
科技产出二级指标	0.358	0.429	0.493	0.577	0.747	0.881
教育水平二级指标	0.605	0.635	0.661	0.723	0.761	0.825
文化建设综合值	0.449	0.483	0.557	0.621	0.637	0.833

　　根据表7 – 31、表7 – 34、表7 – 37、表7 – 40 和表7 – 43 可得图7 – 16 所示的"两美"浙江文化建设相关指标综合评价值。

　　通过表7 – 43 和图7 – 16 可以看出,"两美"浙江文化建设综合评价值逐年稳步提升,反映出了浙江省 2010 ~ 2015 年的科技投入与产出、教育与文化水平相关指标保持了持续进步。

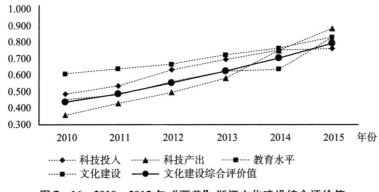

图 7 - 16　2010～2015 年"两美"浙江文化建设综合评价值

7.3.4　政治建设指标计算过程及结果分析

政治建设一级指标包括了政府运作、公共管理保障、社会发展投入等 3 个二级指标和 10 个三级指标。

（1）政府运作二级指标。

经过专家组讨论，确定出政府运作所包含的是否制定省级生态文明建设相关规划、是否推行"五水共治"、是否设有面向社会公众的政府信息公开网络平台等 3 个三级指标间的相对重要性及交互作用间的关系，如图 7 - 17 所示。

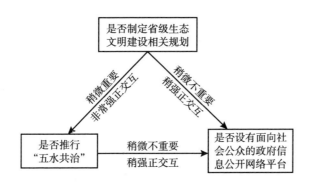

图 7 - 17　政府运作子指标之间的相对重要性及交互作用

根据图 7 - 17 指标间的重要性和交互作用，由细化菱形（图 6 - 2）比较法可以得出相对重要性矩阵和部分关联信息矩阵如下：

$$R = \begin{bmatrix} 0.500 & 0.739 & 0.379 \\ 0.261 & 0.500 & 0.370 \\ 0.621 & 0.630 & 0.500 \end{bmatrix} \quad P = \begin{bmatrix} — & 0.387 & 0.094 \\ 0.387 & — & 0.146 \\ 0.094 & 0.146 & — \end{bmatrix}$$

基于相对重要性矩阵 R 和部分关联信息矩阵 P，利用 LS-I 模型可求得各指标的 Shapley 重要性和交互作用指标值、2 序可加测度以及各年评价值如表 7-44、表 7-45、表 7-46 所示。其中，指标 1、2、3 分别表示是否制定省级生态文明建设相关规划、是否推行"五水共治"、是否设有面向社会公众的政府信息公开网络平台。

表 7-44　　　　政府运作子指标 Shapley 重要性和交互作用值

指标集	重要性	指标集	交互作用值
{1}	0.448	{1, 2}	0.319
{2}	0.204	{1, 3}	0.015
{3}	0.348	{2, 3}	0.081

表 7-45　　　　　　政府运作子指标 2 序可加测度

指标集	测度值	指标集	测度值
{∅}	0	{1, 2}	0.604
{1}	0.281	{1, 3}	0.596
{2}	0.004	{2, 3}	0.385
{3}	0.300	{1, 2, 3}	1

表 7-46　　　2010~2015 年"两美"浙江政府运作二级指标综合评价值

指标	2010 年	2011 年	2012 年	2013 年	2014 年	2015 年
是否制定省级生态文明建设相关规划	1.0000	1.0000	1.0000	1.0000	1.0000	1.0000
是否推行"五水共治"	0.0000	0.0000	0.0000	1.0000	1.0000	1.0000
是否设有面向社会公众的政府信息公开网络平台	0.0000	0.0000	1.0000	1.0000	1.0000	1.0000
综合评价值	0.222	0.222	0.652	1.000	1.000	1.000

（2）公共管理保障二级指标。

经过专家组讨论，确定出公共管理保障所包含的国家重点优抚对象、社会组织单位数、交通事故直接财产损失总计、社区服务机构覆盖率等 4 个三级指标间的相对重要性及交互作用间的关系，如图 7－18 所示。

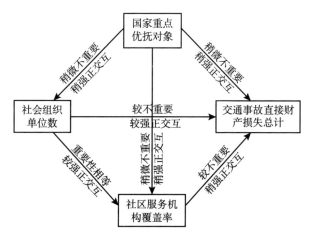

图 7－18　公共管理保障子指标之间的相对重要性及交互作用

根据图 7－18 指标间的重要性和交互作用，由细化菱形比较法（图 6－2）可以得出相对重要性矩阵和部分关联信息矩阵如下：

$$R = \begin{bmatrix} 0.500 & 0.467 & 0.433 & 0.417 \\ 0.533 & 0.500 & 0.500 & 0.331 \\ 0.567 & 0.500 & 0.500 & 0.338 \\ 0.583 & 0.669 & 0.662 & 0.500 \end{bmatrix} \quad P = \begin{bmatrix} - & 0.087 & 0.045 & 0.065 \\ 0.087 & - & 0.253 & 0.184 \\ 0.045 & 0.253 & - & 0.122 \\ 0.065 & 0.184 & 0.122 & - \end{bmatrix}$$

基于相对重要性矩阵 R 和部分关联信息矩阵 P，利用 LS－I 模型可求得各指标的 Shapley 重要性和交互作用指标值、2 序可加测度以及各年评价值如表 7－47、表 7－48、表 7－49 所示。其中，指标 1、2、3、4 分别表示国家重点优抚对象、社会组织单位数、交通事故直接财产损失总计、社区服务机构覆盖率。

表 7 - 47   公共管理保障子指标的 Shapley 重要性和交互作用值

指标集	重要性	指标集	交互作用值
{1}	0.199	{1, 2}	0.036
{2}	0.211	{1, 3}	0.019
{3}	0.220	{1, 4}	0.037
{4}	0.370	{2, 3}	0.109
		{2, 4}	0.107
		{3, 4}	0.072

表 7 - 48   公共管理保障子指标的 2 序可加测度

指标集	测度值	指标集	测度值	指标集	测度值
{∅}	0	{1, 2}	0.274	{1, 2, 3}	0.522
{1}	0.153	{1, 3}	0.292	{1, 2, 4}	0.680
{2}	0.085	{1, 4}	0.452	{1, 3, 4}	0.663
{3}	0.120	{2, 3}	0.314	{2, 3, 4}	0.755
{4}	0.262	{2, 4}	0.454	{1, 2, 3, 4}	1
		{3, 4}	0.454		

表 7 - 49   2010 ~ 2015 年 "两美"浙江公共管理保障二级指标综合评价值

指标	2010 年	2011 年	2012 年	2013 年	2014 年	2015 年
国家重点优抚对象	0.5100	0.4200	0.6000	0.7486	0.7886	0.8543
社会组织单位数	0.5319	0.5433	0.5973	0.6984	0.7743	0.8619
交通事故直接财产损失总计	0.5953	0.6546	0.6946	0.7477	0.8345	0.8645
社区服务机构覆盖率	0.6080	0.5680	0.7570	0.7390	0.7390	0.9400
综合评价值	0.557	0.537	0.651	0.728	0.772	0.874

（3）社会发展投入二级指标。

经过专家组讨论，确定出社会发展投入所包含的农林水支出、医疗卫生支出、社会保障和就业支出等 3 个三级指标间的相对重要性及交互作用间的关系，如图 7 - 19 所示。

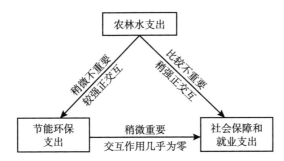

图7-19 社会发展投入子指标之间的相对重要性及交互作用

根据图7-19指标间的重要性和交互作用,由细化菱形比较法(图6-2)可以得出相对重要性矩阵和部分关联信息矩阵如下:

$$
R = \begin{bmatrix} 0.500 & 0.410 & 0.305 \\ 0.590 & 0.500 & 0.621 \\ 0.695 & 0.379 & 0.500 \end{bmatrix} \quad P = \begin{bmatrix} — & 0.326 & 0.136 \\ 0.326 & — & -0.036 \\ 0.136 & -0.036 & — \end{bmatrix}
$$

基于相对重要性矩阵 R 和部分关联信息矩阵 P,利用 LS-I 模型可求得各指标的 Shapley 重要性和交互作用指标值、2 序可加测度以及各年评价值如表7-50、表7-51、表7-52所示。其中,指标1、2、3 分别表示农林水支出、医疗卫生支出、社会保障和就业支出。

表7-50　　社会发展投入子指标的 Shapley 重要性和交互作用值

指标集	重要性	指标集	交互作用值
{1}	0.215	{1, 2}	0.211
{2}	0.433	{1, 3}	0.077
{3}	0.353	{2, 3}	-0.028

表7-51　　　　　　社会发展投入子指标的 2 序可加测度

指标集	测度值	指标集	测度值
{∅}	0	{1, 2}	0.624
{1}	0.071	{1, 3}	0.477
{2}	0.342	{2, 3}	0.642
{3}	0.329	{1, 2, 3}	1

表7-52　　　2010～2015年"两美"浙江社会发展投入二级指标综合评价值

指标	2010年	2011年	2012年	2013年	2014年	2015年
农林水支出	0.2904	0.3737	0.4082	0.5130	0.5249	0.7381
医疗卫生支出	0.3742	0.4650	0.5099	0.5846	0.7129	0.8092
社会保障和就业支出	0.3441	0.4864	0.5273	0.6618	0.7259	0.9028
综合评价值	0.335	0.440	0.480	0.585	0.650	0.815

（4）政治建设一级指标。

政治建设指标包括政府运作、公共管理保障和社会发展投入等3个二级指标。专家讨论认为这3个二级指标之间的重要性和交互作用如下（见图7-20）：

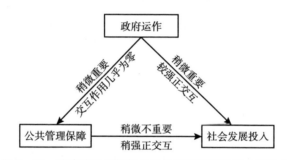

图7-20　政治建设子指标之间的相对重要性及交互作用

①政府运作指标比公共管理保障指标稍微重要；

②政府运作指标比社会发展投入指标稍微重要；

③公共管理保障指标比社会发展投入指标稍微不重要；

④政府运作指标与公共管理保障指标的交互作用几乎为零；

⑤政府运作指标与社会发展投入指标之间具有较强正交互作用；

⑥公共管理保障指标与社会发展投入指标之间具有稍强正交互作用。

根据政治建设二级指标间的重要性和交互作用，可得政府运作、公共管理保障和社会发展投入之间的相对重要性矩阵R和部分关联信息矩阵P：

$$R = \begin{bmatrix} 0.500 & 0.532 & 0.608 \\ 0.468 & 0.500 & 0.403 \\ 0.392 & 0.597 & 0.500 \end{bmatrix} \quad P = \begin{bmatrix} — & 0.022 & 0.221 \\ 0.022 & — & 0.191 \\ 0.022 & 0.191 & — \end{bmatrix}$$

基于相对重要性矩阵 R 和部分关联信息矩阵 P, 利用 LS – I 模型可求得各指标的 Shapley 重要性和交互作用指标值、2 序可加测度以及各年评价值如表 7 – 53、表 7 – 54、表 7 – 55 所示。其中, 指标 1、2、3 分别表示政府运作、公共管理保障和社会发展投入。

表 7 – 53 政治建设子指标 Shapley 重要性和交互作用值

指标集	重要性	指标集	交互作用值
{1}	0.492	{1, 2}	0.024
{2}	0.205	{1, 3}	0.206
{3}	0.303	{2, 3}	0.097

表 7 – 54 政治建设子指标 2 序可加测度

指标集	测度值	指标集	测度值
{∅}	0	{1, 2}	0.546
{1}	0.377	{1, 3}	0.735
{2}	0.145	{2, 3}	0.393
{3}	0.152	{1, 2, 3}	1

表 7 – 55 2010 ~ 2015 年 "两美" 浙江政治建设一级指标综合评价值

指标	2010 年	2011 年	2012 年	2013 年	2014 年	2015 年
政府运作二级指标	0.222	0.222	0.652	1.000	1.000	1.000
公共管理保障二级指标	0.557	0.537	0.651	0.728	0.772	0.874
社会发展投入二级指标	0.335	0.440	0.480	0.585	0.650	0.815
政治建设一级指标	0.298	0.321	0.573	0.765	0.803	0.895

综合表 7 – 46、表 7 – 49、表 7 – 52 和表 7 – 55 可得图 7 – 21 所示的 "两美" 浙江生态建设相关指标评价值。

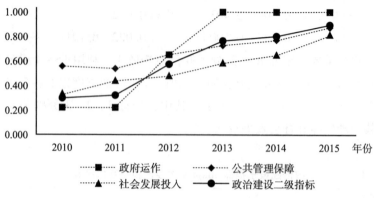

图 7 – 21 2010～2015 年 "两美" 浙江政治建设一级指标评价值

通过表 7 – 55 和图 7 – 21 可以看出，"两美" 浙江政治建设综合评价值呈现出了稳定提升的态势。需要指出的，政治建设方面包含了一些特殊指标，即是否型指标或称 0～1 指标。这类指标主要是 "政府运作" 的 3 个三级指标：是否制定省级生态文明建设相关规划、是否推行 "五水共治"、是否设有面向社会公众的政府信息公开网络平台。这类指标在 "两美" 整体水平综合评价时只取 0 或 1，没有反映出各指标的推行力度和执行水平。在本书第 8 章对 "五水共治" 的具体评价指标进行了说明和解释。

7.3.5 社会建设指标计算过程及结果分析

社会建设指标包括居民生活水平、交通运输、信息通信和社会保障等 4 个二级指标和 12 个三级指标。

（1）居民生活水平二级指标。

经过专家组讨论，确定出居民生活水平所包含的城镇居民人均住房建筑面积、农村居民人均纯收入、居民消费价格指数 3 个三级指标间的相对重要性及交互作用间的关系，如图 7 – 22 所示。

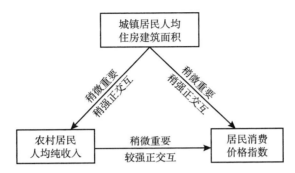

图 7-22　居民生活水平子指标之间的相对重要性及交互作用

根据图 7-22 指标间的重要性和交互作用，由细化菱形比较法（图 6-2）可以得出相对重要性矩阵和部分关联信息矩阵如下：

$$R = \begin{bmatrix} 0.500 & 0.561 & 0.619 \\ 0.439 & 0.500 & 0.518 \\ 0.381 & 0.482 & 0.500 \end{bmatrix} \quad P = \begin{bmatrix} — & 0.095 & 0.120 \\ 0.095 & — & 0.389 \\ 0.120 & 0.389 & — \end{bmatrix}$$

基于相对重要性矩阵 R 和部分关联信息矩阵 P，利用 LS-I 模型可求得各指标的 Shapley 重要性和交互作用指标值、2 序可加测度以及各年评价值如表 7-56、表 7-57、表 7-58 所示。其中，指标 1、2、3 分别表示城镇居民人均住房建筑面积、农村居民人均纯收入、居民消费价格指数。

表 7-56　　　　居民生活水平子指标 Shapley 重要性和交互作用值

指标集	重要性	指标集	交互作用值
{1}	0.418	{1, 2}	0.069
{2}	0.309	{1, 3}	0.083
{3}	0.273	{2, 3}	0.226

表 7-57　　　　居民生活水平子指标 2 序可加测度

指标集	测度值	指标集	测度值
{∅}	0	{1, 2}	0.573
{1}	0.342	{1, 3}	0.544
{2}	0.162	{2, 3}	0.506
{3}	0.119	{1, 2, 3}	1

表7-58　　　　2010～2015年"两美"浙江居民生活水平二级指标综合评价值

指标	2010年	2011年	2012年	2013年	2014年	2015年
城镇居民人均住房建筑面积	0.7060	0.7380	0.7420	0.7764	0.8180	0.8100
农村居民人均纯收入	0.2064	0.3169	0.4095	0.5066	0.7108	0.8203
居民价格消费指数	0.7240	0.6880	0.7540	0.7540	0.7580	0.7720
综合评价值	0.480	0.536	0.592	0.649	0.757	0.795

（2）交通运输二级指标。

经过专家组讨论，确定出交通运输所包含的交通运输、仓储和邮政业增加值、货物周转量、沿海港口货物吞吐量等3个三级指标间的相对重要性及交互作用间的关系，如图7-23所示。

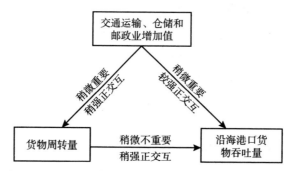

图7-23　交通运输子指标之间的相对重要性及交互作用

根据图7-23指标间的重要性和交互作用，由细化菱形比较法（图6-2）可以得出相对重要性矩阵和部分关联信息矩阵如下：

$$R = \begin{bmatrix} 0.500 & 0.554 & 0.610 \\ 0.446 & 0.500 & 0.494 \\ 0.390 & 0.506 & 0.500 \end{bmatrix} \quad P = \begin{bmatrix} - & 0.196 & 0.310 \\ 0.196 & - & 0.234 \\ 0.310 & 0.234 & - \end{bmatrix}$$

基于相对重要性矩阵R和部分关联信息矩阵P，利用LS-I模型可求得各指标的Shapley重要性和交互作用指标值、2序可加测度以及各年评价值如表7-59、表7-60、表7-61所示。其中，指标1、2、3分别表示交通运输、仓储和邮政业增加值、货物周转量、沿海港口货物吞吐量。

表7-59 交通运输子指标 Shapley 重要性和交互作用值

指标集	重要性	指标集	交互作用值
{1}	0.410	{1, 2}	0.140
{2}	0.303	{1, 3}	0.216
{3}	0.286	{2, 3}	0.138

表7-60 交通运输子指标 2 序可加测度

指标集	测度值	指标集	测度值
{∅}	0	{1, 2}	0.536
{1}	0.232	{1, 3}	0.557
{2}	0.164	{2, 3}	0.411
{3}	0.109	{1, 2, 3}	1

表7-61 2010~2015 年"两美"浙江交通运输二级指标综合评价值

指标	2010 年	2011 年	2012 年	2013 年	2014 年	2015 年
交通运输、仓储和邮政业增加值	0.4953	0.5779	0.6195	0.6453	0.7458	0.7889
货物周转量	0.6297	0.7740	0.8270	0.8921	0.8617	0.8931
沿海港口货物吞吐量	0.4000	0.4529	0.4882	0.7529	0.7588	0.7529
综合评价值	0.473	0.552	0.592	0.712	0.767	0.789

（3）信息通信二级指标。

经过专家组讨论，确定出信息通信所包含的邮电业务总量、互联网用户数、移动电话用户等 3 个三级指标间的相对重要性及交互作用间的关系，如图7-24 所示。

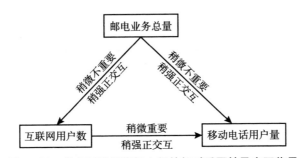

图7-24 信息通信子指标之间的相对重要性及交互作用

根据图 7-24 指标间的重要性和交互作用，由细化菱形比较法（图 6-2）可以得出相对重要性矩阵和部分关联信息矩阵如下：

$$R = \begin{bmatrix} 0.500 & 0.422 & 0.389 \\ 0.578 & 0.500 & 0.605 \\ 0.611 & 0.395 & 0.500 \end{bmatrix} \quad P = \begin{bmatrix} — & 0.140 & 0.060 \\ 0.140 & — & 0.104 \\ 0.060 & 0.104 & — \end{bmatrix}$$

基于相对重要性矩阵 R 和部分关联信息矩阵 P，利用 LS-I 模型可求得各指标的 Shapley 重要性和交互作用指标值、2 序可加测度以及各年评价值如表 7-62、表 7-63、表 7-64。其中，指标 1、2、3 分别表示邮电业务总量、互联网用户数、本地电话用户。

表 7-62　　　　信息通信子指标 Shapley 重要性和交互作用值

指标集	重要性	指标集	交互作用值
{1}	0.252	{1, 2}	0.094
{2}	0.419	{1, 3}	0.035
{3}	0.329	{2, 3}	0.078

表 7-63　　　　　　　信息通信子指标 2 序可加测度

指标集	测度值	指标集	测度值
{∅}	0	{1, 2}	0.615
{1}	0.188	{1, 3}	0.495
{2}	0.333	{2, 3}	0.684
{3}	0.273	{1, 2, 3}	1

表 7-64　　　2010~2015 年"两美"浙江信息通信二级指标综合评价值

指标	2010 年	2011 年	2012 年	2013 年	2014 年	2015 年
邮电业务总量	0.6455	0.2752	0.3186	0.3721	0.5464	0.7903
互联网用户数	0.3814	0.5634	0.6981	0.7140	0.7140	0.8209
移动电话用户量	0.5078	0.6260	0.7405	0.8453	0.8952	0.9110
综合评价值	0.470	0.489	0.590	0.642	0.710	0.836

（4）社会保障二级指标。

经过专家组讨论，确定出社会保障所包含的参合率、新增各类养老机构床位数、支出医疗救助资金等 3 个三级指标间的相对重要性及交互作用间的关系，如图 7 - 25 所示。

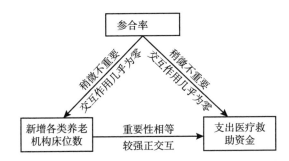

图 7 - 25　社会保障子指标之间的相对重要性及交互作用

根据图 7 - 25 指标间的重要性和交互作用，由细化菱形比较法（图 6 - 2）可以得出相对重要性矩阵和部分关联信息矩阵如下：

$$R = \begin{bmatrix} 0.500 & 0.391 & 0.394 \\ 0.609 & 0.500 & 0.500 \\ 0.606 & 0.500 & 0.500 \end{bmatrix} \quad P = \begin{bmatrix} — & 0.039 & -0.031 \\ 0.039 & — & 0.460 \\ -0.031 & 0.460 & — \end{bmatrix}$$

基于相对重要性矩阵 R 和部分关联信息矩阵 P，利用 LS - I 模型可求得各指标的 Shapley 重要性和交互作用指标值、2 序可加测度以及各年评价值如表 7 - 65、表 7 - 66、表 7 - 67 所示。其中，指标 1、2、3 分别表示参合率、新增各类养老机构床位数、支出医疗救助资金。

表 7 - 65　社会保障子指标 Shapley 重要性和交互作用值

指标集	重要性	指标集	交互作用值
{1}	0.244	{1, 2}	0.024
{2}	0.379	{1, 3}	-0.019
{3}	0.377	{2, 3}	0.348

表 7 - 66 社会保障子指标 2 序可加测度

指标集	测度值	指标集	测度值
{∅}	0	{1, 2}	0.459
{1}	0.242	{1, 3}	0.435
{2}	0.193	{2, 3}	0.754
{3}	0.213	{1, 2, 3}	1

表 7 - 67 2010 ~ 2015 年"两美"浙江社会保障二级指标综合评价值

指标	2010 年	2011 年	2012 年	2013 年	2014 年	2015 年
参合率	0.9200	0.9750	0.9770	0.9780	0.9770	0.9775
新增各类养老机构床位数	0.2525	0.4000	0.6750	0.5750	0.8000	0.7750
支出医疗救助资金	0.5125	0.5417	0.6250	0.7250	0.8167	0.8417
综合评价值	0.464	0.566	0.721	0.701	0.846	0.837

（5）社会建设一级指标。

社会建设指标包括居民生活水平、交通运输、信息通信和社会保障等 4 个二级指标。专家组讨论认为：

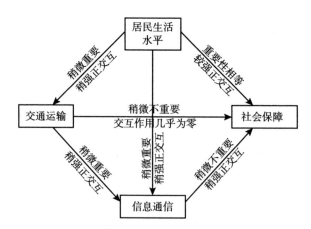

图 7 - 26 社会建设子指标之间的相对重要性及交互作用

①居民生活水平指标比交通运输指标稍微重要；

②居民生活水平指标比信息通信指标稍微重要；

③居民生活水平指标与社会保障指标的重要性相等；

④交通运输指标比信息通信指标稍微重要；

⑤交通运输指标比社会保障指标稍微不重要；

⑥信息通信指标比社会保障指标稍微不重要；

⑦居民生活水平指标与交通运输指标之间存在稍强正交互作用；

⑧居民生活水平指标与信息通信指标之间交互作用几乎为零；

⑨居民生活水平指标与社会保障指标之间存在较强正交互作用；

⑩交通运输指标与信息通信指标之间存在稍强正交互作用；

⑪交通运输指标与社会保障指标之间的交互作用几乎为零；

⑫信息通信指标与社会保障指标之间存在稍强正交互作用。

其相对重要性矩阵 R 和部分关联信息矩阵 P 为：

$$R = \begin{bmatrix} 0.500 & 0.608 & 0.507 & 0.500 \\ 0.392 & 0.500 & 0.546 & 0.404 \\ 0.493 & 0.454 & 0.500 & 0.467 \\ 0.500 & 0.596 & 0.533 & 0.500 \end{bmatrix} \quad P = \begin{bmatrix} — & 0.129 & 0.140 & 0.350 \\ 0.129 & — & 0.130 & -0.007 \\ 0.140 & 0.130 & — & 0.185 \\ 0.350 & -0.007 & 0.185 & — \end{bmatrix}$$

基于相对重要性矩阵 R 和部分关联信息矩阵 P，利用 LS-I 模型可求得各指标的 Shapley 重要性和交互作用指标值、2 序可加测度以及各年评价值如表 7-68 ~ 表 7-70 所示。

表 7-68　　　　　社会建设子指标 Shapley 重要性和交互作用值

指标集	重要性	指标集	交互作用值
{1}	0.278	{1, 2}	0.063
{2}	0.212	{1, 3}	0.071
{3}	0.227	{1, 4}	0.196
{4}	0.282	{2, 3}	0.057
		{2, 4}	-0.003
		{3, 4}	0.094

表7-69   社会建设子指标2序可加测度

指标集	测度值	指标集	测度值	指标集	测度值
{∅}	0	{1, 2}	0.330	{1, 2, 3}	0.574
{1}	0.113	{1, 3}	0.300	{1, 2, 4}	0.661
{2}	0.154	{1, 4}	0.448	{1, 3, 4}	0.729
{3}	0.116	{2, 3}	0.327	{2, 3, 4}	0.556
{4}	0.139	{2, 4}	0.289	{1, 2, 3, 4}	1
		{3, 4}	0.349		

表7-70   2010～2015年"两美"浙江社会建设一级指标综合评价值

指标	2010年	2011年	2012年	2013年	2014年	2015年
居民生活水平二级指标	0.480	0.536	0.592	0.649	0.757	0.795
交通运输二级指标	0.473	0.552	0.592	0.712	0.767	0.789
信息通信二级指标	0.470	0.489	0.590	0.642	0.710	0.836
社会保障二级指标	0.464	0.566	0.721	0.701	0.846	0.837
社会建设一级指标综合评价值	0.470	0.526	0.608	0.662	0.754	0.806

综合表7-58、表7-61、表7-64、表7-67和表7-70可得如图所示的"两美"浙江社会建设相关指标评价值。

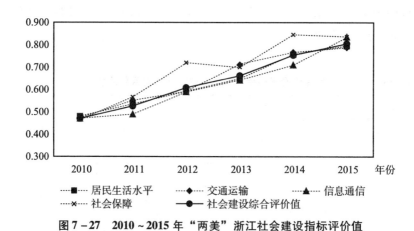

图7-27 2010～2015年"两美"浙江社会建设指标评价值

通过表7-70及图7-27可以看出,"两美"浙江社会建设指标的综合评价值也是逐年稳步提升，显示了浙江省在居民生活水平提高、交通运输能力保障、住处通信能力提高、社会保障能力提升方面都保持稳步前进的态势。

7.3.6 "两美"浙江整体综合指标计算过程及结果分析

"两美"浙江综合评价指标分为生态建设、经济建设、文化建设、政治建设、社会建设等 5 个一级指标。专家组讨论认为这 5 个一级指标之间的重要性和交互作用如下（见图 7 - 28）。

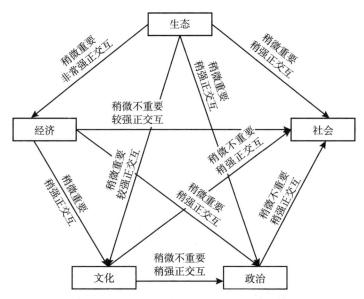

图 7 - 28 "两美"浙江评价一级指标间的相对重要性及交互作用

①生态建设指标比经济建设指标稍微重要，两者之间存在非常强正交互作用；

②生态建设指标比文化建设指标稍微重要，两者之间存在较强正交互作用；

③生态建设指标比政治建设指标稍微重要，两者之间存在稍微强正交互作用；

④生态建设指标比社会建设指标稍微重要，两者之间存在稍微强正交互

作用；

⑤经济建设指标比文化建设指标稍微重要，两者之间存在稍微强正交互作用；

⑥经济建设指标比政治建设指标稍微重要，两者之间存在稍微强正交互作用；

⑦经济建设指标比社会建设指标稍微不重要，两者之间存在较强正交互作用；

⑧文化建设指标比政治建设指标稍微不重要，两者之间存在稍微强正交互作用；

⑨文化建设指标比社会建设指标稍微不重要，两者之间存在稍微强正交互作用；

⑩政治建设指标比社会建设指标稍微不重要，两者之间存在稍微强正交互作用。

根据上述重要性和交互作用，可得相对重要性矩阵 R 和部分关联信息矩阵 P 如下：

$$R = \begin{bmatrix} 0.500 & 0.571 & 0.523 & 0.605 & 0.601 \\ 0.429 & 0.500 & 0.622 & 0.504 & 0.436 \\ 0.477 & 0.378 & 0.500 & 0.406 & 0.493 \\ 0.395 & 0.496 & 0.594 & 0.500 & 0.417 \\ 0.399 & 0.564 & 0.507 & 0.583 & 0.500 \end{bmatrix}$$

$$P = \begin{bmatrix} — & 0.576 & 0.453 & 0.095 & 0.151 \\ 0.576 & — & 0.083 & 0.144 & 0.424 \\ 0.453 & 0.083 & — & 0.132 & 0.129 \\ 0.095 & 0.144 & 0.132 & — & 0.154 \\ 0.151 & 0.424 & 0.129 & 0.154 & — \end{bmatrix}$$

基于相对重要性矩阵 R 和部分关联信息矩阵 P，利用 LS – I 模型可求得各指标的 Shapley 重要性和交互作用指标值、2 序可加测度以及各年评价值如表 7 –71、表 7 –72、表 7 –73 所示。其中，指标 1、2、3、4、5 分别表示生态建设、经济建设、文化建设、政治建设、社会建设各一级指标。

表 7-71   "两美"浙江一级指标的 Shapley 重要性和交互作用值

指标集	重要性	指标集	交互作用值
{1}	0.247	{1, 2}	0.226
{2}	0.213	{1, 3}	0.177
{3}	0.160	{1, 4}	0.032
{4}	0.181	{1, 5}	0.058
{5}	0.199	{2, 3}	0.012
		{2, 4}	0.036
		{2, 5}	0.151
		{3, 4}	0.045
		{3, 5}	0.046
		{4, 5}	0.059

表 7-72   "两美"浙江评价一级指标 2 序可加测度

指标集	测度值	指标集	测度值	指标集	测度值
{∅}	0	{1, 2}	0.227	{1, 2, 3}	0.436
{1}	0	{1, 3}	0.198	{1, 2, 4}	0.390
{2}	0	{1, 4}	0.128	{1, 2, 5}	0.564
{3}	0.020	{1, 5}	0.101	{2, 3, 4}	0.209
{4}	0.095	{2, 3}	0.033	{2, 3, 5}	0.272
{5}	0.042	{2, 4}	0.132	{3, 4, 5}	0.307
		{2, 5}	0.194	{1, 2, 3, 4}	0.644
		{3, 4}	0.160	{1, 2, 3, 5}	0.733
		{3, 5}	0.108	{1, 2, 4, 5}	0.700
		{4, 5}	0.196	{1, 3, 4, 5}	0.575
				{2, 3, 4, 5}	0.507
				{1, 2, 3, 4, 5}	1

表 7-73   2010~2015 年"两美"浙江整体水平综合评价值

指标	2010 年	2011 年	2012 年	2013 年	2014 年	2015 年
生态建设	0.678	0.617	0.748	0.718	0.779	0.814
经济建设	0.410	0.502	0.557	0.638	0.701	0.792
文化建设	0.437	0.486	0.552	0.623	0.701	0.793
政治建设	0.298	0.321	0.573	0.765	0.803	0.895
社会建设	0.470	0.526	0.608	0.662	0.754	0.806
"两美"浙江整体综合评价值	0.393	0.452	0.564	0.652	0.722	0.805

综合表 7 – 16、表 7 – 28、表 7 – 43、表 7 – 55、表 7 – 70 和表 7 – 73 可得如图 7 – 29 所示的"两美"浙江整体水平综合评价值。

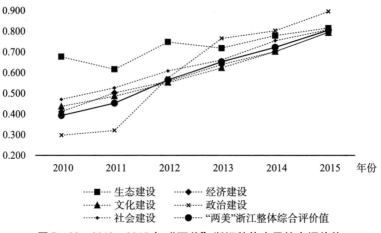

图 7 – 29   2010 ~ 2015 年"两美"浙江整体水平综合评价值

通过表 7 – 73 和图 7 – 29 可以看出，2010 ~ 2015 年"两美"浙江整体水平综合评价值呈现出了稳步提升的态势。这说明，通过生态、经济、文化、政治、社会五大方面的综合建设，近年来"两美"浙江整体水平逐年提高。值得关注的是，生态建设在一些年份出现了波动，需要在以后的"两美"建设提升过程中给予足够的关注。通过图 7 – 28 和表 7 – 71，可以看出，生态、经济两类指标在"两美"整体评价中有极其重要的作用，而生态与经济、生态与文化、经济与社会之间的具有较强的正交作用。因此要更快、更有效地提升"两美"浙江整体水平，要特别注意生态和经济两个方面各指标的提升，加大力度协调生态与经济、生态与文化、经济与社会这三组关系，力争做到生态、经济、文化、政治、社会五大方面及其各类子指标的普遍提高，实现"两美"浙江整体水平的有效提升。

7.4   "两美"浙江整体水平提升策略和建议

本节从"两美"浙江整体水平综合评价指标体系，指标间的重要性和交互作用，以及各指标在相应年度的指标值的变化等方面来探讨"两美"浙江整体水平的提升策略和建议。

7.4.1 生态建设水平提升策略建议

生态建设主要涉及能源资源存量、可持续发展和生态环境质量等三个方面。这三个方面以及生态建设综合评价值提升策略分析如下。

能源资源存量主要涉及水、电、天然气等必备能源和资源以及反映该区域自然资源环境整体优度的国家级自然保护区个数这一指标。这些指标中水资源指标总体重要性最大，其次是保户区个数和发电量指标。而且水资源与国家级自然保护区个数间存在着极强的互补作用（见表 7 - 5），这意味着如果要提高能源资源存量指标的评价值，较为有效的办法是同时提高水资源与国家级自然保护区个数这两个指标值，即同时提高人均水资源和区域自然资源环境整体优度这两个方面的区域表现。

可持续发展指标涉及现有水资源利用程度、各种污水和工业废物处理利用率，以及反映单位 GDP 的环境代价的单位 GDP 二氧化硫排放强度等指标。这些指标中，以单位 GDP 二氧化硫排放强度指标的重要性为最，其次是污水处理率和工业固体废物利用率，并且工业固体废物利用率和单位 GDP 二氧化硫排放强度、污水处理率和水资源利用率这两对指标具有较强的互补作用（见表 7 - 8）。因此，如果想提高可持续发展的综合评价值，要足够重视和优化 GDP 二氧化硫排放强度这一指标，并注重工业固体废物利用率和单位 GDP 二氧化硫排放强度、污水处理率和水资源利用率这两对指标值的共同提升。

生态环境质量指标涉及生态环境维护及现状评价方面的生活垃圾无害化处理率、森林覆盖率、县以上城市集中式饮用水源地水质达标率、建成区绿化覆盖率等四个子指标。这四个指标中，以建成区绿化覆盖率最为重要，森林覆盖率次之，并且森林覆盖率和县以上城市集中式饮用水源地水质达标率，以及森林一覆盖率和建成区绿化覆盖率之间存在着较强的互补作用（见表 7 - 11）。因此，要提高生态环境质量这一子指标的评价值，首先要提高建成区绿化覆盖率这一子指标的评价值，还要注意同时提高县以上城市集中式饮用水源地水质达标率和森林覆盖率这两个指标上表现。

生态建设涉及能源资源存量、可持续发展和生态环境质量三个方面。通过图 7 - 4 及表 7 - 14 可以看出，这三个方面重要性依次为生态环境质量、可持续发展和能源资源存量，并且生态环境质量、可持续发展存在着极强的互补作用。因此，要提高生态建设指标上的综合评价值，要首先注重生态环境质量、可持续发展这两个指标值的提升。同时，三个子指标普遍存在互补关系，因此要注意能源资源存量、可持续发展和生态环境质量三个方面的全面发展和齐头并进。此外，还应注意某些三级指标的稳定，比如前文中提到的"人均水资源量""水资源利用率"的不稳定性导致了 2011 年和 2013 年生态建设综合评价指标值的波动。

7.4.2 经济建设水平提升策略建议

经济建设主要涉及经济总量、外向经济和经济发展质量等三个方面。这三个方面以及经济建设综合评价值提升策略分析如下。

经济总量主要涉及生产、消费、投资三个方面的 GDP、社会消费品零售总额、社会固定资产投资这三个指标。在评价过程中，反映消费的社会消费品零售总额这一指标的全局重要性最高，其次分别是 GDP 和社会固定资产投资，并且社会消费品零售总额和 GDP 之间具有极强的互补作用（见表 7 - 17）。因此，要提高经济总量的综合评价值，就应首先提高社会消费品零售总额的这一子指标上的评价值；同时还要注意社会消费品零售总额和 GDP 这两个指标的齐头并进和共同提高。此外，这三个指标普遍存在互补作用，要注意三个指标的协调发展和共同进步。

外向经济二级指标涉及合同外资、旅游外汇收入、进口总额、出口总额等四个方面。在评价过程中，出口总额子指标占据极其重要的作用，其次是旅游外汇收入、进口总额两个指标，并且进口总额、出口总额之间具有极大的互补作用（见表 7 - 20）。因此，要提高外向经济二级指标的综合评价值首先要提高出口总额这一指标的评价值，其次是旅游外汇和进口总额两个指标值；同时还要注意进口总额与出口总额之间的平衡发展。

经济发展质量涉及工业增加值、上市公司融资额、金融机构存款余额等三个方面。在综合评价过程中，工业增加值这一子指标重要性最高，其次是金融机构存款余额这一指标（见表 7 - 23）。因此，要搞高经济发展质量指标的综合评价值，需要优先提高工业增加和金融机构余额。此外这三个子指标间普遍存在互补效应，也应注意适度平衡发展。

经济建设一级指标值是综合经济总量、外向经济和经济发展质量等 3 个二级指标值而得到的。在综合过程中，三个指标间的重要性相当，但经济总量和外向经济在集成过程略为重要，同时这些指标存在略微互补的作用。因此，要提高经济建设一级指标的综合评价值，就需要重点提高经济总量和外向经济这两个方面以及其子指标的评价值，同时要注意各指标间的均衡发展。

7.4.3 文化建设水平提升策略建议

经济建设主要涉及科技投入、科技产出、教育水平和文化水平等四个方面。这四个方面以及经济建设综合评价值提升策略分析如下。

科技投入涉及 R&D 经费占 GDP 比重、全社会科技活动经费、财政科技拨款占财政支出的比重三个子指标。在综合评价中，三个指标的重要性相当，但财政科技拨款占财政支出和 R&D 经费占 GDP 比重略显重要，并且这两个子指标间存在极强的互补作用（见表 7 - 29）。因此，要想提高科技投入，就要首先提高财政科技拨款占财政支出、R&D 经费占 GDP 比重这两个指标值。同时，鉴于这三个指标间存在着极强的互补作用，需要同时提高三个指标上的评价值才能有效地提高科技投入的综合评价值。

科技产出所包含的高技术业增加值占工业增加值比重、国家认定的企业技术中心数量、专利申请数等三个子指标。在综合评价过程中，高技术业增加值占工业增加值比重这一子指标重要性最大，其次为国家认定的企业技术中心数量、专利申请数这两个子指标，同时高技术业增加值占工业增加值比重和专利申请数这两个指标间存在着较强的互补作用（见表 7 - 32）。因此，要提高科技产出这一指标的综合评价值，需要重点提高高技术业增加值占工业增加值比重的指标值，同时还要特别注意高技术业增加值占工业增加值比重和专利申请数这两组指标间的均衡提高和共同进步。

教育水平涉及小学生生均校舍建筑面积、普通高考录取率、研究生招生量等三个子指标。在综合评价过程中，小学生生均校舍建筑面积这一子指标重要性最大，全局重要性接近 0.5，其次为普通高考录取率、研究生招生量这两个子指标；同时这三个指标间存在着较强的互补作用（见表 7 - 35）。因此，要提高教育水平这一指标的综合评价值，需要重点提高小学生生均校舍建筑面积，同时还要特别注意三个指标间的均衡提高和共同改进。

文化水平涉及每百万人拥有博物馆数量、每百万人拥有公共图书馆数量、文化体育与传媒支出这三个子指标。通过表 7 - 38 可以看出，在综合评价过程中，前两个指标，每百万人拥有博物馆数量和每百万人拥有公共图书馆数量具有很强的全局重要性，同时这两个指标间存在着极强的互补作用。因此，要提高文化水平这一指标上的综合评价值，就应该重点提高区域博物馆和公共图书馆的数量，保证这两个指标值的持续同步增长。

文化建设一级指标涉及科技投入、科技产出、教育水平和文化水平四个方面的二级指标。在综合评价过程中，这四个指标的重要性几乎相等，教育水平和文化水平略显重要。同时，科技投入与科技产出指标间存在着替代作用，而这两个指标与教育水平、文化水平之间存在着互补作用（见表 7 - 41）。因此，要提高文化建设的综合评价值需要注重教育水平和文化水平；同时还应注意科技投入与科技产出之间效率的提高，并且注意科技、教育、文化三方面的共同发展的进步。

7.4.4　政治建设水平提升策略建议

政治建设涉及政府运作、公共管理保障、社会发展投入等三个方面。这三个方面以及政治建设综合评价值提升策略分析如下。

政府运作所包含了制定省级生态文明建设相关规划、推行"五水共治"、面向社会公众的政府信息公开网络平台等三个子指标。这三个子指标都是 0~1 型指标。在综合评价过程中，省级生态文明建设相关规划的制定这一子指标的重要性最高（接近 0.5），其次是面向社会公众的政府信息公开网络平台这一子指标，同时制定省级生态文明建设相关规划与推行"五水共治"这两个子指标存在极强的互补作用（见表 7 - 44）。因此，要提高政府运作的综合评价值，就要注重生态文明建设规划和政府信息公开这两个方面；同时还要注意生态文明建设规划与"五水共治"的协调推进和共同发展。

公共管理保障涉及国家重点优抚对象、社会组织单位数、交通事故直接财产损失总计、社区服务机构覆盖率等四个子指标。在综合评价过程中，社区服务机构覆盖率的重要性最大，其余三个指标的重要性都在 0.2 左右，同时，社会组织单位数和交通事故直接财产损失总计、社会组织单位数与社区服务机构覆盖率这两组指标存在着较明显的互补作用（见表 7 - 47）。因此，要提高公共管理的综合评价值，需要首先提高社区服务机构覆盖率这一评价指标，同时还要注意社会组织单位数和交通事故直接财产损失总计、社会组织单位数与社区服务机构覆盖率这两组指标的共同提高。

社会发展投入涉及农林水支出、医疗卫生支出、社会保障和就业支出等三个子指标。在综合评价过程中，医疗卫生支出这一子指标最为重要，然后重要性依次为社会保障和就业支出、农林水支出这两个指标；同时，农林水支出和医疗卫生支出这两个指标存在着较强的互补作用，而其他两组指标间的互补和替代作用不明显（见表 7 - 52）。因此，要提高社会发展投入的综合评价值，就要重点提高医疗卫生支出这子指标的评价值；同时注意农林水支出和医疗卫生支出这两个指标的共同提高和协调进步。

政治建设涉及政府运作、公共管理保障、社会发展投入等三个方面。在综合集成过程中，政府运作所占重要性最高，该指标的全局重要性达 0.492，然后依次为社会发展投入和公共管理保障这两个指标。同时，政府运作和社会发展投入这两个方面存在着较强的互补作用。因此，要提高政治建设的综合评价值，就需要十分重视政府运作方面的评价值，并且注意政府运作和社会发展投入这两方面的平衡发展和共同进步。

7.4.5　社会建设水平提升策略建议

社会建设涉及居民生活水平、交通运输、信息通信和社会保障等四个方面。这四个方面以及社会建设综合评价值提升策略分析如下。

居民生活水平所涉及城镇居民人均住房建筑面积、农村居民人均纯收入、居民消费价格指数三个子指标。在综合评价过程中，城镇居民人均住房建筑面积这一指标的重要性最大（达到了 0.418），然后依次为农村居民人均纯收入和居民消费价格指数两个指标，同时农村居民人均纯收入与居民消费价格指数这两个指标间存在着较强的互补作用（见表 7 – 56）。因此，要好提高居民生活水平这一子指标的综合评价值，就要首先重视城镇居民人均住房建筑面积这一指标评价值的提高，同时还要注意农村居民人均纯收入与居民消费价格指数这两个指标值的共同提高和协调发展。

交通运输涉及交通运输、仓储和邮政业增加值、货物周转量、沿海港口货物吞吐量这三个子指标。在综合评价过程中，交通运输、仓储和邮政业增加值这一子指标的重要性最大（达到了 0.41），而另外两个指标的重要次之。同时，这三个指标间普遍存在着较强的互补作用（见表 7 – 59）。因此，要提高交通运输的综合评价值，就要十分重视交通运输、仓储和邮政业增加值这一子指标评价值的提高，同时，还要注意通运输、仓储和邮政业增加值、货物周转量、沿海港口货物吞吐量这三个子指标的共同进步，尤其是交通运输、仓储和邮政业增加值和沿海港口货物吞吐量这两个指标的协调发展和同步提高。

信息通信涉及邮电业务总量、互联网用户数、移动电话用户这三个子指标。在综合评价过程中，互联网用户数这个指标最为重要，然后依次为移动电话用户和邮电业务总量这个指标；同时这三个指标间存在着较微弱的正交互作用（见表 7 – 62）。因此，要提高信息通信这一指标的综合评价值，就要十分注重互联网用户数这一指标值的提高，其次为移动电话用户和邮电业务总量这两个指标值；同时要注意三个指标之间的平衡发展。

社会保障所涉及参合率、新增各类养老机构床位数、支出医疗救助资金这三个子指标。在综合评价过程中，新增各类养老机构床位数、支出医疗救助资金这两个指标较为重要且重要性相当，最后是参合率这一指标（见表 7 – 65）。同时，新增各类养老机构床位数和支出医疗救助资金这两个指标间存在着很强的互补作用。因此，要提高社会保障这一指标的综合评价值，就要极力提高新增各类养老机构床位数、支出医疗救助资金这两个指标值，并且鉴于这两个指标间的互补作用，还要注意这两个指标平衡发展和同步提高。

社会建设涉及居民生活水平、交通运输、信息通信和社会保障等四个方面。通过图 7 – 26 及表 7 – 68 可以看出，在综合集成过程中，这四个指标的重要性相当（都在 0.25 左右），而且居民生活水平和社会保障这两个方面存在着极强的互补作用。因此，要提高社会建设的综合评价值，就要注意这四个指标的共同提高,尤其是居民生活水平和社会保障这两个指标的共同发展和提高。

7.4.6 "两美"建设整体水平提升策略建议

"两美"浙江综合评价指标涉及生态建设、经济建设、文化建设、政治建设、社会建设等 5 个方面综合评价值的集成。在评价值集成过程中,这五个方面的重要程度差别不明显,具体来看,生态建设重要性最大(0.247),然后依次为经济建设、社会建设、政治建设和文化建设。同时,生态建设和经济建设、生态建设和文化建设、经济建设和社会建设这三对指标间存在较强的互补作用(见表 7 – 71)。

因此,要提高"两美"建设的整体水平,就需要生态、经济、文化、政治、社会五个方面共同提高,但要适当侧重生态建设方面的评价值的提高。"两美"浙江的创建涉及全省经济建设、政治建设、文化建设、社会建设、生态文明建设的各个方面和全过程,是浙江省区域治理态势和水平的整体有机提升,因此需要五个方面通力合作和协调发展。但"两美"浙江的创建的核心要务是要大力提升浙江省生态文明的水平。要把生态文明提高到新的高度和水平就需要在经济发展加速的同时注意经济结构的转型,注重产业结构科学升级,全面考虑空间开发合理布局与优化调整,始终坚持生态人居环境持续完善,建立起确定有效的生态资源安全保障,注重生态文化培育弘扬,达到浙江省内人口资源环境协调和可持续发展。

要提高"两美"建设的整体水平,还要注重生态建设与经济建设的协调发展和共同进步。应大力发展生态环保效益型经济即围绕经济增效这个中心,把经济建设与生态环境建设融合起来,依靠先进的科学技术和优良的生态环境取得经济发展优势,依靠经济发展为生态环境提供保护和支持,最终实现经济持续快速健康发展,环境与资源永续利用,经济效益和生态效益的有机统一。

要提高"两美"建设的整体水平,还要注重生态建设与文化建设的协调发展和共同进步。文化产业发展与生态文明建设具有内在同一性。建立在文化资源保护与传承基础上的文化产业应以生态文明为价值取向,以生态、知识、智力资本为基本要素，以人与自然、人与社会、人与人和谐共生为根本目标。文化产业所生产的文化产品则以创意为核心，其生产过程以低消耗、低污染、资源循环重复利用为特征，是绿色产业、低碳产业。发展文化产业符合生态文明建设对经济可持续发展的本质要求，文化产品的生产是以低能耗、低污染、低排放为基础的低碳经济和减量化、再利用、资源化为特征的循环经济。此外，生态建设需要公众形成良好的环保意识与参与意识，公众是生态文化建设的主体力量，公众生态文化素质的高低直接影响着他们对环保的参与状况，直接影响着生态文化建设的进度和成效。优美的生态环境需要建立和完善生态文化培育制度，实施全民生态教育，使生态教育覆盖家庭、学校、社会的方方面面。

要提高"两美"建设的整体水平，还要注重经济建设和社会建设的协调发展和共同进步。经济建设是社会建设的基础和保障，而社会建设则是经济建设的目的和最终归宿，为经济建设提供动力和支撑。在经济发展的基础上，特别注重以改善民生为重点，多谋民生之利，多解民生之忧，加快健全基本公共服务体系，加强和创新社会管理，推动经济建设与社会建设的和谐有序发展。

总之，只要坚持注重生态文明的五个方面协调发展，生态建设和经济建设、生态建设和文化建设、经济建设和社会建设这二对指标间的共同进步，经过全省上下在相当长时期内的不懈努力，最终一定能实现天蓝、水清、山绿、地净，建成并维持富饶秀美、和谐安康、人文昌盛、宜业宜居的美丽浙江。

第8章

重点专项任务的评价指标群与提升策略

创建"两美"浙江是一项具有系统性、长期性、艰巨性的历史任务，涉及全省经济建设、政治建设、文化建设、社会建设、生态文明建设的各方面和全过程。尤其是通过第2章"两美"浙江创建目标和任务的梳理，不难发现，除了上述生态、经济、政治、文化和社会建设各方面的一些共性和整体要求外，"两美"浙江的创建还涉及一些专项任务。

参考《决定》对创建"两美"浙江主要目标任务的规定和要求，本章对"五水共治"、近岸海域污染治理、美丽乡村、绿色城镇、绿色城市、智慧城市、低碳交通、信息化和工业化融合、生态文明程度、社会信用体系等专项任务的研究现状、评价指标和提升策略进行整理和分析。

8.1 "五水共治"评价指标与对策建议

浙江省每平方公里地表水达到140.2万立方米，居全国首位，可谓名副其实的水乡。全域范围的水环境是浙江经济的重要支撑[101]。水是生产之基，什么样的生产方式和产业结构，决定了什么样的水体水质。

"五水共治"是浙江省委省政府根据浙江"水乡"省情作出的重大战略决策，是遵循客观发展规律在特定发展阶段，为了实现科学发展目的所进行的水资源保护与科学优化配置。其含义是通过治污水、防洪水、排涝水、保供水、抓节水来改善整个水环境和水生态，从而推进经济发展方式转型和提升生态质量。

治水需要五管齐下，但统筹兼顾也要注重轻重缓急。中共浙江省委为"五水共治"制定的"治污先行"路线图指出，污水治理是治水系统中的核心环节。治理污水，保证清洁水源，较之于其他"四水"，在人们日常生活中地位更重要，影响更持久[102]。清洁水源无保障，供水和节水也会失去重要意义。但是其他"四水"的治理不力也会波及"治理污水"的成效，洪水和涝水的治理不力，供水和节水的保障不足，会影响到清洁水源的有效保证和持续。"五水共治"好比五个手指头，治污水是大拇指，摆在第一位。防洪水、排涝水、保供水、抓节水分别是其他四指，分工有别，和而不同，捏起来就形成一个拳头。具体来看，"五水共治"分三年、五年、七年三个阶段目标与任务：2014～2016年要解决突出问题，明显见效；2014～2018年要基本解决问题，全面改观；2014～2020年要基本不出问题，实现质变。水文化的价值在于它让人们懂得热爱水、珍惜水、节约水。"五水共治"是直接关系长居久安，既扩投资又促转型，既优环境更惠民生，是实现"两美"浙江的重要专项任务之一。

8.1.1 "五水共治"的评价指标群

徐栋、周枭迪、徐艺闪[103]等根据科学性、系统性、综合性、层次性和人本性等原则，通过理论分析和专家咨询，将"五水共治"综合评价体系指标分为目标层、中间层和指标层3个层次，包括治污水、防洪水、排涝水、保供水和抓节水5个中间层，并再将其逐一分层细化，形成26个评价指标。

彭兰香、李佳丽、刘婷[104]将"五水共治"绩效审计评价指标体系分为三个部分，即压力指标、状态指标和响应指标；要素层是对准则层的细分，其中压力和响应指标以"五水共治"的五个方面划分成污水、洪水和涝水、供水和节水三个要素层，状态指标分为环境效益标准、经济效益标准和社会效益标准。

王丽、毕佳成、向龙、陈星[105]等以临海市为研究对象评价了"五水共治"具体规划对水资源承载力变化情况，该研究选取了17项评价指标构建水资源承载力评价指标体系，采用主成分分析法对评价指标进行降维处理，建立水资源承载力变化驱动因子的多元线性回归模型，提取水资源自然支持力、社会生活水平和经济发展水平等 3 个子系统的主成分，并用熵值法对子系统赋权，计算水资源承载力综合得分，并进行分析评价。

王繁玮、陈星、朱琰、熊雪珍、卢婉莹[106]以压力—状态—响应（PSR）模型和"五水共治"治水模式为基础，从治污、防洪、排涝、供水、节水和社会经济 6 个方面选择指标，建立城市水生态安全评价指标体系，对城市水生态安全状况进行定量分析。采用专家评分的层次分析法对评价指标赋权，采用综合指数法对临海市水生态安全状况进行综合计算，最后根据计算结果评价临海市水生态安全状况。

何月峰、沈海萍、冯晓飞、陈佳、卢瑛莹[107]基于压力—状态—响应（PSR）模型和"五水共治"决策构建评价指标体系，应用 AHP 方法，对浙江省的水环境安全进行测度与评价。PSR 模型指标体系包括压力、状态和响应 3 个准则的目标体系，每个准则下面包括治污水，防洪水、排涝水，保供水和抓节水 4 个指数，共选取 39 项评价指标，涵盖自然资源、生态环境和社会经济的各个方面，构建出了浙江省水环境安全评价的 PSR 模型。

王益澄、马仁锋、晏慧忠[108]提出基于外部性理论的"五水共治"体制机制创新，从优化政府在"五水共治"中的职责权限，完善"水市场"，平衡"水利益"，引入第三方参与"五水共治"的监控机制，建立"五水共治"的水生态补偿机制等方面提出"五水共治"体制机制创新的框架和路径。从政府、市场、再分配机制、监控和治理机制以及水生态补偿机制 5 个层面论述了基于外部性理论基础上的"五水共治"良性动态循环。

王浩文、鲁仕宝、鲍海君[109]利用驱动力—压力—状态—影响—响应模型（DPSIR 模型）构建一个广义水环境治理绩效的评价模型。在该模型的基础上设计出一套包含目标层、准则层、要素层和指标层等 4 个层级，涵盖 48 个指标的浙江省"五水共治"绩效评价体系，并对政府水环境治理绩效进行评价，将绩效指数对公众公开或推广至政府相关部门，达到为决策者提供进一步有关水环境治理决策的参考和提升了公众的水环境保护意识的目标。

金剑青[110]根据 OECD 的 PSR 环境模型，结合金华市"五水共治"基本情况，将"五水共治"工程水环保绩效审计评价体系分为 4 个层次，即目标层、项目层、要素层、指标层，构建了一套"五水共治"乃至我国国情的水环保绩效审计评价指标体系。

桑士达、管竹伟、赵兴泉等[111]以"五水共治"工作为切入点,进一步明确审计对象、审计内容、评价标准、责任界定、审计结果运用等事项,形成一套体现"五水共治"工作特点、符合浙江省生态环境保护实际的审计操作规范且量化可比的指标体系。

黄燕、刘瑜、许明珠、赵丽倩[112]提出健全完善"五水共治"应从长效管理机制、治水市场机制、公众参与机制、要素保障机制、执法监管机制8方面治水机制入手,探索建立多元化水生态补偿机制、水环境损害终身追究机制、用水总量控制机制等水生态文明改革机制,形成"政府统领、企业施治、市场驱动、公众参与"的治水新指标体系。

马超峰、薛美琴[113]认为"五水共治"的水环境治理作为极具公共性质的民生工程,需要更加清晰的探明其微观运行机制,需要从合法性、有效性与持续性3个维度对各相关任务和指标的重要性和优先序进行赋权排序,从微观层次做好"五水共治"的各项工作。

综上,"五水共治"的指标体系可以整理如表8-1。

表8-1   "五水共治"评价指标群

二级指标	三级指标	备注
治污水	全省河流1~3类水质断面比例每年提高百分比	反映了一个区域的水质状况
	污染源控制能力	"五水共治,治污先行"。作为重点突破的水污染治理任务,首先从"清三河、两覆盖、两转型"做起。清三河是指重点整治黑河、臭河和垃圾河,两覆盖是指力争到2016年、最迟到2017年实现城镇截污纳管和农村污水治理、生活垃圾集中处理基本覆盖,两转型就是抓工业转型和农业转型
	水质达标率	
	污水管网覆盖率	
	污水处理率	
	污泥处置能力	
	水质监测	
	治污水管理	
	工业企业万元产值污水排放量	经过工业企业所有排放口排放到企业外部的全部废水总量

续表

二级指标	三级指标	备注
治污水	工业企业万元产固体废物排放量	将所产生的固体废物排到固体废物污染防治设施、场所以外的数量
	农业污水排放量	农田地表径流、壤中流、农田排水、地下渗漏、畜禽及水产养殖和农村居民生活污水等污水排放总量
	化肥利用率	肥料施入土壤后被作物吸收利用的百分比
	生活污水排放量	由污水排放系数、每人每天生活污水量定额与生活区人数的乘积除以 1000 得到
	工业、农业污水处理率	经过处理的生活污水、工业废水量占污水排放总量的比重
	污染源治理达标率	经过治理的污染源达到既定标准量与经过治理的污染源总量的比值
防洪水	设施	"防洪水"重点推进强库、固堤、扩排等三类工程建设
	预测预报能力	
	应急能力	
	治污水管理	
	植被覆盖率	森林面积占土地总面积之比
	单位 GDP 水利工程建设率	已经完工的水利工程建设总量与单位 GDP 的比值
	城市绿化率	城市各类绿地总面积占城市面积的比率
	水库蓄洪防洪能力	水库存储洪水以及调蓄洪水的能力
排涝水	排涝泵站、闸站	"排涝水"重点强库堤、疏通道、攻强排，着力消除易淹涝片区
	排水管网覆盖率	
	河道拓宽	
	堤防加固	
	排涝水管理	
	水利项目投资	投入到"五水共治"项目中的资金、人力和知识产权等
	项目资金浪费与流失率	投入到"五水共治"项目中的资金非预期使用或使用和控制不当或没有节制（控制）或这些情况的组合与投资总额的比值

二级指标	三级指标	备注
保供水	水源开发利用率	"保供水"重点推进开源、引调、提升等三类工程建设
	污水再生利用率	
	制水设施	
	供水管网覆盖率	
	保供水管理	
	万元GDP耗水量	总用水量（单位：立方米）除以总GDP（单位：万元）
	人均GDP	一个国家核算期内（通常是一年）实现的国内生产总值与这个国家的常住人口（或户籍人口）的比值，是衡量该国人民生活水平的一个标准
	人口城市化水平	某一地区城市人口与该地区总人口的比值，比值越大说明该城市城市化水平越高
抓节水	节水型器具普及率	"抓节水"重点改装器具、减少漏损、再生利用和雨水收集利用示范，合理利用水资源
	节水技术实施情况	
	万元GDP耗水量	
	城市雨水收集	
	抓节水管理	
	节水技术创新投入率和收益率	在创新节水技术方面所使用的物品或劳务以及这些投入的回报率
	水资源消耗降低率	实施"五水共治"行动以来水资源消耗减少情况

8.1.2 "五水共治"的对策与建议

浙江因水而名、因水而兴、因水而美。抓"五水"，是由客观发展规律、特定发展阶段、科学发展目的所决定的。综合相关研究文献，可以从如下几个方面推进"五水共治"[114][115][116][117][112]：

第一，加强制度创新，优化治水制度。"五水共治"是水的自然循环和社会循环的一个复杂的系统工程，而且各水之间相互关联、转换，因此要从系统论的角度来构建"五水共治"的顶层设计和制度创新，同时一定要根据某个区域的特点和实际情况，因地制宜，因时制宜，循序渐进，在提供良好水环境的同时提供治水制度，保障治水绩效，建立治水的事前、事中和事后评价制度体系。

第二，强化"五水共治"的经济、法律、行政、科技等方面的协同效应。从经济角度看，制定奖惩分明的经济引导政策，健全"谁污染谁治理，谁治理谁受益"的生态受益补偿机制，利用财政税收补贴、价格等各种经济方式方法规范水权市场化交易机制，引导和调节五水共治。从法律角度看，建立健全水法，改变"守法成本高，违法成本低"现象，深化水务、环保、公安等多方联动执法机制，对涉嫌水环境违法犯罪行为加大打击力度，实行行政、民事、刑事三法齐头并进。从行政角度看，充分利用整合行政资源，加强"五水共治"的政策研究和政府规章建设，建立五水共治的行政体制机制，加强水资源环境监管和行政处罚。从科技角度看，要发挥科研院所作用，研究和攻关水资源的绿色处理、生态修复、监测预警等技术，加快推广水循环技术和节水技术的应用，加快水治理的科技示范项目产业化。

第三，增强工程节水调控能力，提高水资源积蓄、调配与输送能力。为了解决水资源短缺和提高水分利用效率问题，需要增强工程节水调控能力，提高水资源积蓄能力，在有利的地形部位，能蓄就蓄，能拦就拦。同时，要增强灌溉水的输送能力，在浙江省地形复杂的条件下，特别需要发展管道输水，形成分级管网，干支合理配置。同时加强对老旧灌溉渠系的修整改造，新建现代化高标准的灌溉工程，大范围普及推广节水灌溉方式，逐步推进喷微灌技术在浙江省的普及，在现有技术水平上还要研究与引进新的节水灌溉技术等。通过一系列的相关举措不断提高农田灌溉用水系数，节约水资源，以同等的水资源量生产更多的农产品，满足社会大众日益增长的农产品需求。

第四，运用科技创新强化农村乡镇的"五水共治"成效。"五水共治"涉及各类农村污水净化关键技术，针对农村生活污水的特征，研发适合分散农户、村落和集镇污水处理的关键技术。注重畜禽养殖污染生产过程控制和沼液农田消纳技术，应该积极研发化肥替代和资源循环利用的技术途径，有效解决沼液随意排放对环境的污染问题。突破肥料面源污染控制技术，通过植物与基质组配，研发出农田面源污染的生物缓冲带治理技术。强化农药减量使用技术，研发基于农业防治、物理防治、生物防治、化学防治等技术进行集成的可持续控制技术体系，实现对主要害虫的有效控制，显著减少化学农药使用量。推进污染水体治理和生态修复技术，建立具有自主知识产权的微生物强化治理和生态修复技术体系。

总之，治五水相融相通，在不同的阶段呈现不同的表现形态，并可以互相转化。比如，洪水防治不力，就会冲毁良田、淹没家园，成为涝水；如果洪水防治得当，就能化害为利，演变为供水。又如，节水工作做到位，治污的压力就会减轻，达到减污的效果，污水治理取得有效进展，供水水质也就能得到保障。因此，"五水共治"需要系统科学的理论为指导，把治污、防洪、排涝、供水、节水作为一个整体加以治理，统筹考虑水源、供水、排水、景观、防洪、排涝等问题，从实质上对水资源进行科学的保护和利用，从根本上解决水的问题。

8.2 近岸海域污染治理评价指标及对策建议

海洋环境具有高度的复杂性、生境的多样性以及生物多样性，一直以来为人类提供商品和服务。其中近岸海域是与人类活动相关最密切的海域，它不仅受到海陆多种自然营力的作用，且受到人类活动的深刻影响[118]。由于填海造地、海洋资源的不合理开发利用、渔业养殖、污染物排放等人为活动的影响，近岸海域生态环境正遭受着日趋严峻的污染和损害，包括物理化学变化、生境衰退、生态多样性变化等[119]。

海岸带地区有丰富的自然资源和优越的地理位置，是经济发展较快、人口集中的地区。随着经济的发展、人口的增加以及海岸带地区的高度开发，向海洋排放的污染物急剧增长，也给海岸带有限的资源和生态环境带来巨大的压力。近岸海域的污染主要来自陆源污染，因此研究近岸海域陆源污染物的总量控制问题，对海洋环境管理、污染治理、制定海洋环境保护对策以及协调河口沿岸地区的社会经济发展等具有重要的理论与实际意义。在实施污染物总量控制中，污染物允许排放量的总量分配是核心。需在兼顾分配的科学性、公平性及经济性的前提下，提出分配方案的定量评估指标法，进而得到不同指标下的分配方案，确定不同污染源的污染负荷分配比例[120]。

8.2.1 近岸海域污染治理的评价指标群

近岸海域污染治理评价指标体系主要由一系列生态指标构成，是对治理效果进行综合评价的考核依据。

张秋丰、屠建波、胡延忠[121]等通过对水环境、沉积环境、生物残毒、栖息地和生物群落 5 类生态系统评价指标的科学分析，由河口及海湾生态系统健康指数计算公式得出生态健康指数，依照评价标准对天津近岸海域生态环境所处的健康状态进行了判断分析。

陈朝华、吴海燕、陈克亮[119]等在参考国内外近岸海域生态质量状况综合评价方法的基础上，提出以生物学要素为主、物理化学要素为辅的指标体系，通过评价标准的优化和调整，对评价指标赋予权重，建立了近岸海域生态质量状况模糊综合评价方法。

《海洋生态环境监测技术规程》中的监测指标偏重于对污染的监测，使用生物多样性指数、初级生产力、群落结构、公众关注物种指标，从生物种类和丰度的角度反映海洋生态系统。同时，对沉积物进行评价，反映了生物环境改变的情况[122]。

王芳[120]采用单因子污染指数法对天津近岸海域的水质进行了评价，根据评价结果，选取 COD、无机氮和活性磷酸盐作为总量控制指标。并用水动力模型和水质模型确定了排污口污染物入海量与海域的水质响应关系。通过设计 5 组方案（一般的纳污量最大的总量控制、按现状排放比分配以及 3 组采用定量评估指标法进行分配试算的方案），构建优化模型对天津各主要污染源进行允许排放量计算，以期得到总量控制实质要求与技术经济条件之间较佳的结合点。

陈平、李静、吴迎新、杨海生[123]认为控制陆源排污是保护近岸海域生态环境的关键，船舶溢油、赤潮等突发事件的频繁发生会带来巨大的经济损失，陆源排污治理等近岸海域环境保护政策的制定过程中应纳入对这些因素所造成影响的分析。并利用实物期权理论和随机动态优化技术，建立了不确定条件下海洋环境政策时机选择的理论模型，并进行数值模拟求解，对陆源排污治理工程的最优建设规模和投入使用时机进行分析，利用一个随机动态规划模型探讨了不确定性和不可逆性对环境政策采用时机的影响。

宫云飞、兰冬东、李冕[124]等从海洋溢油风险这个角度研究了近岸海域污染治理的防范措施。从受体的暴露程度和恢复力两方面构建了脆弱性概念模型，并在此基础上建立了风险受体脆弱性评价指标体系和量化模型。同时，建立 2 个系统层和 6 个指标层构建大连市近岸海域溢油风险受体脆弱性指标体系。

薛雄志、杨喜爱[125]认为海域生态效应评价需从污染对生态系统结构的影响影响进行，即依据群落中不同的生物对污染的敏感差异性和生物群落结构在污染压迫下发生的变化来评价海域的污染状况。并提出包含群落大部分生物信息的生物多样性指数，从生物种类的丰度和个体在种内均匀度的变化两个方面对污染生态效应进行了评价。

王斌、张震[126]根据 1996～2007 年天津近岸海域水质监测数据，对天津近岸海域水污染状况进行了时空分析，指出了天津近岸海域水质主要污染指标及污染物随年份的演变规律。结果表明：天津近岸海域水质总体呈恶化趋势，劣IV类海域面积比例呈增加趋势，主要污染因子为无机氮。因此需要确立治海先治陆的理念，建立陆源污染排放总量控制制度，加强对海上作业的管理，加强保护开发海域的生态环境。

沈永明[127]根据近海区域特征，选择近岸海域 19 个站点作为研究地点，分别对这些地点的总氮、总磷、无机氮和磷酸盐等营养盐类污染物质量浓度进行了分析。探讨了营养盐污染物在分布近岸海域沿岸方向和向海方向的空间分布特点，并结合海水水质标准，利用等标污染指数和综合污染指数等方法进行了污染程度评价。

李玉、刘付程、冯志华[128]运用主成分分析和聚类分析法对近岸海域污染中重金属的来源和不同站位重金属污染程度进行了判断分类。选取 2 个目标层、6 个基准层、9 个指标将所调查的 19 个站位在表层沉积物重金属污染程度上分为 5 个不同层次，为近岸海域污染治理表层沉积物重金属的污染治理提供指标参考。

郑克芳、田天、张海宁[129]在对国内海域承载力评估指标体系框架以及海域承载力评估模型进行系统研究的基础上，提出了基于海洋资源供给、海洋生态环境、人口经济环境和环境治理 4 个准则层、9 个指标层，以及 40 个要素层的近岸海域资源环境承载力评价指标体系，并对指标权重赋值和海域承载力量化的多种方法以及步骤进行了论述，为海域承载力科学评估提供借鉴。

上述指标体系可整理成表 8 - 2。

表 8 – 2 近岸海域污染治评价理指标群

二级指标	三级指标	备注
生物负荷量	生物体污染物含量	主要包括重金属、有机物的含量
	生物体细菌学指标	包括类大肠杆菌、异养细菌和弧菌
生物多样性	物种多样性	包括浮游生物、底栖生物和潮间带生物
	生物多样性指数	
群落结构	浮游植物	包括种类组成（优势种、常见种和敏感种）、分布密度和生物量
	浮游植物密度	
	浮游植物香农多样性指数	
	浮游动物	
	浮游动物密度	
	浮游动物香农多样性指数	
	浮游动物生物量	
	鱼卵及仔鱼密度	
	大型底栖动物	
	公众关注物种	分布区域、密度、生物量和年龄结构
底栖生物	多样性指数	底栖生物指栖于海洋基底表面或沉积物中的生物。这类生物自潮间带到水深万米以上的大洋超深渊带（深海沟底部）都有生存，是海洋生物中种类最多的一个生态类型，包括了大多数海洋动物门类、大型海藻和海洋种子植物。它们在海洋食物链中是相当重要的一环，其数量的多少影响着经济鱼、虾资源的数量和渔业的发展
	敏感物种状况	
	耐受物种状况	
	底栖动物密度	
	底栖动物生物量	
	底栖生物个体丰度	
	底栖生物物种丰度	
	底栖生物香农多样性指数	
富营养化	溶解氧	富营养化是一种氮、磷等植物营养物质含量过多所引起的水质污染现象。一般地，水中总磷达到 $0.02mg/L$，无机氮达到 $0.3mg/L$ 的水体已处于富营养化。由于人类的活动，将大量工业废水和生活污水以及农田径流中的植物营养物质排入湖泊、水库、河口、海湾等缓流水体后，水生生物特别是藻类将大量繁殖，使生物量的种群种类数量发生改变，破坏了水体的生态平衡
	总磷	
	总氮	
	化学耗氧量	
生境改变指标	沉积物污染物含量	主要包括重金属和有机物含量
	沉积物粒度	

二级指标	三级指标	备注
沉积物质量	重金属	海底沉积物是地质历史的良好记录，运用"将今论古"原则对它加以研究，对认识海洋的形成和演变具有重要意义
	有机污染物	
	沉积物 TOC 含量	
	有机碳含量	
	硫化物含量	
鱼类组织污染	重金属	含有各种化学毒物的工业废水大量排入江河湖海，使生活在这些水域里的鱼类发生中毒，多种化学毒物长期蓄积在鱼鳃、肌肉和脂肪里，致使鱼体带毒
	有机污染物	
生态压力指标	水产养殖	反映了近岸海域污染的生态压力
	捕捞	
	旅游	
	沿岸工程建设	
	河口排污	
水质质量（水环境）	叶绿素 a	属于海洋生产力指标
	C14	
	DIN	采用 DIN 和 DIP 进行监测，对赤潮预警更为直接
	DIP	
	浊度	水中的悬浮物一般是泥土、砂粒、微细的有机物和无机物、浮游生物、微生物和胶体物质等。水的浊度不仅与水中悬浮物质的含量有关，而且与它们的大小、形状及折射系数等有关
水环境	盐度年季变化	反映海洋水污染的指标，研究海洋水的盐度、pH值以及活性磷酸盐、无机氮和石油类物质的含量
	pH 值	
	活性磷酸盐	
	无机氮	
	石油类	
生境健康	滨海湿地损失面积	将湿地损失和潮间带面积纳入监测体系，用以反映生境健康状况。生境健康指标使得近岸海域生态系统评价更为宏观，不仅从污染物的角度评价近岸海域生态健康状况，还从更为综合的角度监测生态变化的潜在问题
	潮间带面积	

浙江舟山本岛南部近岸海域拥有交通繁忙的沈家门渔港，近年来，由于临港工业的迅猛发展，该区海洋环境受到了工业污水、城镇生活污水等排放的严重影响[130]。与上覆海水相比，具有"源"和"汇"双重特性的沉积物对于海洋环境质量的影响至关重要，特别是沉积物中具有累积性、富集性和高毒性重金属元素的富集受到了研究者的普遍关注，而重金属元素一旦参与食物链循环并在生物体内累积，将会严重破坏生物体正常的生理代谢活动，进而破坏海域的生态环境。

根据表 8-2 相关指标和浙江舟山本岛的现实情况，可采用如下近岸海域污染治理的指标体系，见表 8-3。

表 8-3   **舟山市近岸海域污染治理评价指标体系**

一级指标	二级指标	单位
生物多样性	浮游植物多样性指数	
	浮游动物多样性指数	
	大型底栖动物多样性指数	
富营养化	化学需氧量	%
	活性磷酸盐	%
	无机氮	%
海洋环境	海滩垃圾数量密度	个/平方千米
	海面漂浮垃圾数量密度	个/平方千米
海洋功能区环境状况	海水浴场游泳健康指数	%
	休闲观光活动指数	%
	海水养殖区综合环境质量	等级

8.2.2 近岸海域污染治理的对策建议

浙江的特色在海、优势在海。但向海发展，不能以破坏近岸海域资源、牺牲海洋生态环境为代价，必须走可持续发展之路。要改善近岸海域水质污染状况，有如下几点建议[126][131][132][123][133][134]：

第一，需确立治海先治陆的思想理念，建立陆源污染排放总量控制制度。在河流、海湾和近岸海域环境容量研究的基础上，加强对排污总量控制制度的研究，制定切实可行的排污总量实施方案；制定不同种类企业的排污实施计划和排污收费标准，加大企业污染环境的成本，促使重污染企业关、停、并、转，彻底根治污染源；指导企业实行清洁生产，最大限度地减少废水排放。

第二，加强对各类海上作业的管理，进行合理的功能调整，并选择先进的作业技术，加强对禁止开发和限制开发海域的生态环境保护。强化舆论监督和宣传，营造环保氛围。建立公众舆论监督体制，并采用法律、经济和舆论相结合的手段，促使企业及其他排污单位整治污染，保护环境。加强近岸海域水质监测，在监测水质常规指标的基础上，利用航空遥感技术方法监测和控制海湾的石油污染。通过借鉴国外海洋污染防治对策经验，加强河流入海径流、污染源直排入海口污水排放及大气沉降的监测，力求科学、客观地反映海洋污染问题。

第三，实施海洋污染物排放总量控制。陆源入海排污超出正常标准是近岸海域环境污染的主要因素，研究海洋环境的热点就是如何有效地控制陆源污染。这一点不仅涉及我国近海资源的持续发展和生态环境保护，而且对海洋和国民经济的可持续发展具有重要意义。通过控制污染物来维持海洋生态环境，确保海洋活动能够照常开展，科学合理地开办港内工厂，推进绿色环保，发展生态经济，从而减少海洋的污染总值。

第四，加强区域合作，开展流域（尤其是长江流域）综合整治。浙江近岸海域的污染物质主要来自陆源径流，尤以长江为甚，上海市的污染物入海也有相当影响。因此要改善近岸海域的生态环境状况，一方面要加强对陆源直排污染源和各类海上污染源的管理；另一方面须开展沿海各大流域，特别是长江的综合治理。同时应联合上海和江苏，共同开展长三角近岸海洋环境保护与生态修复。开展流域的综合整治，要在加大工业污染源治理力度，提高城市生活污水的氮、磷处理程度的同时，加强水土保持工作，控制农村生活污水和畜禽养殖污水的无组织排放，以逐步减轻进入海域的污染负荷。对于长江流域的综合整治，必须由国家牵头，建立切实有效的区域性共同防治污染的合作机制。

第五，进行优势整合，提高近岸海域生态环境监测能力。环境监测是环境管理的技术保障，也是环境管理执法体系的重要组成部分。海洋生态环境监测专业性强，投入要求高，不宜遍地开花建立专业监测站。目前，浙江省的海洋生态环境监测力量在全国来说是比较强的，舟山海洋生态环境监测站规模较大，技术力量雄厚，是全国近岸海域环境监测的中心。根据浙江近岸海域生态环境特点，以该站为主，辅以其他部门和沿海环境保护部门的监测力量，完全可以实施对全省近岸海域的生态环境监测。因此，应充分利用舟山海洋生态环境监测站这支监测力量，并在现有基础上加大投入，进一步提高其监测能力。同时，还应加强沿海环境保护监测部门的业务指导，使其能承担起本行政区内沿岸海域的环境监测任务。

第六，进一步完善近岸海域管理的综合协调机制。为了加强对区域内的近岸海域的综合管理，浙江政府应制定关于加强近海岸线带管理的意见，对政府各相关部门在岸线管理中的职责进行明确界定，这有利于避免和克服信息沟通不及时、协调机制不到位，管理多头、各自为政的问题。区域内各海洋执法部门应进一步强化协同意识和责任意识，各尽其职，共同做好近岸海域开发和海岸线保护工作。各市海洋和渔业部门应发挥好综合协调作用，牵头制定应急处置海洋环境污染等重大事故的预案。各海洋监察单位要加强巡查，秉公执法，对各类海洋违法行为早发现、早制止、早查处，全力维护近岸海域开发和保护的正常秩序。

第七，实施近岸海域环境功能分区管理。根据全国主体功能区规划的要求，增大近岸海域开发的空间，使近岸海域开发利用的规模、强度与环境的承载能力相符合。遵循兼顾自然属性和社会属性，有利于促进近岸海域经济、社会发展，有利于近岸海域综合管理和可持续利用的原则，对浙江近岸海域实行综合的环境功能分区管理。花大力气投入生态治理工程，合理规划水产养殖业，使其健康、有序发展。在市区和风景秀丽的沿海水域不允许养殖浮筏，特殊情况下进行浮筏养殖需在 2000 米以外的海域。对湿地要进行严格保护，维持和改进流域和区域生态平衡，彻查周围企业，勒令重污染企业搬迁改造，保护水源地不受污染。

8.3 美丽乡村建设评价指标与对策建议

美丽乡村建设是一项重大任务，是促进农业增产、农民增收、农村繁荣的根本之路，要长期坚持、不断深化。浙江省始终坚持高标准、新理念、新思路、实举措来全面提升美丽乡村建设水平，从最基础的环节更好地打造美丽中国的样板。安全是美丽乡村建设的最基本前提和保障，美丽乡村建设也要始终把安全生活生产摆在首位，以对人民群众的生命与财产高度负责的精神，要着力提高农村抵御重大自然灾害的能力，抓紧补齐安全短板、全面消除风险隐患，牢牢守住安全这条底线。宜居是美丽乡村建设的归宿与目标，美丽乡村建设要把人居环境整治得更好，必须把"三改一拆""五水共治"与环境综合整治紧密结合起来，坚持以点带面、建管并重，从整体上、区域上、管护上联动推进，坚决拆除违法建筑，根治污泥浊水，全面消除脏乱差现象。富裕是美丽乡村建设的内在要求和重要手段，美丽乡村建设要让农民群众的口袋更丰厚，坚持富民导向，加快"美丽资源"向"美丽经济"转变，促进农民收入持续普遍较快增长。文化是美丽乡村建设的灵魂和高层次追求，美丽乡村建设要和农村精神文明建设互促共进，充分发挥精神文明建设的引领力、凝聚力与推动力，着力培育新农民、倡导新风尚，由表及里、内外兼修，推动"物的新农村"向"人的新农村"迈进，让乡村的一草一木、一山一水都散发文明的气息、充满文化的韵味，让生活在农村的人知书达理、孝老爱亲。和谐是"美丽乡村"的不懈追求和终极目标，美丽乡村建设要让农民群众共享发展成果，要让人与人之间和谐相处，人与自然之间和谐共存，让人类社会与自然世界和谐繁荣。

8.3.1 美丽乡村建设评价指标体系

建设"美丽乡村"除了需要人们真真切切地感受到发展的成果之外，还需要从定量化的视角来准确评价"美丽乡村"建设的实际水平，这就需要解决"美丽乡村"建设评估中的两大问题[135]：其一是选择和构建何种评价指标进行评价；其二是如何通过选定的指标体系进行科学评估。

黄磊、邵超峰、孙宗晟、鞠美庭[136]根据美丽乡村的内涵与本质，充分考虑生态文明的特征以及国家和地方农村建设指标体系的构建思路，结合乡村的地方实际和发展潜力，构建了美丽乡村评价指标体系，该指标体系包括生态经济体系、生态环境体系、生态人居体系、生态文化体系、生态支撑保障体系等 5 个方面，同时考虑到基础数据的可得性和规范性，结合相关环境保护标准和农村生态建设体系，遴选了 30 个指标作为反映美丽乡村的评价指标。该美丽乡村评价体系突出产业发展、生活舒适、民主和谐、文化传承、支撑保障五方面的乡村发展目标，强调了美丽乡村的本质是实现人与社会、自然的和谐相处。

沈费伟、肖泽干[135]认为美丽乡村建设是一项全面、综合、系统的社会工程，按照中共十八届五中全会提倡的"五位一体"标准来看，至少涉及美丽政治、美丽经济、美丽社会、美丽生态和美丽文化 5 个方面，可以概述为治理之美、发展之美、和谐之美、生态之美和文化之美。该美丽乡村建设评价指标体系分为治理之美、发展之美、和谐之美、生态之美和文化之美 5 个方面的 24 个指标。

陈锦泉、郑金贵[137]认为美丽乡村建设符合世界提出的绿色、循环、低碳新趋向主题发展的内在要求，认为"美丽乡村"的综合评价应结合国家提出的以"产业、生活、民主、文化和保障"为主的美丽乡村建设发展目的，遵循指标的设计原则（科学合理性原则、完整性原则、目的明确性原则、特色性原则、动态性原则、可操作性原则），综合定性和定量的指标体系构建分析方法，适当利用专家咨询法、实地调研法来选取具有典型科学代表性和可操作性的评价指标。

纪志耿[138]认为美丽乡村建设应坚持整体谋划、分类推进、渐进实施、引领带动、人文关怀、改革创新这"六个取向"，从产业美、环境美、生活美、人文美、和谐美、建设美这 6 个基本层面，以及生活垃圾专项治理、治污改厕、田园建筑示范、农村公路运营等 8 个具体指标，搞好美丽宜居乡村建设中的规划、设计、实施与评价。

何得桂[139]基于网络治理和系统论的视角，构建了美丽乡村建设驱动机制系统模型。该模型将环境因素概括为经济、政治、文化、社会、生态等 6 个方面，而政府、农民、企业以及学术机构是模型所涉及的 4 个主体。

张鹏、刘启雷、张伟杰[140]提出了生态文明视域下美丽乡村建设综合评价指标体系。该体系具体包括提升农民生态文明素养和生态文化建设、改善乡村乡貌、农村生态环境优化、农村生态经济的发展等 4 个基准层和 15 个详细指标层。该研究最终采用层次分析法按照重要性对指标进行了排序，并以西安乡村建设为评价对象进行综合评价。

徐友全、赵海洋[141]运用结构方程模型（structural equation modeling, SEM）构建了"美丽乡村"建设评价模型。该模型建立了5个潜变量、19个观察变量来构建"美丽乡村"建设评价指标体系，分析了评价指标和观测指标之间的隶属关系，并量化了评价指标的重要性程度。此评价体系侧重于为"美丽乡村"建设前期调研提供实用量化方法，对加强"美丽乡村"建设具有现实指导意义。

张磊[142]以兼顾性、可能性、可接受性、实用性为原则建立"生产发展、生活富裕、乡风文明、村容整洁、民主管理"等5个方面构建新农村建设评价指标体系，评价指标体系共设置20个量化指标。

谢炳庚、向云波[143]从生态、经济、社会、政治、文化的维度出发，基于环境绩效指数（EPI）、人类发展指数（HPI）和政治文化指数（PCI）等3个主要层面和20个详细指标，构建了省级行政区尺度的美丽中国建设水平评价指标体系。该研究根据各省级行政区美丽中国建设水平指数及其变化，并将其划分成了7个基本类型：即全面提升型、经济社会和政治文化引导上升型、政治文化和环境绩效引导上升型、政治文化引导上升型、环境绩效下滑下降型、政治文化和经济社会下滑下降型、全面下降型。

张建锋、吴灏、陈光才[144]提出了美丽指数的概念，用以数量化地反映和测度"美丽乡村"的程度。该指标通过村庄规划、卫生状况、绿化情况、经济发展、文化建设等5个方面构建指标评价体系，基于德尔菲法、内梅罗指数评价法，综合集成指标得到乡村美丽指数，为推动美丽乡村建设提供了一种直观的、数量化的评价方法。

有关美丽乡村建设的评价指标体系可整合成表8-4。

表8-4 美丽乡村建设评价指标群

二级指标	三级指标	单位	备注
生态之美	农村安全饮用水覆盖率	%	实现了安全饮用水覆盖的村庄数与总村庄数的比率，反映农村用水安全状况
	农村垃圾收集处理率	%	对垃圾进行了处理的村庄数与总村庄数的比率，反映农村生活垃圾的处理程度

续表

二级指标	三级指标	单位	备注
生态之美	农村生活污水处理及企业污染治理率	%	对生活污水和企业污染进行了处理的村庄数与总村庄数的比率，反映农村污染用水处理程度
	特色风貌		指在美丽乡村建设中，通过加强农村特色风貌和道路发展，进而促进农村生态文明的整体发展
	村庄道路硬化率	%	
	村庄绿化覆盖率	%	指区内林地、草地面积之和与总土地面积的百分比
	生态恢复治理率	%	指辖区通过人为、自然等修复手段得到恢复治理的生态系统面积占在经济建设过程中受到破坏的生态系统面积的比例
	农业面源污染防治率	%	指辖区内通过减量化、资源化和无害化处理对畜禽养殖粪便、化肥、农膜和农药等处置利用不当造成的农业面源污染进行防治的程度
	村庄整治率	%	已完成环境综合整治的村庄占总村庄数的比例，反映村庄环境综合整治情况
经济之美	农村居民人均纯收入	元	经济之美对应美丽乡村建设的"经济发展美"。建设美丽乡村，首要的是发展经济，只有农村经济发展了、农民手里有钱了，美丽乡村工作才能开展下去
	人均集体可支配收入	元	
	农村经济总收入增长率	%	
	特色产业发展状况	等级	
	税收收入比例	%	
	人均粮食拥有量	公斤/人	
	生态环保投资占财政收入比例	%	指用于环境污染防治、生态环境保护和建设投资占当年财政收入的比例
	农业灌溉水有效利用系数	%	指田间实际净灌溉用水总量与毛灌溉用水总量的比值
发展之美	第一产业比较劳动生产率	%	第一产业生产总值的比重和劳动力的比重之比，反映地区第一产业结构的效益
	财政支出中用于"三农"的比重	%	反映财政用于"三农"的支持力度
	农家乐村、点	个	具体实际数值，反映农村旅游经济建设状况
	农村居民人均可支配收入	元	农村住户每人获得的经过初次分配与再分配后的收入，反映农民人均的净收入水平
	农村居民人均农、林、牧、渔业产值	元	农村住户每人获得以货币表现的农、林、牧、渔业全部产品的总量，反映一定时期内人均的农业生产总规模和总成果
	农村居民消费价格指数		反映农村居民家庭所购买的生活消费品价格和服务项目价格变动趋势和程度的相对数

续表

二级指标	三级指标	单位	备注
文化之美	新建农村文化礼堂	个	反映农村精神文化生活情况
	自然景观和人文景点	个	指在美丽乡村建设中,要完善农村文化基础设施和人文自然景观,丰富乡村的文化生活,实现农村文明的进步和文化的传承
	文明村和生态村创建	个	
	在建历史文化村落保护利用重点村	个	反映乡村特色文化的传承
	学前三年毛入园率	%	学前三年的在校幼儿数分别与3~5岁学龄儿童的比率,反映农村学前教育发展情况
	九年义务教育入学率	%	普及九年义务教育的地区所辖人口总数与当地总人口数的比率,反映农村基础教育发展情况
治理之美	基层村级民主参选率	%	基层组织参加投票的选民与选民总数的比例,反映农村基层政治参与状况
	乡镇集中审批和便民服务覆盖面	%	乡镇集中审批和便民的服务范围,反映基层政府公共服务状况
	危房改造率	%	
	农民群众满意度调查状况	等级	指在美丽乡村建设中,要通过政治体制改革,注重推进村务公开、村级民主选举、民主管理、集中审批和便民服务等工作,切实促进政治进步,实现农村政治稳定
	村务公开民主管理规范化建设	等级	
	村务公开、民主管理满意度	%	对村务公开、民主管理的认可度,反映农村民主政治状况
	农村社会治安的状况满意度	%	对农村社会治安的认可度,反映农村社会治安状况
和谐之美	农村居民人均居住面积	平方米	指在美丽乡村建设中,要加强农村社会建设力度,提供农村生活保障,优化使用清洁能源等,实现农村社会的健康发展
	清洁能源普及率		
	农村卫生厕所普及率	%	使用卫生厕所的农户数与农户总数的比率,反映卫生厕所使用情况
	农村最低生活保障人数	万人	反映农村底层居民的社会保障情况
	新型城乡合作医疗参加率	%	参加新型城乡合作医疗的人数占城乡总人口的比例,反映农村居民医疗保障情况
	农村每百户拥有家用汽车	辆	反映农村居民交通工具情况

续表

二级指标	三级指标	单位	备注
生态支撑保障体系	社会风尚和治安状况	等级	构建美丽乡村生态支撑保障系统，实现美丽乡村的"体制创新美"，主要包括以下三个方面：一是加大宣传力度。二是建立健全美丽乡村管理体制。三是科学编制美丽乡村规划
	标准化生产技术普及率	%	
	村庄规划编制及执行率	%	
	基础设施长效管理机制	等级	

8.3.2　美丽乡村建设的对策与建议

美丽乡村建设应坚持从实际出发，因地制宜地编制规划，科学把握各类规划的定位和深度，努力做到总体规划方向明确、专项规划相互协调、重点规划有深度、建设规划能落地。对于美丽乡村建设的发展，综合相关文献可以整理出以下建议[139][145][146][147]：

第一，重视科学规划布局。围绕中国美丽乡村的建设目标，因地制宜对产业进行科学规划布局，并从人文特色出发，进行规划制定与布局优化，大力宣传"乡村经营"理念，立足于生态文化特色建设，注重产业发展、环境整治和规范建房等细节措施，形成环境美化、文化弘扬、经济发展、农民富裕和社会平安的最美乡村。同时还要从区域优势出发，谋划更加长远的产业布局和生态布局，努力改变传统的考评方式，实现经济发展上的差异化发展模式和生态发展上的持续化发展路径。

第二，构建"政民资学"的四位一体驱动机制。"政民资学"是指政府、民众、资本、科教这 4 个方面相互统一、一致发力，共同加速高效实现美丽乡村的建设目的。要充分发挥政府主导作用，着力规划、项目推进与强化激励相结合，遏制工业和城市污染向乡村转移的态势，协调相关主体间的利益矛盾，健全美丽乡村建设运行机制，规避市场与政府的"失灵"。要进一步加强和凸显农民的主体地位，增强集体行动能力，并激发其他社会组织活力，增强美丽乡村建设的合力与互动。要有机整合现有涉农资金与金融政策，加强融资政策导向与驱动机制的保障力度，注重法律与公共政策驱动、资本与利益驱动在美丽乡村建设中的作用。要注重人才与科技驱动、教育与文化驱动等关键要素对美丽乡村建设的推动和促进，从本质上实现经济发展模式和生态文明持续发展路径的提高与优化。

第三，创新农村环境治理新机制。应着力加强农村环境污染问题的深度作用机理和机制研究，分析农村环境污染区域分布规律、农村环境承载力、农村环境容量、农村环境自净能力、农村环境污染的微观机制等。推进农村环境污染治理机制创新，转变发展方式，建立城乡平等关联，健全农村环境监管机构与监测体系，扭转农村长期"被污染"的局面。统筹城乡发展规划，以环境为先、民生为重，严格环境保护奖惩机制，从源头治污、系统整治，决不能以牺牲农村环境、贻害百姓健康为代价来进行城市扩张、村镇建设、产业发展和实现新型城镇化。重视建立健全区域协同机制，创建政府主导、部门联动、公众参与的环境管控与监督长效机制。

第四，推进"多规合一"机制。推进"多规合一"，就是要推动主体功能区建设，将主体功能区规划、城乡规划、土地规划、生态保护规划有机融合。推进美丽乡村建设，首先要体现科学规划先行。而通过"多规合一"可以有效地实现人口资源环境相协调、经济社会生态效益相统一。在"多规合一"实施过程，要尽可能的破除体制机制障碍，打造理想的美丽乡村建设模式，处理好山、水、村庄和人的关系，创新领导干部政绩考核评价机制，创新财税激励机制，引导资金合理有序、高效能动流向美丽乡村建设。

第五，注重发展农业经济，切实提高农民收入。乡村经济的快速发展是推进美丽乡村建设的基础和目标之一。美丽乡村建设应增加农民收入，围绕增效、增收，培育特色高效农业，壮大农村乡村旅游业，不断提高农村整体实力和农民生活水平。美丽乡村建设注重发展农村产业，依托现有产业发展基础和优势，打破单一的农业发展模式，优化产业布局，实现村庄健康与可持续发展。

第六，发展农村特色产业和凝聚乡亲乡情，实现村强民富生活美的美丽田园。以"一村一品、一村一业、一村一景"的思路对村庄产业和生活环境进行个性化塑造和特色化提升，因地制宜形成山水风光型、生态田园型、古村保护型、休闲旅游型等多形态、多特色的美丽乡村建设，基本实现村庄公园化。通过整合土地资源、跨区域联合开发、以股份制形式合作开发等多种方法，大力实施产供销共建、种养植一体、深加工联营等产业化项目。深入开展"情系故里，共建家园"、村企结对等活动，通过村企共建、城乡互联实施一批特色旅游业、商贸服务业、高效农业项目，让更多的农民实现就地就近创业就业。

8.4 绿色城镇化发展评价指标与对策建议

城镇化是农村人口不断向城镇转移，第二、第三产业不断向城镇聚集，从而使城镇数量增加，城镇规模扩大的历史过程。在推进城镇化过程中，由于人口和非农产业在城镇的迅速高密度集中，加之城市建设中没有处理好资源、能源、生态环境与经济社会之间的协调发展问题，导致环境污染、生态破坏、人居环境恶化等问题[148]。城镇化是现代化的必由之路，将新型城镇化与生态文明建设结合起来，把生态文明理念和原则融入城镇化进程，走一条集约、智能、绿色、低碳的"绿色城镇化"道路势在必行[149]。

绿色城镇化发展是有效处理资源、能源、生态、环境与经济的一种发展途径，是指城镇发展与绿色发展紧密结合，城镇的社会和经济发展与其自身的资源供应能力和生态环境容量相协调，具有生态环境可持续性、人的发展文明性、城镇发展健康性等特征的城镇发展模式及路径[150]。

浙江省人民政府于 2011 年印发了《浙江省绿色城镇行动方案》，指出要深入贯彻落实科学发展观，以新型城市化战略为龙头，按照集约节约、功能完善、宜居宜业、生态特色的要求，以改善人居环境、提升人民群众生活品质为目标，以改革创新为动力，规划、建设、管理齐抓并进，政府、企业、社会各方联动，引导、扶持、保障多措并举，着力打造一批生态环境优美、人居条件良好、基础设施完备、管理机制健全、人与自然和谐相处、经济社会与资源环境协调发展的绿色城镇，促进生态文明建设。

8.4.1 绿色城镇化发展评价指标体系

熊国斌、李井会、王建奎[151]等针对浙江省绿色城镇建设现状及发展需要，从浙江省绿色城镇建设思想及目标出发，从能源、土地、交通、建筑、生态环境、社会和谐等6个方面建立了一套适宜于浙江省绿色城镇发展的评价指标体系。

范琳、季小妹、石峰[152]等基于国家相关政策及相关领域研究成果，从生态经济、资源高效、环境友好和社会和谐等4个方面以及相应的3个指标出发，构建了绿色城镇化发展评价指标体系，用以衡量城镇的绿色发展情况。

陈明、张云峰[153]系统梳理了国内外关于城镇化质量评价的研究现状，总结了与城镇化质量评价相关的一些指标体系和评价方法，提出了我国城镇化质量评价指标体系构建的原则、构成和评价标准。该研究从人口就业、经济发展、城市建设、社会发展、居民生活和生态环境等7个方面，建立了涵盖16个二级指标和32个三级指标的评价指标体系，并对我国相关省份和案例城市的城镇化发展质量进行了研究。

赵旭、胡水炜、陈培安[154]基于可持续发展理念，探讨了城镇化的含义、发展水平的评价方法，构建了一个涉及经济发展、人口发展、生活质量、设施环境等4个方面和16个具体指标的城镇化可持续发展评价指标体系。

曾志伟[155]以新型度内涵为出发点构建了新型度绩效评价指标体系，包含环境保护、经济发展、社会建设3个一级指标和43个具体的二级指标。其中，环境保护是新型城镇化新型度体现的基础，包括垃圾无害化处理、建成区绿化覆盖率、万元工业三废利用产品产值等具体指标。新型城镇化新型度体现的核心是经济发展，具体包括人均生产总值、平均工资、第二、第三产业从业人员比值等具体指标。新型度体现的灵魂是社会建设方面，具体包括人口自然增长率、人口密度、消费率等18个具体指标。在该研究构建的绩效评价指标体系中，社会建设指标所占权重为超过经济发展指标，旨在通过评价导向，使得新型城镇化更侧重社会建设方面的和谐与繁荣。

戚晓旭、杨雅维[156]从社会进步、经济发展、生态环境、城市生活、制度建设5个方面指标，以生态环境为主要因素构建了新型城镇化可持续评价指标体系。其中，社会进步指标涉及人口及社会保障、城市用地、教育、文化和医疗等5个方面，经济发展指标涉及经济总量、产业结构、社会消费支出等7个具体指标，生态环境涉及空气质量、污水排放、大气污染排放等8个具体指标，城市生活涉及建筑面积、供水、供热、供电等9个具体指标，制度建设涉及行政效率和管理指数等 2 个指标。

吕丹[157]等从新型城镇化进程中的公共服务均等化不足为着眼点，依据全面系统性、主导性、层次性、可操作性、导向性等原则，选取人口城镇化、经济发展、生态环境支持、城乡统筹和基本公共服务均等化 5 个方面的指标。其中，公共服务均等化是最重要的指标，所占权重达到 0.4175，包括基础教育、医疗卫生、公共就业服务等 5 个方面的均等化，突出新型城镇化的公平性内涵，注重以人为本，关注民生发展。

李晓燕[158]从新型生态城镇化为出发点，认为生态文明的理念和行为可以控制城镇化过程中的负面效应，两者协调发展的关键是城镇发展中人口、生态、经济与社会的相互协调。以此为依据，该研究确定了经济、社会、人口、生态四个方面的指标，涉及万元农业 GDP 化肥使用量、燃气普及率、污水集中处理率等 8 个具体指标。

宋慧琳、彭迪云[159]从绿色城镇化的内涵入手，评述了国内外城镇化发展评价理论脉络，构建了以人口转移、经济发展、生态环境、城乡统筹、基本公共服务均等化五个一级指标的绿色城镇化测度指标体系。其中，人口转移指标下设 3 个二级指标，经济发展指标下设 4 个二级指标，生态宜居指标下设 8 个二级指标，城乡统筹指标下设 4 个二级指标，基本公共服务均等化指标下设 7 个二级指标。

高顺成[160]分析了新型城镇化健康发展质量的基本内涵，建立了由 5 个方面、20 个评价指标构成的新型城镇化健康发展质量评价的定性指标体系，旨在为科学测评新型城镇化健康发展质量提供参考依据，揭示城镇化健康发展规律，弥补定量测评的欠缺。

许宏、周应恒[161]从城乡一体化、经济现代化、基础设施现代化等方面构建了包括城乡居民收入比、城乡恩格尔系数比、人均 GDP、三产比重等 10 多个指标的质量评价指标体系。

肖国东[162]以城镇化水平、城镇化质量、城镇化功能等 3 个二级指标，经济城镇化、人口城镇化、空间城镇化等 12 个三级指标，以及 35 个四级指标构建了城镇化发展评价指标体系。

有关绿色城镇化发展的评价指标体系可整理成表 8 - 5。

表 8 – 5   绿色城镇化发展评价指标群

二级指标	三级指标	单位	备注
能源类	可再生能源技术应用比例	%	《可再生能源十二五发展规划》入户率达到50%，《绿色低碳重点小城镇建设评价指标》为13%
	万元 GDP 能耗	吨标准煤/万元 GDP	国家生态市0.9，全国城市0.5，百强市0.45
	能源消费弹性系数		全国0.5，100强城市0.3
	镇规划完善度	等级	定性分析
土地类	建成区人均建设用地面积	平方米/人	《镇规划标准》要求小于140平方米/人，《绿色低碳重点小城镇建设评价指标》为120平方米/人
	城镇道路面积率	%	规划建制镇8%～12%，特大城市5.9%～11.4%
	建成区绿地覆盖率	%	《国家生态园林城市》指标为45%
交通类	慢行车道占道路面积比例	%	《镇规划标准（GB50188—2007）》镇区道路规划技术指标慢车道比例在17%～21%
	道路设施完善度		定性分析
绿色建筑类	节能建筑达标率	%	建设部《十二五建筑节能专项规划》新建建筑95%以上
	新建绿色建筑达标率	%	建设部《十二五建筑节能专项规划》新建建筑20%
	绿色施工达标率	%	绿色建筑施工达标占所有施工项目的比率
	政策引导程度	等级	定性分析
生态环境类	镇区污水集中处理率	%	《国家生态园林城市》不小于70%；《生态县、生态市、生态省建设指标（修改稿）》不小于85%；《绿色低碳重点小城镇建设评价指标》不小于80%
	用水水源地达标率	%	《国家生态园林城市》100%；《生态县、生态市、生态省建设指标（修改稿）》100%；《中新天津生态城指标》100%；《绿色低碳重点小城镇建设评价指标》100%
	地表水环境质量	等级	《中新天津生态城指标》达到《地表水环境质量标准（GB3096）》Ⅳ类水体水质要求
	城镇生活垃圾收集处理率	%	《绿色低碳重点小城镇建设评价指标》90%
	环境空气质量达标率	%	《国家生态园林城市》大于300d，约82%；《生态县、生态市、生态省建设指标》（修改稿）达到功能区标准；《中新天津生态城指标》不少于310d，约85%；《绿色低碳重点小城镇建设评价指标》不少于300d，约82%
	镇区噪声达标率	%	《国家生态园林城市》95%；《生态县、生态市、生态省建设指标》（修改稿）100%；《中新天津生态城指标》100%

续表

二级指标	三级指标	单位	备注
社会和谐类	管理机制健全	等级	定性指标
	城镇化率	%	《生态县、生态市、生态省建设指标》（修订稿）不小于 55%
	城镇风貌与历史文化保护	等级	定性指标
	公共服务设施完善	等级	定性指标
生态经济	人均 GDP	万元/人	
	城镇居民年人均可支配收入	元	属于衡量经济发展类指标
	第二产业单位增加值水耗	吨	
	第二产业单位增加值能耗	吨	经济制约类指标
	第三产业单位增加值水耗	吨	
	第三产业产值占 GDP 比重	%	经济发展类指标
	高新技术产品产值占 GDP 比重	%	反映了科技进步和经济发展
	环保产业产值占 GDP 比重	%	反映了环境保护和经济发展
	受保护生态区占城镇土地面积比例	%	属于生态保护类指标
	环境保护投资占 GDP 比重	%	属于环境保护和经济发展类指标

8.4.2 绿色城镇化发展的对策与建议

绿色城镇化可以看作是由人口集聚子系统、产业发展子系统、社会进步子系统、生态文明子系统、人文地理子系统等内容组成的经济效益、生态效益和社会效益的耦合关系的整体，是需要政府、企业、居民和社会组织等共同努力才能实现的新型城镇化模式。综合相关文献的研究成果,对绿色城镇化的发展建议总结如下[159][163][164][165][166]:

第一,全面树立绿色发展理念。绿色是发展的底色,是生态文明建设的根本途径,绿色化将引领转型升级的方向。自然系统对人类经济规模具有一定的承载力,但这一承载力是有限的。人类经济规模超过承载力限度之后,自然系统的可持续性就会受到损害,生态环境功能就会逐步弱化,人类生存的自然系统及其稳定性就会日益劣化。交通拥挤、环境污染、资源分配不公等无不在向人们印证人类的生存环境在逐渐弱化。因此,应摒弃以GDP为核心的传统城镇化思路,在"生态承载力"约束之下,全面树立绿色发展理念,积极推行绿色生产、生活和消费方式开展绿色政绩考核,深入推进生态文明先行示范区建设,着力构建绿色产业体系和空间格局,加大生态环境保护和建设力度,健全生态文明制度,培育绿色文化,引导形成绿色生产方式和生活方式,努力建设美丽城镇,加快绿色崛起步伐。

第二,大力发展绿色经济。城镇化发展涉及产业发展的内容及其空间布局。大力推进绿色城镇化,必须大力发展绿色经济。要坚持绿色低碳循环发展,加快推进生产生活方式绿色化、循环化、低碳化,着力构建绿色产业体系。要大力发展无公害农产品、林下经济产品、绿色食品和地理标志农产品。要实施工业绿色发展行动计划,提高绿色工业发展水平,加快发展现代服务业,推进服务主体绿色化和服务过程清洁化。要实行能源和水资源消耗、建设用地等总量和强度双向控制,提升资源节约集约利用水平。

第三,建立产业驱动和产城联动机制,夯实城镇经济基础,促进"产城"融合。目前,我国工业化和城镇化已经进入中后期阶段,城镇化一方面联结农业现代化,另一方面联结工业化和信息化,是扩大内需和实现产业转型升级的载体和抓手。现代绿色农业成为城镇化的基础动力,现代低碳工业为城镇化的主导动力,以信息产业为代表的现代服务业成为城镇化的后发动力。因此,必须大力发展绿色产业,实现充分就业,让城市人口进得来,稳得住。

第四,加强生态城镇建设,促进绿色城镇化的建设与发展。首先,应通过转变传统高污染、高消耗、低效益的生产生活方式，大力发展低碳经济，实现城镇发展方式的高效益、低污染和低消耗。其次，作为城镇化发展动力，现有的城镇工业存在着能源消耗严重和环境污染危害大等问题，应大力发展生态工业和工业链，实现工业发展、资源消耗、环境保护和谐发展的工业。再次，通过改变不合理的耕地使用和管理方式，建立有利于耕地保护的农业制度，走持续农业道路，要加快完善现代农业产业体系，以实现农业现代化。最后，在城镇化建设和发展过程中，倡导绿色消费生活方式，以实现环境友好型、人与自然和谐相处的城镇化发展模式。

第五，推进绿色城镇化发展的全方位创新。推进绿色城镇化发展，要求促进以绿色发展为导向的科技创新、组织创新、建设模式创新、体制机制和管理创新。采用先进适用的绿色技术和绿色工艺，实行绿色生产，以科技创新带动节能减排和绿色发展。鼓励企业进行产业链重组，走专业化、集群化的发展之路，构建具有竞争力的循环经济产业链。合理引进中心区人口和产业疏散，同时高起点、高标准、高质量推进新城区建设，不断优化城市形态结构和空间结构。建立并完善生态补偿机制，构建绿色转型政策体系和绿色考核指标体系，实施政府绿色采购机制，形成有利于绿色城镇化发展的新机制、新体系。

第六，增加人力资本开发和研发投入。要有效促进城镇化持续稳定发展，从根本上破解能源、环境对城市绿色化发展的约束，必须加大对新能源的人力资本研发投入，提高人力资本研发与人力资本开发效率。政府应该注重人力资本和技术的积累以及生产研发效率的提升在新一轮工业革命推动力作用下，生产方式将发生革命性变革，绿色清洁技术终将代替高耗能、高排放的污染技术，区际间、行业内部技术壁垒逐渐被破除，技术异质性差异逐步同化，加强新能源研发利用以及环境的综合治理，使得城镇化有序推进和城市绿色化实现长期健康发展。

第七，走社会力量和公众监督参与的绿色城镇化道路。通过增加城市环保认证机构和企业及公平贸易品牌产品的数量，推动城市产业逐步走向绿色生态，构建从规划方案的制定，到具体的建设推进，再到后续的监督监控的全流程的公众监督参与机制。建设一批以绿色学校、绿色企业、绿色社区为主体的生态文化宣传教育基地和一批融合自然和人文要素的生态文化遗产丰富的生态文化实践基地。扩大生态环境、资源能源等领域的信息公开，建立渗透绿色城镇化建设整个过程的公众参与机制，从城市规划到规划执行及环境的保护等流程，都听取公众的意见，尊重公众的意愿。构建对生态环境违法行为舆论监督机制，定期发布绿色城镇化建设评估报告，保障公众应有的知情权、监督权和表达权。引导环保义务监督员、环保志愿者等民间力量和社会组织积极参与绿色城镇化建设。

8.5　绿色城市建设评价指标与对策建议

"绿色城市"通常是指社会经济、生态环境健康发展，城乡环境优美宜居，人民生活富足安康的现代化城市[166]。"绿色城市"是对城市的市政建设、环境保护、社会文明的更高水平要求。越来越多的城市开始实践"绿色城市"的道路，力图开创经济建设、文化建设、社会建设、生态文明建设的新局面。

随着环境经济学、生态经济学和循环经济学等绿色发展理论的日益成熟，绿色城市发展的理念与实践开始渗透到生态城市规划、金融贸易、产业经济、文化教育等社会生产生活的各个方面。与此同时，"绿色城市"广泛的范畴也为全面系统客观的评价绿色城市发展提出了挑战[167]。因此，构建绿色城市发展综合评价指标体系，总结绿色城市发展现状，发现绿色城市发展潜力与不足，就成为了提高城市生态文明、促进人与自然和谐相处、推动区域经济可持续发展和加快"两美"浙江建设的重要任务。

8.5.1　绿色城市建设评价指标体系

王婉晶、赵荣钦、揣小伟、高珊[168]在分析国内外绿色城市建设经验及国内各类城市建设评价指标体系的基础上，结合"十二五"南京绿色城市建设的现实要求，初步构建了绿色南京城市建设评价指标体系和评价方法，从转型发展、社会建设、资源利用和环境保护 4 个方面选取了 26 项评价指标。

黄羿、杨蕾、王小兴、夏斌[167]认为城市绿色发展是以生态环境容量和资源承载力等自然约束条件为基础，以节约资源、降低污染和保护环境为原则，通过政策引导、技术创新和制度保障，在城市社会经济生产、流通、交换和消费的各个环节中，实现资源环境与经济社会的可持续发展的一种发展模式。概括而言，可以将城市绿色发展归纳为生态城市建设力度、产业环境友好程度和循环经济发展水平等 3 个主要层面。

刘育、夏北成[169]通过分析、选择对城市污水处理厂建设相关的因素，提出了鉴定绿色城市污水处理系统评价指标，建立了包括技术、成本、环境影响等方面的城市污水处理系统的绿色评价指标体系。

战立伟[170]将城市建设项目环境影响评价指标体系分为自然环境、生态环境、经济环境和社会环境等 4 个方面，具体包括 16 个三级指标。并指出追求经济效益、社会效益与环境效益的和谐统一成为现如今城市建设发展的核心目标，应将对城市建设项目环境影响评价指标体系的构建进行分析，促进城市建设综合效益的有效提升。

戴国辉、郝春新[171]在探析生态城市评价指标体系设计原则的基础上，从城市生态系统的结构、功能和协调度等 3 个方面，建立了 10 个二级指标、40 个三级指标的生态城市评价指标体系。

张欢、成金华、冯银[172]从目标层、准则层、方案层以及指标层 4 个层次构建绿色社区评价指标体系，包括了绿色建设、绿色管理、绿色社区生活等 3 项一级指标，绿色建筑、绿色能源、绿色交通、社区规划、生态环境等 9 项二级指标和新建建筑节能达标率、节水器具使用率、人车分流比例、选址合理性等 33 项三级指标。

荣冰凌、陈春娣、邓红兵[173]为科学合理地评价城市绿色空间的生态景观效益、社会效益以及经济效益，建立了一套较为科学、全面的评价指标体系。其中包括基本数量特征、景观格局、社会管理因素和生态功能等 4 个二级指标以及 16 个三级指标，并对北京城市绿色空间现状进行了综合评价与分析。

蓝庆新、彭一然、冯科[174]基于层次分析法，从经济水平、产业结构和循环经济 3 个方面入手选取了 6 个二级指标、30 个具体指标的城市生态文明建设评价指标体系，并对我国 4 个一线城市北京、上海、广州和深圳的生态文明建设水平进行了横向比较和对比分析。

李漫莉、田紫情、赵惠恩[175]提出了与我国相适应的绿色城市评价体系框架，该评价体系包括基础设施、环境保护、园林绿地、城市生态、卫生健康、社会文化等 6 大类，以及 46 个具体指标。

刘晓洁[176]从资源节约、环境友好型社会角度出发，建立了包括 4 个层次、39 个具体指标的资源节约型社会综合评价指标体系。

祝云龙[177]从绿色生产、绿色社会建设、绿色资源利用三个方面展开，初步形成了绿色襄阳评价指标体系的 3 个路径层、20 个指标，并对襄阳城市的绿色建设情况进行初步判断，并根据国内外绿色城市各项指标的参考标准对襄阳市的绿色城市建设展开了评价。

张伟、张宏业、王丽娟、张义丰[178]将对我国生态城市建设的地域类型进行划分，从区域生态背景、城市演化阶段、城市综合状况等 3 个维度，选择了能够充分反映不同地域类型、各个城市演化阶段和各种城市内部结构、功能和协调性差异的 24 个具体指标来构建生态城市综合评价指标体系。

龙佩吟、高成男[179]从绿色城市交通这个角度，研究绿色城市的发展，充分考虑城市交通系统的多方面影响因素，将评价指标分为城市交通系统内部协调性，以及城市交通系统与生态环境、社会经济、旅游发展、居民生活之间的协调性等 5 大类，并根据其互相作用、互相影响的特点，构建一套针对城市交通系统与生态环境、经济发展、旅游发展以及居民生活相协调的绿色城市交通系统评价体系。

李满良、郑晨、王朝辉、曾伟狄[180]从设计合理性、道路功能效果、节能减排效果、绿化效果和环境保护效果等 5 个方面提出了绿色生态型城市道路评价指标体系。具体包括了 5 个一级指标、14 个二级指标和 31 个三级指标，并对各指标进行了阐述，确定了各指标的评价标准，提出了基于 Spearman 等级相关系数组合赋权方法与区间逼近方法的绿色生态型城市道路评价方法，并对中新天津生态城绿色生态型道路进行了评价。

上述绿色城市建设评价指标体系可整理为表 8 - 6。

表 8 - 6 绿色城市建设评价指标群

二级指标	三级指标	单位	备注
循环经济发展水平	城市生活污水集中处理率	%	依据循环经济的原则，选取能源产出率、土地产出率、水资源产出率 3 个指标衡量资源利用效率；选取工业烟尘去除率、工业废水达标率、城市生活污水集中处理率和生活垃圾无害化处理率四个指标衡量削减污染物排放量的能力；选取工业固体废弃物综合利用率衡量废弃物再利用水平
	能源产出率	%	
	土地产出率	%	
	水资源产出率	%	
	工业烟尘去除率	%	
	工业废水达标率	%	
	工业固体废弃物综合利用率	%	
转型发展	第三产业占 GDP 比重	%	随着中国城市化的快速推进，过多地扩大投资规模和增加物质投入使有限的自然供给能力和生态环境承载能力日渐削弱，环境、经济、社会发展不协调问题日益显现。转变城市发展模式、走绿色发展之路，成为城市发展的必然选择
	高能耗行业产业占比	%	
	研究与开发（R&D）经费占 GDP 比重	%	
	应当实施强制性清洁生产企业通过验收的比例	%	
	环境投资占 GDP 比重	%	
产业环境友好程度	工业固体废弃物排放强度	吨/万元	社会生产的污染物排放量是产业环境友好程度的直接表现，为此选取农药使用强度、工业固体废物排放强度、工业废气排放强度、废水排放强度四个指标分别代表主要产业污染物的排放强度。其中农药使用强度是单位农业产值的农药使用量，工业固体废物排放强度和废气排放强度是单位工业产值的固体废弃物排放量和废气排放量，废水排放强度是单位 GDP 的废水排放量
	工业废气排放强度	吨/万元	
	废水排放强度	吨/万元	
	农药使用强度	吨/万元	
社会建设	机动车环保定期检测率	%	加强社会建设，是社会和谐稳定的重要保证。绿色城市中社会建设的指标主要包括机动车环保定期检测率、节能建筑占现有民用建筑的比例、中心城区公共交通出行率、绿色社区创建比重和绿色学校创建比重
	节能建筑占现有民用建筑的比例	%	
	中心城区公共交通出行率	%	
	绿色社区创建比重	单位	
	绿色学校创建比重	%	

续表

二级指标	三级指标	单位	备注
资源利用	万元 GDP 耗水量	立方米/万元	资源利用指标主要包括万元 GDP 耗水量、能耗增长率、人均城市建设用地、城市清洁能源使用率、城市森林覆盖率和建成区人均公共绿地面积。资源类指标主要体现了绿色城市建设中的"绿色"，要建设绿色生态城市就要遵照环境的合理容量，使人类生产、生活以不打破坏自然环境平衡为限度
	能耗增长率	%	
	人均城市建设用地	平方米	
	城市清洁能源使用率	%	
	城市森林覆盖率	%	
	建成区人均公共绿地面积	平方米/人	
环境保护	受保护地区占国土面积比例	%	城市公共设施的环保性和便捷性是绿色城市建设的硬性指标，而居民用水耗能的方式及消费量是居民环保意识和建设生态城市主观能动性的重要表现
	单位 GDP 碳排放	吨/万元	
	SO_2 排放强度	千克/万元	
	水环境功能区水质达标率	%	
	垃圾资源化利用率	%	
	粉煤灰综合利用率	%	
	城市空气质量好或等于 2 级标准	%	
	公众对环境的满意率	%	
	建成区绿化覆盖率	%	
	城市每万人拥有公交车辆	辆/万人	
	轨道交通运行线路长度	公里	
	环境基础设施建设投资占 GDP 比重	%	
	燃气普及率	%	
	人均用水消耗量	吨/人	

8.5.2 绿色城市建设的对策与建议

绿色城市建设是城市活力与可持续发展能力的根本要求，面对城市发展所带来的交通拥堵、生态破坏、环境污染等问题，综合相关文献研究成果，现提出如下几点建议[181][182][183]：

第一，首先要更新绿色观念。绿色城市建设要以崭新的绿色理念来规划城市建设，在规划、建设实施和管理运营层面上充分体现绿色理念和建设思维。由于绿色经济是一种全新的经济理念，社会公众对发展绿色城市建设的重要性认识还不够，所以必须加强绿色的宣传，强化绿色的教育，树立绿色经济的理念，倡导理性健康的绿色生活方式，推行合理适度的绿色消费模式，营造节能减排的全民参与的社会风尚，提高公众的低碳绿色环保意识，使绿色观念切实深入人心，让公众了解绿色城市建设对中国可持续发展的重要性和必要性，树立全民参与绿色城市建设的理念和意识。

第二，以城市产业转型为先导，夯实绿色城市建设基础。城市产业转型是在国内外产业分工中抢占产业链和价值链高端，提高城市经济竞争力和企业经济效益的理性选择。绿色城市建设应坚持走资源精深加工和产业链延伸的产业发展之路，突出抓好总量扩张、产业升级、技术支撑、机制创新等关键环节，加快发展以新能源、新材料为主体的新兴产业，创新发展先进制造业和现代服务业，大力培育特色产业，着力打造新兴产业集群。

第三，转变经济增长方式，发展低碳经济。低碳经济是以低能耗、低污染、低排放为基础的经济模式，是人类社会继农业文明、工业文明之后的又一次重大进步。低碳经济实质是能源高效利用、清洁能源开发、追求绿色GDP 的问题，核心是能源技术和减排技术创新、产业结构和制度创新以及人类生存发展观念的根本性转变。

第四，优化能源结构。首先，应当建立多个新型能源研发机构，重点是风能、生物质能和太阳能等新型能源的开发，并将这些能源应用到日常生产生活中，尽量增大绿色能源对能源总使用量的占比。其次，在新型能源的使用对象上，应率先推进国有企业、政府机关、国家公务员等住宅建设和工业生产应用风能和太阳能等绿色能源，同时对使用绿色能源的对象给予物质上的激励。最后，开拓海洋能源等更为广阔的绿色能源，并使能源科学创新的脚步紧跟世界的脚步，在开发绿色能源的基础上，也要加强煤炭和石油等化学能源的高效利用，提升能源的利用效率。

第五，推进绿色城市人才队伍发展。政府和企业需要携手高等学校共同建设有关绿色产业技术的学院与专业，进而培养出大量在绿色产业链工作的一线技术员。应当经常开设绿色产业专家讲座，培养企业家的绿色产业意识。

举办国外专家或者赴外参加绿色产业的交流会议，分享绿色产业建设的理论与实践前沿信息和经验，并注重引进国外相关绿色产业技术人才。

第六，以智慧技术推进绿色城市建设。智慧城市技术必须瞄准绿色城市建设所亟待克服的几个重点领域：城市能源系统的整体管理，高效的能源生产和供应技术，智能网络建设和城市热能供应，城市低能源需求的"绿色建筑"，环保、节能、低碳的城市交通系统等。此外，针对城市能源需求、公共交通、医疗服务、行政办公等公共服务需求的动态变化性，需要通过智慧技术实时监测和信息发布相关信息，及时调节社会需求，实现与社会公众的有效沟通，更好地提升社会管理和公共服务效率，从而整体提升绿色城市建设水平与质量。

第七，大力推行绿色空间提升计划，提高浙江公共绿地水平。城市绿色空间是城市居民日常生活的重要空间，也是体现城市以人为本发展理念的重要公共服务设施。在城市规划制定过程中，要提高绿色空间的占比，解决绿色空间建设的政策障碍。在具体实施过程中，建设不同的绿色空间系统，包括公园道路系统，如中央公园、街心公园、绿色街道、慢行系统（自行车道、慢行步道）等，同时通过与步行系统和休闲生活空间的结合，在滨水区域形成综合性的绿色开放空间，完善城市的绿色空间体系，提升城市的生态环境水平。

8.6　智慧城市评价指标与对策建议

IBM 公司认为智慧城市是其提出的"智慧地球"概念在城市区域的引申，并将智慧城市定义为：可以充分利用所有现有可用的互联化信息和技术，更好地理解和控制城市运营，优化有限资源的使用情况的城市[184]。近年来，许多城市都开始跟进智慧城市建设，北京、上海、广东、南京等省市已把智慧城市列入未来建设重点，各大城市都希望借助智慧城市来建设新的城市名片并惠及经济社会发展[185]。

浙江是全国率先开展智慧城市建设的省份之一。自 2011 年以来，浙江坚持以实务研究和实践探索相结合的方式推进智慧城市的研究和发展。到目前为止，浙江分三批共启动了20个智慧城市建设示范试点项目（宁波市的部分项目见表8-7），覆盖了广大人民群众最关心、最直接、最得益的交通、就医、安居等民生领域，形成了一个地级市至少一个项目的试点布局。目前，已经启动建设的20个试点项目总体上进展顺利。如杭州智慧城管项目，重视资源共享，涵盖了杭州市政、环卫、公用、河道、固废、亮灯、停车以及执法等各项城市管理职能，依托政务云平台的建设，大幅提升了城市管理水平。再如，宁波的智慧健康项目，是20个试点项目中起步最早的项目，老百姓感受明显，在减少医疗重复检查、大检查和大处方等问题上发挥了积极作用。

表8-7　　　　　　　宁波市部分智慧城市在建和新建项目

项目名称	建设内容	建设周期	承担单位
城市公共信息平台	建立数据交换服务系统、数据整合服务系统，采集各行业应用的业务数据，建立目录管理与服务系统、时空信息承载服务系统、运维管理服务系统和门户系统，对资源进行管理和可视化展现，并统一对外提供服务	2013～2015 年	区政府信息中心
云计算中心	建立镇海政务云计算数据中心，作为镇海区域综合云计算服务中心，提供机房管理、存储服务、计算服务、网络设施、容灾备份等基础服务支撑	2013～2014 年	区政府信息中心
网络基础设施建设	加快传统网络的建设，完善第三代移动通信网络建设，推广光纤到户、下一代互联网、下一代广播电视网与第四代移动通信网络建设，努力构建随时、随地、"随需"，统一高效的泛在网络	2013～2015 年	电信镇海公司 移动镇海公司 联通镇海公司 区新闻中心（广电）
智慧规划	建设一套适合镇海城市规划、城市建设与城市管理的数字化体系，实现城市规划、城市建设与城市管理工作的信息共享和业务应用平台，为各级行政主管部门的管理与决策提供及时、准确、科学的信息支持，为各类企业和广大公众提供方便、准确、有效的信息服务，促进镇海经济、社会、环境和科技的协调发展	2013～2015 年	区规划分局

续表

项目名称	建设内容	建设周期	承担单位
建筑能耗监测平台	建筑能耗监测平台由数据采集子系统、数据中心组成。数据采集子系统由监测建筑中的各计量装置、数据采集器和数据采集软件系统组成。由自动计量装置实时采集，通过自动传输方式实时传输至数据中心。数据中心接收并存储其管理区域内监测建筑和数据中转站上传的数据，并对其管理区域内的能耗数据进行处理、分析、展示和发布	2013～2015年	区建交局
智慧社区服务平台系统	以招宝山街道为试点，整合现有政府、社区、运营商和加盟商各类信息化数据资源为落脚点，以满足社区居民日益增长的信息化需求为出发点，通过智慧社区的建设，整合社区庞大而烦琐的信息量，通过传感器推广物联网在社区中的应用，实现政府部门的社区管理和社区服务的数字化、便捷化和智慧化，进一步促进社区居民交流，构建和谐社区	2013～2015年	区民政局
城市公共信息平台	1. 完善平台建设所需的软硬件支撑系统，用于数据运算与存储、平台运行及安全保障等； 2. 建立支撑数据、运维管理服务系统、目录管理与服务系统、数据交换服务系统、数据整合服务系统、门户系统、接口与服务系统等，对资源进行管理和可视化展现，并统一对外提供服务	2013年：完成项目规划设计； 2014年：完成项目详细规划方案编制，平台设计和框架搭建，制定数据更新与共享应用机制，完成项目招标工作； 2015年：完成云计算数据中心一期建设，实现委办局自建的应用系统接入，接入率达20%，开始建设对公众和企业的信息资源公共平台； 2016年：实现委办局自建的应用系统接入，接入率达50%，初步建成对公众和企业的信息资源公共平台； 2017年：云计算数据中心二期扩容，实现委办局自建的应用系统接入率达75%以上，基于平台新建的系统接入率达100%，建成对公众和企业的信息资源公共平台	责任单位：发改局 配合单位：相关局、公共服务机构、专业公司

续表

项目名称	建设内容	建设周期	承担单位
城市未来体验馆	建成城市未来体验馆，主要建设三维网络规划辅助决策支持系统、图文一体化的规划管理信息系统、三维互动规划展示系统、专业规划信息系统等系统，为辅助决策、城乡建设和规划、招商引资等提供一体化、可视化的技术支撑服务	2013 年：完成基础地理信息收集工作； 2014 年：开始建立模型结构，设计计算分析软件，完成总进度的 20%； 2015 年：全面完成覆盖分析体系，建成城市未来体验馆	责任单位：区住建（规划）局配合单位：发展改革委、国土、城管、经信、公安等

但是，智慧城市建设的发展路径与模式仍处于不断探索实践中，各方参与建设的主体（政府、企业、社会）在对发展目标的认知上存在一定差异。因此，在提出智慧城市发展战略的同时，亟待构建一套指向明确、科学合理、体系完善、可操作性强的智慧城市评价指标体系，以期较为准确地衡量智慧城市建设的主要进展与发展水平，为进一步推动智慧城市的健康快速发展提供有益参考[186]。对智慧城市建设成果进行量化计算、科学评测的方法体系，是智慧城市建设的行动指南，也是检验智慧城市成果的具体体现，将起到方向引领、监测指导、量化评估等积极作用[187]。

8.6.1 智慧城市评价指标体系

王思雪、郑磊[185]对欧盟中等规模城市智慧排名评价指标、IBM 智慧城市评估标准和要素、浦东新区智慧城市指标体系 1.0、南京市信息中心智慧城市评价指标体系和智慧台湾绩效指标等 5 个智慧城市评价指标体系进行了综合比较研究，并就各个比较结果做了详细的分析和说明，探讨了其内容与特征的差别及原因，为未来智慧城市评价指标体系设计提出值得借鉴的经验和原则。

顾德道、乔雯[186]借鉴 Giffinger 教授归纳的智慧城市主要特点，根据我国信息化与智慧城市发展的现实情况，从智慧人群、智慧基础设施、智慧治理、智慧民生、智慧经济、智慧环境与智慧规划建设等 7 个层面出发，构建了一套以客观指标为主、操作性较强的智慧城市评价指标体系。

邓贤峰[188]考虑到智慧城市的特征、建设的基本思路和推进模式，将智慧城市建设的评价指标体系分为智慧城市网络互联领域、城市智慧产业领域、城市智慧服务领域、城市智慧人文领域 4 大部分。智慧城市网络互联领域包括 5 个指标项，城市智慧产业领域包括 7 个指标项，城市智慧服务领域包括 4 个指标项，城市智慧人文领域包括 5 个指标项，总共 21 个评价指标。并对南京市的智慧城市水平进行了综合评价与分析。

郭曦榕、吴险峰[184]认为智慧城市应具备全面感知、充分互联、有效整合，协同共享、开放应用的特征，将智慧城市发展水平评价指标体系分为基础设施、公共管理和服务、信息服务经济发展、人文科学素养和市民主观感知等 5 个一级指标，并下分 19 个二级指标和 64 个三级指标。

李贤毅、邓晓宇[187]统筹考虑了城市信息网络基础设施发展水平、综合竞争力、政策法规、绿色低碳、人文科技等方面因素，还包括了智慧化交通管理、医疗教育体系、环保网络以及产业可持续发展能力、市民文化科学素养等软件条件，将智慧城市评价指标体系按泛在网络、智慧应用、公共支撑平台、价值实现 4 个方面进行，包括 19 个二级指标、57 个三级指标。

项勇，任宏[189]基于 ANP – TOPSIS 方法进行智慧城市的评价研究，将智慧城市评价网络关系分为宏观层、网络关系层和评价等 3 个层面。宏观层面包括经济、技术和社会 3 个方面；而网络关系层在 3 个宏观准则前提下，分为城市基础设施、城市公共管理服务、城市信息与经济发展、城市人文科学素养和城市居民主观感知 5 个评价因素集；对应每个评价因素集有相应的 19 个二级指标。该评价模型的特点是不同评价因素集在智慧城市建设过程中存在着不同层面的关联和影响。

刘笑音、郑淑蓉[190]基于主成分分析方法对我国智慧城市发展潜力进行评价。该指标体系统筹考虑了智慧城市建设的基础设施发展水平、城市综合竞争能力、政府政策支持、相关产业的支撑、科学技术水平投入等多个方面，从信息基础设施、公共支撑平台、城市竞争力、价值实现 4 个维度构建 19 个二级指标。

顾德道、乔雯[186]从智慧人群、智慧基础设施、智慧治理、智慧民生、智慧经济、智慧环境与智慧规划建设 7 个层面，以及 11 个二级指标和 27 个三级指标构建了一套以客观指标为主、操作性较强的智慧城市评价指标体系，为智慧城市的健康发展提供有益参考。

黄少辉、周溪召[191]采用系统动力学的方法,结合国内外智慧城市发展的历程和现状,构建了 5 个一级指标、22 个二级指标、51 个三级指标的智慧城市评价体系,通过评价指标之间的因果关系分析和因果流图的梳理,实现了智慧城市发展状况进行定量和定性分析,为智慧城市的全面和可持续发展提供了参考依据。

陈铭、王乾晨、张晓海、张晓伟[192]考虑到"智慧城市"的特征、建设的基本思路和推进模式,将其评价指标体系分成了基础设施领域、智慧产业领域、智慧服务领域、智慧人文领域 4 大部分、23 个详细评价指标,并以南京市作为案例,进行智慧城市水平测度与分析。

李印、王晓燕、张安安、毛云骞[193]将城市智慧交通系统评价指标分为 5 个方面二级指标:智慧出行、智慧交通管理水平、社会资源适应性、环境影响及安全状况,以及 31 个三级指标,并利用层次分析法确定各指标的权重,最后运用模糊综合评价的方法进行了评价与分析。

上述学者所建立的智慧城市评价指标体系可整理如表 8 - 8 所示。

表 8 - 8 智慧城市评价指标群

二级指标	三级指标	单位	备注
智慧基础领域	无线网络覆盖率	%	无线网络覆盖率是反映一个城市网络基础设施的发展水平,也是衡量城市运行效率、信息化程度以及竞争水平的重要标志
	光纤接入覆盖率	%	光纤接入覆盖率同样是反映了一个城市基础设施的发展水平,与"无线网络覆盖率"指标相同,该项指标也成为城市未来建设以物联网为代表的智慧城市的重要参考指标
	户均网络宽带	兆比特/秒	一般把户均网络带宽作为衡量一个国家或一个城市保持经济繁荣的基础
	国家级重点实验室数量	个	国家级重点实验室在一个城市的数量和学科分布领域,从一个侧面反映出这个城市的总体科技水平
	智能电网技术和装备应用	等级	智能电网是当前全球电力工业关注的热点,引领了电网的未来发展方向,也是一个城市重要的基础设施标志。智能电网技术和装备应用水平高低直接关系到智慧城市建设的进程和绩效

续表

二级指标	三级指标	单位	备注
智慧基础领域	每百人移动电话持有数	部	可直接从统计年鉴获取
	有线电视双向数字化改造率	%	指有线电视完成双向数字化改造的用户数占城市全部有线电视用户数的比例
	每百户家庭计算机拥有量	台	可直接从统计年鉴获取
	有线宽带接入率	%	指接入宽带的家庭占全市家庭总数的比重，反映城市宽带发展速度与宽带家庭渗透率
	政府数据中心、四大基础数据库、信息安全灾备建设情况	等级	政府数据中心建设包括自建数据中心，也包括利用外部数据服务的情况。四大基础数据库的建设情况（人口、法人、空间地理、宏观经济）主要包括建设的完备性和共享性。信息安全灾备建设主要指政府部门灾备制度的制定、灾备机构的设置和人员配置等
	通信网络共建共享	等级	主要指"三网"融合水平和小区驻地网共建共享水平
产业评价	智慧产业固定资产投资额	亿元	按照我国《国民经济行业分类》，智慧产业应包括：服务业内的电信业、计算机服务业、软件业、科学研究和专业技术服务业、科技交流和推广服务业，以及互联网信息服务、咨询和调查服务、知识产权服务、会议及展览服务业；制造业内的通信设备、计算机及其他电子设备制造业等
	智慧产业 R&D 经费支出	亿元	该指标反映智慧产业的知识生产投入。主要内容包括：R&D 活动人员数量、素质及其工作量情况；R&D 经费支出、用途及来源情况；研发用仪器设备等固定资产拥有情况；各类研发机构的基本情况；R&D 项目（课题）的研究类型、组织方式及社会经济目标等情况；专利等自主知识产权的拥有及使用情况；技术引进、消化吸收和技术改造情况；政府给予研发活动的税收减免情况等
	智慧产业占 GDP 比重	%	本指标反映智慧产业对于城市经济发展总量的影响
	智慧产业从业人员数	万人	智慧产业从业人员数直接反映了智慧产业对城市就业的影响。具体数值见各年度《中国城市统计年鉴》。智慧城市的建设会大幅提高相关产业就业人数

续表

二级指标	三级指标	单位	备注
产业评价	智慧产业年发明专利申请总量	件	在知识经济和创新型经济日益发展的今天，年度发明专利申请总量标志着城市发展的动力。智慧产业年发明专利申请总量反映了智慧城市及智慧产业建设对于城市加快产业结构转型，掌握核心技术，提升产业核心竞争力和建设创新型城市目标的推动作用。所以把智慧产业年发明专利申请总量作为指标来反映一个城市智慧产业发展状况是恰当的
	电子商务交易额	亿元	电子商务作为推动传统产业发展，提升市民生活品质的重要手段，其交易额可作为产业升级的代表指标
	万元 GDP 能耗	吨标准煤	是指一个国家或地区全社会能源消费总量与实现的生产总值之比，即每万元生产总值所消耗的能源总量。该指标是综合反映能源消费所获得的经济成果的重要指标，是体现能源利用效率和经济增长方式转变的标志性指标
服务领域评价	政府行政效能指数	分值	智慧的政府能够实现多部门集成和一站式服务，提高政府的服务效率，提高市民对政府的满意度。政府行政效能指数由市民诉求提前办结情况、行政审批事项提前办结情况、市民满意率、企业满意率 4 个分项组成。政府行政效能指数满分为 100 分，每个分项满分为 25 分
	协同应用系统数量	个	协同运作是智慧城市的一个重要特征，协同应用系统的数量与覆盖面直接体现了智慧城市的服务能力
	智慧公共服务应用普及率	%	智慧社会公共服务包括医药卫生、城市管理、城市交通等多个方面。按照智慧城市建设的基本模式考虑，将重点建设智能交通、智慧医疗、智慧市民卡、智慧生态、智慧社区等工程。智慧社会公共服务普及率由智能交通道路应用率、电子病历普及率、市民卡普及率、城市雨污分流污水管应用率、智慧社区体验率 5 个分项组成
	智慧服务建设资金投入额	亿元	智慧城市建设要吸引社会资本的投入，但政府的投入也必不可少，智慧服务建设更是政府投入的重点。目前应由政府投资主导建设的领域主要包括智能交通系统、智慧医疗、政务数据中心、市民卡、雨污分流改造、城市应急指挥系统等工程

续表

二级指标	三级指标	单位	备注
智慧治理	政务微博发布数	个	反映政府电子政务水平
	是否有一站式网上行政审批服务及电子监察系统		
	市政府门户网站点击量	次	
	人代会议案立案数	个	反映了政府决策的公共参与程度
	政协委员提案立案数	个	
	听证会数量	个	
	一般公共服务支出（地方财政）	万元	可直接用统计年鉴中的一般公共服务支出（地方财政）加以反映
人文评价	人均GDP	美元	GDP总量指标反映了经济整体规模和水平，而人均GDP指标则是衡量经济发展质量的标杆之一。在国际上人均GDP通常被用来划分经济发展阶段及发展水平。智慧城市的构建目的，不仅在于推进城市GDP总量的增长，更在于提高人民群众的生产生活水平
	大专及以上文化程度人口比重	%	创新驱动型经济，是以信息革命和经济全球化为背景，以知识和人才为依托。提高城市市民的素质，造就创新城市建设和管理人才，是智慧城市的灵魂。人才是发展智慧产业、构建智慧城市的决定性因素
	信息服务业从业人员占全社会从业人员的比重	%	信息服务业已成为拉动经济增长、解决就业问题、提高城市化水平的重要产业，正在国民经济中发挥着日益巨大的作用。国际上一般认为，服务经济为主的产业结构，核心标志是"双60"：服务业增加值占国内生产总值（GDP）的比重超过60%，服务业从业人员占全社会从业人员的比重超过60%。信息服务业从业人员占全社会从业人员的比重随着经济和社会的发展不断增加，是信息服务业繁荣的体现，也是智慧城市的重要标志之一
	信息化水平总指数	分值	信息化水平总指数是继国内生产总值（GDP）之后反映信息时代国家综合实力的重要指标，是由对5个分类指数——基础设施建设指数、使用费率与负担能力指数、知识与应用能力指数、使用与普及程度指数、环境与应用效果指数进行综合测算得出来的

续表

二级指标	三级指标	单位	备注
人文评价	城市公共服务满意度调查	分值	2010 年 2 月，《小康》杂志社中国全面小康研究中心联合清华大学媒介调查研究室，就医疗卫生、社会保障、就业服务、保障性住房、公共交通、公共安全、环境保护、义务教育、文化休闲娱乐、政府信息公开、市政建设、司法、政府与民众互动等若干民生重点领域的公共服务水平在全国 13 个城市（上海、杭州、广州、郑州、北京、呼和浩特、重庆、武汉、合肥、成都、西安、海口、昆明）发起调查。经过对调查结果进行加权处理，并参考国家统计局监测数据及大量社会信息，得出 2009～2010 年中国公共服务小康指数为 71.5 分
	文化创意产业占 GDP 比重	%	根据联合国教科文组织的定义，文化创意产业包含文化产品、文化服务与知识产权三项内容。任何一种文化创意活动，都要在一定的文化背景下进行，依靠人的灵感和想象力，借助科技对传统文化资源再提升。由于文化创意产业属于知识密集型新兴产业，因此该产业在 GDP 中所占比重，直接反映城市在人文方面的智慧程度
智慧人群	每万人受过高等教育人数	人	主要反映智慧主体水平
	每万人拥有科技人员数	人	
	信息产业从业人数占全社会从业人数比重	%	
	人均公共图书馆书刊文献外借次数	次/人	反映终身学习偏好情况
	城镇居民人均教育支出所占比重	%	反映居民人力资本投入情况
	人均信息消费系数	%	指个人消费中除去衣食住外杂费的比率
	人均电子商务交易额	万元	指平均每位城市居民通过计算机网络所完成的交易活动的成交额
智慧民生	基本养老保险覆盖率	%	反映社保建设水平
	基本医疗保险覆盖率	%	
	网上预约挂号医院比例	%	反映智慧医疗服务
	人均交通卡拥有数量	个/人	用当年城市常住人口去除城市 5 年内交通卡发卡总量（不足 5 年，按照实际年限计算）
	城市交通诱导系统	等级	是主观指标，主要对城市路况诱导、车位诱导系统进行专家打分
	公交站牌电子化率	%	指电子公交站牌在城市所有公交站牌中的比例

续表

二级指标	三级指标	单位	备注
云平台	服务企业的百分比	%	智慧城市离不开云计算的支持，云计算平台将成为智慧城市的"大脑"，实现对海量数据的存储与计算。云计算通过网络使用各种信息资源与服务的方式，将改变传统信息资源的获取与管理模式，实现资源的集约共享
	云计算产业产值	亿元	
信息安全	物理安全指数		信息安全是智慧城市发展的基础保障。随着我国国民经济和社会发展对信息化依赖度越来越高，网络信息安全问题日益突出
	数据安全指数		
智慧交通	交通信息管理服务能力	等级	智慧交通系统主要包括交通控制系统、电子警察系统、交通信息枢纽平台、交通监控系统、智能公交和电子车牌等。通过整合公共交通资源，向社会提供交通信息服务，提升交通管理水平
	智能传感终端安装率	%	
智慧物流	物流企业信息化使用率	%	智慧物流是以数据中心为核心，以通信网络为基础，通过定位、跟踪、监控（传感）、自动化管理等多种技术手段实现的"智慧"型高效率、低碳综合型解决方案
	物流电子商务交易金额占比	%	
	货物 RFID 标签使用率	%	
智慧建筑	信息网络应用程度		智慧建筑是以建筑为平台，兼备建筑设备、办公自动化及通信网络系统，集结构、系统、服务、管理及它们之间的最优化组合，向人们提供一个安全、高效、舒适、便利的建筑环境
	节能环保技术应用程度	等级	
智慧教育	教育资源的共享程度	等级	智慧教育是通过信息技术在教育领域的广泛应用，达到高效开发教育资源、优化教育过程、提高教育质量和效益，从而推动教育的改革和发展，培养适应信息社会要求的创新人才，以及促进教育现代化的基础和前提
	教育过程的优化程度	等级	
	教育质量与效益的提升程度	等级	
智慧家庭	家庭智能表具安装率	%	智慧家庭是以住宅为平台，兼备建筑、网络通信、信息家电、设备自动化，集系统、结构、服务、管理为一体的高效、舒适、安全、便利、环保的居住环境。利用先进的计算机技术、网络通信技术、自动控制技术和综合布线技术等，将与家居生活有关的家庭安全防护系统、网络服务系统和家庭自动化系统等各种子系统有机地组合成家庭综合服务与管理集成系统。通过统筹管理，让家居生活更加舒适、安全、有效
	家庭信息化互动率	%	
	家庭信息化支出	元	

8.6.2　智慧城市建设的对策与建议

综合相关文献的研究成果，建议在浙江智慧城市建设过程中应着重采取以下策略[194][194][195]：

第一，推进智慧城市建设的创新路径。由于政治体制、经济发展水平、人文与地理环境的差异，注定了中国的城市智慧信息化建设不能照搬照抄国外智慧城市建设的经验；同样国内各个省市不同城市之间的建设思路也会千差万别，只有在建设模式、运营体制、管理策略等问题上不断创新，才能找出适合本地的智慧城市建设思路，将智慧城市建设落到实处，让人们切实受益。

第二，加强智慧城市建设的标准规范。没有统一的标准规范，就不可能实现不同网络之间的数据交换、不同行业之间信息的共享和数据的深层次挖掘与分析，进而智慧城市建设将成为空谈。城市之间的建设思路和形式应该是千差万别、风格各异的，但是基层数据之间、业务模块之间需要统一标准，否则各个城市的智慧城市建设只会成为信息孤岛，无法实现互联物联基础上的整体最优效率和效益。

第三，协调好智慧城市建设中信息系统与城市经济体制与文化之间的关系。从技术角度出发，智慧城市需要各个行业和部门之间信息绝对的共享，然而由于部门之间权责的不同划分以及受文化、安全等因素的影响，信息不能做到绝对的共享。从目前所处的历史时期来看，中国应该借助智慧城市建设浪潮，推进政治经济体制改革，积极探索信息化高速发展条件下的政治、经济、文化、科技的有机协调的组织和发展形式。

第四，坚持以需求为导向。智慧城市的建设不是一蹴而就的过程而是逐渐发展的过程，这就决定了智慧城市的建设应该从需求最迫切的地方做起。目前中国城市化进程是自下而上的过程，这也决定了城市的信息化和智慧化过程必须自下而上的进行。因此，智慧城市的建设必须从底层出发，以具体需求为导向，分步分阶段稳妥实施和推进。

第五，加强支撑平台建设和理论体系建议。进一步发挥智慧城市建设的各种合作交流平台的作用，创新形式和内容，建设智慧浙江展示体验馆，进一步普及智慧城市知识，展示智慧城市建设成果，进一步扩大对外宣传，促进合作交流，打造出国内一流的智慧城市专业展会品牌。着力构筑人才培养的平台，发挥高校科研机构资源力量，组织开展多层次的智慧城市人才培训，尤其要抓好推进智慧城市建设的领导干部和工作人员的培训，深入学习国内外智慧城市建设的先进理念和经验，尽快提升领导水平和业务能力，以尽快适应智慧城市建设的要求。要加强研究咨询平台建设，在加强智慧城市研究院队伍建设的同时，积极探索建立开放合作的研究机制，善于利用国内外相关优势研究资源力量，着眼于解决智慧城市建设现实的重点和难点问题，尽快研究出一批高水平、具有较大实践指导意义的理论成果，为全市各领域智慧化建设提供及时有效的咨询服务和科学指导。要突出抓好政策法规标准体系建设，为智慧城市建设提供重要支撑。

8.7 低碳交通评价指标与对策建议

当前中国正处于加快构建现代综合交通运输体系的关键时期，绿色低碳发展是交通运输现代化的重要特征和必然要求[196]。低碳交通是节约城市资源、缓解城市交通拥堵、减少交通碳排放、促进社会经济发展低碳转型的重要举措。

浙江省作为交通运输部3个"绿色交通省"创建试点省份之一，自2015年开展创建工作以来，全省交通运输行业紧紧围绕"打造绿色交通、建设美丽浙江"主题，以6个绿色交通城市、4条绿色公路、2个绿色港口、3条绿色航道、6个绿色公交城市建设为重点，全面推进绿色交通项目实施，绿色交通发展成绩显著。2015年全年实现节能47万吨标准煤，替代能源31万吨标准油，减少二氧化碳排放122万吨，获得首批中央财政补助资金1.529亿元，落实省财政公共预算支持4000万元，有效带动了39个重点支撑项目投资247.7亿元。与2010年相比，营运客车、货车单位能耗分别下降了3.5%、7%，船舶单位运输周转量能耗下降了10%，港口生产单位吞吐量能耗下降了8%，路面旧料再生利用达97.3万吨，回收利用率达99.5%以上。杭州市还被交通运输部授予"绿色交通城市"荣誉称号。

2016 年，浙江省改革委印发《浙江省低碳发展"十三五"规划》（以下简称《规划》），其中提出切实推动交通低碳化。要求统筹推进铁路、公路、水路、民航等多种运输方式协调发展，加快零换乘交通枢纽建设；优化交通出行方式，加强各类公共交通的配合衔接，加快城市慢行系统建设，全面打造以轨道交通和快速公交为骨干、以常规公交为支撑、出租车和电动租赁汽车为补充、步行和骑行等慢行交通为延伸的综合性公共交通体系；以及加速现有高能耗、高污染、高排放的车船改造或淘汰，大力推广新能源、清洁能源交通运输装备，提升机动车和船舶燃油品质。《规划》的发布，为浙江省下一步绿色交通发展指明了方向，对于浙江省促进交通运输绿色发展、低碳发展、可持续发展以及"两美"浙江的建设具有重要意义。

8.7.1 低碳交通评价指标体系

城市交通低碳发展评价指标体系是描述和反映交通低碳发展状况的基础，是推动城市交通低碳建设、制定策略措施的主要依据[197]。

欧阳斌、张跃军、郭杰[196]从综合交通运输的视角，构建低碳交通运输发展的综合性评价指标，提出交通运输业的能源消费量与碳排放量、交通运输业单位增加值的能源消费量与碳排放量、人均交通运输能源消费与碳排放量等 3 个单位换算周转量指标，构建了低碳交通运输综合评价指标，对 2005 ~ 2010 年中国低碳交通运输发展状况进行实证评价。

文军、朴莲花、张晓明[198]认为城市交通系统是一个复杂多样的系统，交通规划方案的编制应该涉及交通网络建设、交通方式选择、交通管理与政策等核心内容。评估指标体系的基本框架应围绕"紧凑、多样、低碳"3 个基本要素，并构建了包括低碳交通网络、集约土地利用和低碳管理政策 3 个评估要素，公共交通网络、慢性交通网络、枢纽用地开发、停车用地控制、清洁能源使用、智能交通服务和车辆减排政策 7 个评估路径、18 个核心指标的低碳交通规划评估指标体系。

齐文、宋庆亮、李琳娜[197]基于 DPSIR 模型原理采用逐层分解的方法将城市交通低碳发展评价指标体系分为 3 个层次，驱动力指标、压力指标、状态、影响和响应指标 5 个目标层和 45 个指标。

郭杰、陈建营、欧阳斌[199]认为低碳交通的发展问题涉及资源、能源、经济、社会等多方面的内容，根据科学性、系统性、简明性、可比性和适用性原则将低碳交通评价指标体系分为基础设施、运输装备、运输组织管理和城市交通四大属性层，下分18个指标。

张陶新[200]从城市、政府和社会三个主体如何在保护生态环境、发展经济、改善民生的前提下借助技术进步、通过政策驱动来全面推进城市低碳交通发展进程的角度来构建了低碳交通评价指标体系。该体系包括了4个维度和反映城市低碳交通系统特征的12个要素指标。

伍慧、李理[201]将DPSIR模型与城市绿色低碳交通发展的机理结合起来，分析城市交通绿色低碳发展的驱动、压力、状况、影响以及响应的影响因素，通过指标筛选流程与办法，建立了20个具体指标的城市交通绿色低碳发展评价指标体系。通过对综合评价的几种不同方法比较分析，选取层次分析法确定各指标在评价中的权重，提出了基于物元可拓评价法的城市绿色低碳交通发展评价模型。

李方正、肖瑶、李雄[202]选取了12个相对易获取和可操作的指标作为低碳绿道规划的定量因子，将低碳城市理念运用于绿道规划中。该指标体系注重了可控和量化的绿道规划方法，从空间层面探讨绿道规划的低碳化方法。

胡赛阳[203]基于低碳理念，提出采用CO_2排放量定量评价交通体系，制定了包含5个一级指标和27个二级指标的低碳交通评价体系，用层次分析法（AHP法）得到各个指标的权重，研究该评价体系在清远市交通体系低碳属性评价中的应用。

欧阳斌、张跃军、郭杰[196]提出交通运输业单位换算周转量、单位增加值及人均的交通运输能源消费量与碳排放量等3个指标考察低碳交通运输发展状况，从国家和区域层面对中国低碳交通运输发展状况进行了评价。

王建伟、张晓明、宋庆亮、高洁[204]基于可持续发展评价的理论和方法，结合低碳交通运输发展内涵，应用压力—状态—响应（PSR）模型提出了低碳交通运输发展指数，建立了15个具体指标的低碳交通运输发展评价指标体系，并使用熵值法和综合评价法对河北省低碳交通运输发展评价进行了实例研究。

张志俊[205]根据低碳交通建设统计监测指标体系的构建原则，结合我国低碳交通建设的实际和建设思路，从效率提升、结构优化、需求调控、管理创新等4个方面、27个调查指标、27个推算指标来构建低碳交通建设统计监测指标体系。

郭杰、陈建营、欧阳斌[199]提出了由基础设施、运输装备、运输组织管理和城市交通4个指标的属性层，车辆装备、交通流管理、运输生产效率等8个指标的要素层，以及18个具体指标组成的低碳交通评价指标体系。

宿凤鸣[206]从系统论的角度，构建了交通工具、交通基础设施、交通政策法规等3项二级指标，以及16项三级指标的评价指标体系。该低碳化评价指标体系注重实现交通领域的全周期全产业链的低碳发展，促进社会经济发展的低碳转型。

程东祥、陈静、诸大建、颜大伟、吴秀玲[207]基于导向性、数据可获取性与可比性等基本原则，构建区域低碳交通评价指标体系。该体系包括低碳交通能效指标和低碳交通运营指标2个一级指标、6个二级指标、15个三级指标。

上述指标可整理如表8-9所示。

表8-9　　　　　　　　　低碳交通评价指标群

二级指标	三级指标	单位	备注
公共交通网络	大中运量公交站点600米半径覆盖人口比例（建议值>70）	%	公共交通出行是低碳出行的重要组成部分，尤其是中长距离出行。城市公共交通出行比例很大程度上是由公共交通网络完善程度决定的
	大中运量公交站点600米半径覆盖就业比例（建议值>70）	%	
	常规公交站点500米半径覆盖率（建议值>90）	%	
	公交专用道设置率（建议值>20）	%	
	万人公交车标台数（建议值>12）	辆/万人	
	公交系统多样性（建议值：2种及以上）		

续表

二级指标	三级指标	单位	备注
慢行交通网络	道路网络密度（建议值>8.0）	公里/平方公里	慢行是零排放交通方式，城市交通低碳发展最重要的手段是大力发展慢行交通。慢行交通网络的完善程度是城市慢行交通比例的最大决定因素
	自行车专用道设置率（建议值>60）	%	
	自行车停放设施设覆盖率（建议值：100）	%	
	公共自行车租赁点密度（建议值>11）	个/平方公里	
	慢行交通道路空间比例（建议值>30）	%	
枢纽用地开发	综合体发开占枢纽比例（建议值：100）	%	交通枢纽是几种运输方式或几条运输干线交会的重要交通节点。枢纽用地开发的综合程度，在一定程度上影响出行者的出行需求和出行方式选择
停车用地控制	轨道沿线停车配建指标下调比例（建议值：15）	%	停车是小汽车出行的重要环节，停车设施供应在一定程度上影响小汽车使用，从而影响交通碳排放
清洁能源使用	清洁能源车辆使用比例（建议值：公交车85%；小汽车30%）	%	交通碳排放来源于车辆排放，而清洁能源车辆是以清洁燃料取代传统汽油的环保型汽车的统称，其特征在于能耗低、污染物排放少，属于环保友好型
	电动车充电设施设置率（建议值>5）	%	
智能交通设施及服务	智能交通信息服务系统覆盖	%	根据相关研究，依靠智能交通系统（ITS）以及交通信息化一面方可以直接大幅度提高交通通行效率，可使整个路网的通行能力提高20%～30%，使燃油消耗降低25%～50%，从而降低交通碳排放
交通减排政策	命令控制型政策		当前，许多国家和地区为解决机动车保有量增长带来的日益严重的环境压力，针对限制机动车拥有和控制机动车使用出台了许多种政策措施，并取得了一定的交通减排效果。车辆减排政策主要包括命令控制型政策和财税手段
	财税政策		

续表

二级指标	三级指标	单位	备注
交通能源结构	系统能耗总量	吨标准煤	系统能耗总量指将大城市低碳客运交通系统中每年各种交通方式消耗的能源包括电力、标准煤、汽油、柴油等能源分别转化成标准能量来计量的能源总量值，是反映系统能耗性的关键性指标
	公共交通能耗比	%	公共交通能耗比表示低碳客运交通系统中，由公共交通所分担的系统能耗比例，是反映系统能源结构的指标。通过计算公共交通能耗所占的比例，可以显示一个城市其交通用能结构的合理性以及公共交通的发展优越性。显然，公共交通能耗所占的比例越大，其交通运输效率也就越高，更趋于节能的系统结构
能效性	单位里程人均能耗	兆焦耳/人/公里	单位里程人均能耗指在城市低碳客运交通系统中，对于常住人口，一年中，平均每个人行驶单位公里所要消耗的能源以兆焦耳为标准计量单位。该指标反映城市交通的能耗情况，以及能源在城市客运交通系统利用的有效性
	节能设施使用率	%	节能设施使用率指有利于交通系统节能、减排的先进设备，如驾驶模拟器、新型节能灯、新能源客车等的使用程度。通过节能设施使用率来反映低碳客运交通系统的能效性，系统对于节约能源的发展程度，进而反映系统的能源结构情况
投资成本	交通设施建设成本	亿元	交通设施建设成本指在整个客运交通系统建设过程中每年所用到的人力、物力等花费的总成本
	维护费用	百万元	维护费用指交通系统建成后，维持系统运营或者进行设备维护，每年所产生的必要的相关费用
经济效益	投资回收期	年	交通项目的投资回收期指从项目的投建之日起，用项目所得的净收益偿还原始投资所需要的年限。投资回收期分为静态投资回收期与动态投资回收期两种，本书主要考虑交通建设项目的静态投资回收期作为评价指标
社会效益	提供就业岗位	个	提供就业岗位指交通建设每百万资金投入，所创造的就业岗位数

续表

二级指标	三级指标	单位	备注
交通功能	高峰时段主干道平均车速	公里/小时	建成区路网区域内,主干道上机动车在早、晚交通流高峰时段的平均行程车速。行程车速是指车辆通过某段道路的长度与通过该条道路所需要的总时间之比
	公共交通出行比例	%	公共交通出行比例指城市每年的客运交通运输总量中公共交通方式出行所占的百分比。该指标是衡量公共交通发展、城市交通结构合理性的重要指标,也是低碳客运交通系统实质的表现指标
	公交站点覆盖率	%	公交站点覆盖率,亦称公交站点服务面积率,是公交站点服务面积占城市用地面积的百分比,是反映城市居民接近公交程度的一个重要指标。通常按300米和500米半径计算,《城市道路交通规划设计规范》规定的公交站点覆盖率,按300米半径计算,不小于50%,按500米计算,不小于90%
换乘功能	平均换乘系数		平均换乘系数指在一次换乘中公交总乘客数与直达乘客数的比值,用来衡量公交乘客直达程度和公交服务水平。城市公交的发展目标是直达、快捷以及少换乘。一般的换乘系数,大城市不应超过1.5,中、小城市不应超过1.3
商业功能	土地开发影响率	%	土地开发影响率指大城市低碳客运系统的建设,包括城市轨道交通等各种交通设施的建设,对沿线的土地开发、土地商业价值、客流量变化、人们出行等的影响程度。土地开发影响率指标突出反映城市低碳客运系统的商业功能。该指标属于定性指标,取为最佳参考值,越接近于1,表示对低碳交通的建设贡献越大
大气环境影响	路段空气质量超标率	%	路段空气质量超标率指空气质量超标路段里程占城市道路总里程的百分比。它反映了城市低碳客运交通与城市环境的协调性
	CO_2 排放量	吨	CO_2 排放量指城市低碳客运交通系统中交通工具通过消耗燃料所排放的 CO_2 总量
声影响	交通噪声污染指数		在大城市中,交通的日益发展,交通噪声越来越严重的开始危害市民身心健康。我国城市环境噪声主要是交通噪声和社会生活噪音,而由于交通所带来的噪声污染比重达到60%以上,且随着交通的发展,逐年上升。通过在交通走廊附近设置一定调查点,测量各点的噪声等级,然后用平均值来度量交通噪声污染率

续表

二级指标	三级指标	单位	备注
绿化水平	交通设施绿化率	%	道路绿化率是指道路红线范围内各种绿化带宽度之和占总宽度的百分比。绿化带不仅能充分吸收城市内客运交通工具产生的温室气体和有害物质，也能够降低出行者的视觉疲劳，是评价城市客运系统的重要指标
系统内部协调性	交通方式接驳合理性	等级	交通方式接驳合理性主要指城市的线网系统中主要交通方式，包括地铁线路、路面常规公交、快速公交、私家车等相互之间的换乘，衔接的合理性和便捷性，是低碳客运交通系统内部规划协调性优劣的重要反映。该指标是一个重要的评价指标，只有合理顺畅的路网规划系统才能够保证居民出行的快速便捷，使交通系统最大地发挥其功能
	设备空间分布合理性	等级	设备空间分布合理性指保障系统正常、安全运营的交通设施，如轨道、隧道、高架道路、车站、通风亭、机电设备、供电系统、通信信号等，在一定的空间范围内分布的合理程度。该项指标是定性分析指标，主要反映在低碳客运交通系统，各种交通方式之间的协调程度，是体现系统运输效益的重要指标
	平均绕行系数		客流换乘通道的绕行系数可以反映枢纽内各种交通方式相接驳的通畅性和乘客换乘的方便程度，从一定程度上反映系统内部的协调性
与城市协调性	线网与城市总规划的协调性	等级	线网与城市总体规划的协调是指交通线网的布局线路及场站设置与城市总体的布局结构、自然地质、人文历史、土地利用、景观风貌、旧城改造等协调程度。该指标为定性指标，从整体体现交通与城市的协调和可持续发展
时效性	公交行车准点率	%	公交行车准点率指公共交通行驶过程中能够准点到达指定公交站点的车辆占总出行车辆的比率。公共交通作为城市的主要交通服务方式，其行驶的准点性反映了交通行业为人们提供服务的水平高低，是交通服务性的重点考虑因素
安全性	万车事故率	%	这里的事故率是指在城市客运交通系统中每年发生的交通事故次数与机动车总保有量的比值

续表

二级指标	三级指标	单位	备注
通畅性	平均出行耗时	分钟	平均出行耗时指居民完成一次日常出行需要耗费的平均时间。反映交通通畅性的定性指标。城市规模越大，人们出行能接受的出行时耗也就越大。将90%公共交通的出行时耗T定义为居民可接受的最大出行时耗。其中特大城市为60分钟，大城市为50分钟，中等城市为40分钟
舒适性	高峰拥挤度		高峰拥挤度主要是对于公共交通而言，在客运交通系统中，公交车辆在高峰时段拥挤程度，该指标取值在 [0，1] 之间，当高峰时段车上刚好坐满或者仍有空余座位，即不存在拥挤，则该指标取值为0，反映公共交通系统为乘客提供服务的舒适程度
信息化程度	信息获得程度	等级	信息获得程度是一个定性指标，指城市交通使用者，对于城市交通情况包括交通路线的获得、道路堵车情况、行车安全情况，车辆的开、停等信息的获得和掌握程度，是定性反应低碳客运交通系统信息化水平的指标

8.7.2　发展低碳交通的对策与建议

综合相关研究成果，对于低碳交通的发展提出如下建议[208][209][210][211]：

第一，倡导城市低碳交通理念，引领城市交通可持续发展。城市交通特别是机动车消耗化石能源所排放的 CO_2 加剧了全球的气候变化，并非人们每天都能体验到和感觉到，而是通过各种媒介传播的信息了解到的。人们减少使用化石燃料，在上班或购物时尽量骑自行车或乘坐公交车，减少驾驶机动车出行，都是对城市低碳交通建设的贡献。因此，城市低碳交通建设必须充分调动人们的积极性，提高人们的道德素质、交通专业技能等，将低碳交通的思想渗透城市交通建设的方方面面，成为城市交通建设的基本指导思想，以引领城市交通可持续发展。

第二，注重加强低碳交通运输战略规划的理论基础与顶层设计。各国政府交通运输部门均十分重视战略规划对低碳交通运输的引领作用，不断深化对低碳交通运输发展规律的认识和把握，并适时调整战略规划，以适应不断变化的内外部环境。在不断优化交通运输服务供给的同时，还越来越注重对交通运输需求的合理引导与管理。为提高规划的科学性与可操作性，应注重规划理论体系的构建与完善、规划方法手段的创新、定量模型与软件的运用、规划的规范化管理与民主参与等，在低碳交通运输规划研究与实践中予以格外关注。

第三，大力发展公共交通。加快城市轨道交通建设步伐，主要推进中心城区轨道交通线网加密工程，早日实现轨道交通网络化运行。依靠技术升级和管理创新，对既有线路进行改造，缩短发车时间间隔，进一步提高地铁运输能力，提高安全服务水平。尽快启动市郊铁路建设，充分利用既有铁路线和新建城际铁路资源，开行市郊铁路列车，加强中心城与新城的联系，使市郊铁路具备一定规模和服务范围。

第四，积极促进低碳交通及节能减排技术的发展。低碳交通运输体系建设不仅要切实抓好节能减排，更需要从能源结构、发展方式上走清洁化、低碳化的道路。在节能减排及能源结构低碳化发展的过程中，技术既是转变的壁垒也是必需的支撑。交通主管部门需要加大低碳交通支撑技术研发的投入，会同相关行业和部门整合交通节能减排的各项技术，形成"研发→试点→推广→应用"的技术服务链条。同时加强环保生态材料和新技术在道路建设和改造中的应用，加快开展交通运输行业温室气体排放研究，放眼全局，控制和降低交通行业对生态环境的负面影响。

第五，提高交通系统信息化统计水平。建设城市交通、能源和环境数据库，推进城市能源，尤其是交通能源统计的规范性、公开性和系统性建设，做好城市交通运输企业、加油站、交通管理部门、环保部门的统计数据的规范性、公开性和系统性建设工作。增加城市交通的能耗统计和环境影响评价指标，在相关统计年鉴中增加不同交通方式的能耗和污染物排放指标。

第六，推进城市交通管理体制改革。城市政府应结合自身特点进行交通管理改革，改变城市交通管理体制与城市低碳交通建设不相适应的状况。可以将城市低碳交通建设作为市政府最高领导的工作业绩评估的指标之一。具体评估指标可以包括：公交出行的分担率、非机动交通出行的分担率、交通化石能源消耗 CO_2 及其他污染物的排放因子等。

第七，注重政府公共政策创新与市场机制运用的有机结合。政府通过战略规划引导，妥善处理好政府和市场"两只手"的作用。有关政府部门注重综合运用经济、法律、行政、教育等手段，充分发挥主导作用。切实强化综合协调，积极争取相关部门的支持，统筹协调并充分用好国际与国内、中央与地方、行业内外的各种资源，建立健全协同合作机制，充分发挥政策的叠加效应，形成齐抓共管的合力。坚持以市场为导向，充分发挥市场配置资源的决定性作用，有效调动企业作为节能减排主体的能动作用，注重发挥协会、学会等中介组织在行业自律、信息服务等方面的积极作用，充分调动社会公众的积极性，引导社会公众选择低碳交通方式，形成政府引导、市场调节、企业主体、公众参与的低碳交通运输发展长效机制。

8.8　信息化和工业化融合评价指标与对策建议

信息化与工业化融合，其内涵是在国民经济各个领域应用信息技术，在技术、产品、业务、产业衍生等多个层次实行融合，是生产力、产业结构、经济结构、社会形态、生活方式全面剧烈转变的过程[212]。信息化与工业化融合不仅发生在工业领域，也发生在社会领域、政治领域、文化领域和生活领域。"十二五"期间，我国两化融合顶层设计逐步加强，整体意识日益提高，发展成效不断显现，为制造强国建设奠定了坚实基础。党中央、国务院先后出台《中国制造2025》《关于积极推进"互联网＋"行动的指导意见》《关于深化制造业与互联网融合发展的指导意见》《国家信息化发展战略纲要》等系列文件，两化融合内涵思路不断丰富和创新，覆盖国家、行业、地区的两化融合协同工作机制正在形成。

"十三五"时期，我国两化融合发展环境日益复杂，我国经济发展进入新常态，制造业发展面临资源环境约束强化、要素成本上升、投资出口放缓等挑战，"十三五"时期亟须推动两化深度融合，优化企业资源配置，提升生产经营效率。同时以云计算、大数据、物联网、移动互联网为代表的新一代信息技术正在向制造业加速渗透融合，工业云、工业互联网、智能设备逐步成为制造业发展新基础，个性化定制、服务型制造成为生产方式变革新趋势，融合创新、系统创新、迭代创新、大众创新等正在成为制造业转型升级新动力。

浙江省经信委在 2016 年发布了《浙江省信息化和工业化深度融合国家示范区建设"十三五"规划（2016～2020 年）》，紧密衔接《中国制造 2025》以及工业和信息化部《信息化和工业化深度融合"十三五"发展规划》，全面总结了"十二五"期间我省工业化和信息化建设情况，分析了新时期面临形势，提出"十三五"期间"两化"深度融合的指导思想和发展目标，明确主要建设内容及重点工程，确定示范区建设的保障措施。

8.8.1 信息化和工业化融合评价指标体系

张新、马建华、刘培德[213]等认为两化融合的水平主要包括两化融合的广度和深度，两化融合的广度可以体现在两化相互渗透的范围，深度则体现在深度融合的发展水平。区域两化融合水平评价的指标体系包括信息化水平、产业融合水平、新型工业化水平 3 个一级指标，信息产业发展水平、社会信息化普及水平、信息制造业发展水平、产业渗透水平、深度融合水平、产业结构水平、经济社会效益 7 个二级指标，以及 19 个三级指标。

龚炳铮[214]指出信息化与工业化融合总水平是要通过融合的环境、水平（广度、深度）及融合的效益等 3 个一级指标来评价。两化融合环境包括信息基础设施政策、法律环境、经济发展环境、人文环境等；两化融合水平包括信息技术应用普及率覆盖率、电子商务普及率覆盖率、业务应用创新度和融合普及率覆盖率；两化融合效益包括经济效益和社会效益。

王晰巍、安超、初毅[212]认为信息化与工业化融合可以划分为初始级、基本级、适应级、成熟级、优化级 5 个阶段，并在进行数据采集的基础上，构建了针对工业企业的两化融合评价指标体系。该指标体系包括两化融合战略地位、两化融合的基础设施建设、信息化与工业设备的集成与应用、两化融合带来的能力和效益提升等 4 个一级指标，以及 17 个二级指标。

蔡伟杰、王颖东、辛竹[215]将评估体系分为宏观层面和微观层面，由社会信息化与工业化融合水平、大型企业信息化与工业化融合水平、中小企业信息化与工业化融合水平等 3 部分内容构成。在这 3 个一级指标下，设有 7 个二级指标、22 个三级指标及 57 个四级指标。

李庆伟[216]对于企业两化融合评价指标的选择，基本按照"基础—应用—效益"的标准来分类，评估框架包括水平与能力、效能与效益两大方面，第一方面包括了基础建设、单项应用、综合集成、协同与创新等指标，第二个方面包括了竞争力、经济和社会效益。

汪晓文、杜欣[217]从"两化"融合的基础建设、单向应用、集成创新、技术进步、经济效益与社会效益等6个主要方面、40个具体指标构建了"两化"融合发展复合协同系统评价指标体系。

李钢、胡冰[218]在总结传统企业信息化评价内容和方法的基础上，提出了一个评价企业信息化与工业化融合水平的指标体系。该体系包括了就绪度、成熟度和贡献度等3个二级指标、9个三级指标、27个四级指标，较好地反映了评价企业两化融合过程中的建设（包括软硬件建设项目）对企业两化融合水平的影响和企业信息化系统运行中信息化水平的状况。

乔国厚、王海有[219]构建了以就绪度、应用度以及绩效度作为一级指标、9个二级指标、27个三级指标构成的信息化与工业化融合水平评价指标体系，并以湖北省为例进行实证评价与分析。

周剑、陈杰[220]提出一套覆盖制造业企业全局的两化融合评估体系和评价方法，从水平与能力评估、效能与效益评估2个方面，以及产品、企业管理、价值链3个维度，5个二级指标，9个三级指标，提出制造业企业两化融合评估框架和通用评估指标体系。

李俊奎、朱国芬[221]在充分借鉴江苏省经济和信息化委员会组织制定的"江苏省两化融合典型企业评估指标体系"的基础上，形成了区域"两化"融合评估指标体系的构架。评估指标体系由三级指标构成，其中有支撑度、成熟度、贡献度3个一级指标，12个二级指标，34个三级指标。

李宝玉、黄章树、叶志龙[222]立足于企业实际，构建了2个二级指标、7个三级指标、31个四级指标所组成的具有制造企业共性的两化融合评价指标体系，并对福建省67家制造企业进行实证评价与分析。

上述信息化与工业化融合评价指标可整理归纳如下，见表8-10。

表 8 - 10 信息化和工业化融合评价指标群

二级指标	三级指标	单位	备注
基础设施信息技术设备装备率	每百人计算机拥有量	台/百人	主要包括每百人计算机拥有量；人均信息技术设备（计算机、通信设备硬件及软件）投资金额；每年 IT 投资额占年收入的比例，IT 累计投资总额占固定资产总值的百分比；数控设备、自动化、机电一体化设备数量占生产设备总数量的百分比；企业上网比例，网络带宽及其覆盖率；数据中心建设及信息资源、数据库的数量与规模（建立数据库的种类、数量、容量、数据仓库的数量与规模）；信息资源的覆盖率，信息资源覆盖行业、地区的有关政策法规、企业产品、技术、标准、国内外市场信息，客户信息等的范围
	每年人均信息技术设备投资金额	元/人	
	企业上网比例	%	
	网络带宽及覆盖率	%	
	数控、自动化设备数量占生产设备总数量百分比	%	
	年信息化投资占年产值的百分比	%	
	信息化累计投资总额占固定资产总值的百分比	%	
	数据中心建设及信息资源的覆盖率	%	
	城域网出口宽带	Gbps	数据来源：信息经济评测数据
	固定宽带端口平均速率	Mbps	
	两化融合专项引导资金	万元	数据来源：当地经信主管部门上报
	中小企业信息化服务平台数	台	数据来源：当地经信主管部门上报。反映提供企业信息化服务的在线平台或平台型组织数
政策法律环境	政策法规文件数、贯彻落实情况	等级	颁布的政策法律文件数量及质量、网络犯罪率、引进外资数量、两化融合的组织领导能力及执行力，如制定两化融合的规划、计划项目、资金投入及配套措施的完成率
	网络犯罪率	%	
	引进外资数量占 GDP 比重	%	
	两化融合领导力、执行力	等级	

续表

二级指标	三级指标	单位	备注
信息技术在企业、行业、地区应用普及率、覆盖率	信息技术在产品、服务应用普及率、覆盖率	%	信息技术企业、行业、地区应用普及率、覆盖率，指信息技术在整个企业、产业（行业）、地区中应用普及和覆盖的程度，可细化为下列指标：信息技术在产品和服务中应用普及率、覆盖率，生产过程控制应用普及率、覆盖率，企业资源规划管理系统（ERP）应用普及率、覆盖率；企业供应链管理系统（SCM）应用普及率、覆盖率；企业客户关系管理系统（CRM）应用普及率、覆盖率；商业智能（BI）应用普及率、覆盖率
	辅助设计（CAD）应用普及率、覆盖率	%	
	生产控制普及率、覆盖率	%	
	资源规划管理系统（ERP）应用普及率、覆盖率	%	
	供应链管理系统（SCM）应用普及率、覆盖率	%	
	客户关系管理系统（CRM）应用普及率、覆盖率	%	
	商业智能应用普及率	%	
电子商务普及率、覆盖率	电子商务采购率	%	电子商务采购量占总采购量的比例，网上采购额占采购总额的比例
	电子商务销售率	%	网上销售订单量占总订单量的比例，网上销售额占销售总额的比例
	电子商务交易率	%	指电子商务交易额占总交易额的比例
业务（产品、服务）创新度	业务（产品、服务）内容创新度	等级	IT与各行业业务的融合导致业务创新，覆盖（产品、服务）业务内容、业务流程、实现方法的创新程度，开发产品与服务的新内容，提出企业发展的新任务、新思路、新方案
	业务流程、实现方法创新程度（产品与服务的新任务、新思路、新方案）	等级	应用模式创新、商务模式创新、应用系统创新（包括信息系统解决方案、系统结构创新、硬件设备开发、应用软件创新、系统集成等创新）、服务创新，创新度指在上述各方面实施融合前后对比、与国内外同行对比的差异与创新程度

续表

二级指标	三级指标	单位	备注
信息技术应用创新度	应用系统解决方案创新	等级	应用模式创新、商务模式创新、应用系统创新（包括信息系统解决方案、系统结构创新、硬件设备开发、应用软件创新、系统集成等创新）、服务创新，创新度指在上述各方面实施融合前后对比、与国内外同行对比的差异与创新程度
	软硬件设备与系统集成创新	等级	
	智能化应用（智能控制、管理、决策）覆盖率	%	
信息化与工业化融合覆盖率	融合要素覆盖率	%	融合覆盖率，指涵盖信息化与工业化在战略、产品、业务工艺流程、技术、装备、管理、人力、资源等方面融合的程度
	融合企业在行业、地区企业总数覆盖率	%	融合普及率，指在整个行业（地区）中普及的程度，可用已实现信息化与工业化一定程度融合的企业占全行业（地区）企业总数的百分比表示
社会效益	行业创新能力影响力	等级	指两化融合对上下游企业转型升级的带动作用、促进企业上网，开展信息化与电子商务的带动作用及对行业经营管理与服务信息化的推动作用
	对上下游企业电子商务、信息化的带动作用	等级	
	区域贡献与服务影响	等级	对本地区开展信息化与电子商务的带动作用，对本地区节能减排、吸引外资及经济增长的贡献率，指对比一个会计年度，融合实施后比实施前本地区节能减排、吸引外资及经济增长比例
	地区吸引外资增长率	%	
应用效益	成本费用降低幅度	%	指对比一个会计年度，融合实施前后对比，业务、商务活动成本所需费用降低之比例
	经济收益增长率	%	指对比一个会计年度，融合实施后比实施前经营收入增长之比例
	劳动生产率提升率	%	指对比一个会计年度，融合实施前后比劳动生产率提高百分比
	投资回报率	%	指在对应的一个会计年度内，实施融合总投入的收益率。投入/产出比指在对应的一个会计年度内，实施融合总投入与总收入之比；初始投资回收期，从投资信息化系统建设开始，经多长时间收回总投资
	工业增加值占 GDP 比重	%	工业增加值占 GDP 比重 = 工业增加值/GDP，可从《统计年鉴》中获得

二级指标	三级指标	单位	备注
应用效益	第二产业全员劳动生产率	元/人/年	第二产业全员劳动生产率=第二产业增加值/第二产业从业人员年平均人数，可从《统计年鉴》中获得
	主营利润率	%	主营利润率=利润总额/主营业务收入，可从《统计年鉴》中获得
	单位工业增加值工业专利量	件/亿元	单位工业增加值工业专利量=工矿企业专利申请受理数/工业增加值，可从《统计年鉴》中获得
	单位GDP能耗	吨标准煤/万元	可从各省的统计局数据获得
	电子信息制造业主营业务收入	亿元	可从各省经信委电子信息行业办统计数据获得
	软件业务收入	亿元	

8.8.2 信息化与工业化融合的对策与建议

根据国家工信部发布的评估体系，2016年浙江省各设区市持续推动信息化和工业化深度融合，两化融合发展水平均有所提升，但由于地区经济基础、经济发展方式、产业结构、企业质量等方面的不同，各地两化融合发展水平仍存在一定差距。根据评估结果，各设区市的两化融合发展水平总体可分为以下三个梯队：第一梯队是杭州市和宁波市，总指数在85以上，为全省两化融合发展最好地区，其中杭州市总指数为93.07，比上年提升7.36，增幅较大。第二梯队是嘉兴、温州、绍兴、金华、湖州和台州六个设区市，总指数处于70~80，呈现你追我赶态势，两化融合发展水平较上年均有不同程度提升，逐步缩小与第一梯队的差距，其中金华市增幅最大，增幅达到8.19，嘉兴、温州和绍兴等地的总指数增幅均在7以上，明显高于上年。第三梯队是衢州市、丽水市和舟山市，总指数处于70以下，其中舟山地区的两化融合发展总指数增幅最大。

根据浙江省的信息化和工业化融合现状，以及相关文献的研究成果，现给出如下几点建议[217][223][224][225][226]：

第一，继续巩固浙江工业基础，坚持工业在国民经济中的命脉地位。不断改善工业产业的发展环境，既要加大基础建设的投入，也要在政策层面灵活多变，以适应日益复杂的市场环境。不断优化产业结构，加快传统制造业的转型升级，加强科技投入与创新，提高工业化的经济效益，以产出绩效为导向，构建资源节约型、环境友好型的工业发展模式，提升可持续发展能力。以工业信息化为重要助力，展开工业企业信息化的全面升级，普及各类工业软件，提高工业企业生产效率，实现资源条件趋紧约束下的最优化生产。

第二，推进信息化与知识创新体系的融合、加大信息安全技术的研发和应用。加强对关键技术的创新，提高自我的研发能力，尤其是对关键部门和领域加大科技投资力度。不断深化科技体制，大力推进科研成果和实际生产的融合，形成"需求型"研发机制，提高科技成果的转化率。培养信息化复合人才，培养开发和运用信息技术能力强且具备专业工业生产的知识复合型人才，为"两化"融合提供人才基础和保障。

第三，将浙江省的工业发展转为以服务型为主的模式，不断提高市场竞争力。信息化促进传统工业企业向服务化转型，借助于信息化手段把服务向业务链的前端和后端延伸，提高产品附加值。信息化必然促进生产性服务业的发展，使得电子商务、物流与供应链、信息服务业等产业得到快速深入发展。

第四，切实注重生产装备的信息化。装备制造业是信息化和工业化融合的重点领域，信息化的生产工具是将"机械化、电气化、自动化"和"数字化、智能化、网络化"形成一体，综合研究、设计和开发的结果。信息化生产工具的研究、开发和生产具有高技术、高成本、高投资、高风险的特点，而且带有很大的行业色彩，专业性很强。生产管理的信息化基本上依赖于通用的网络和计算机技术，实现的困难相对小，许多企业在信息化实践中，重点放在生产管理的信息化。但是，如果过分强调企业资源管理的作用，将导致装备制造业的信息化成为信息化与工业化融合的一个非常薄弱的环节。因此，高度关注生产装备的信息化与工业化融合才是需要解决的关键核心问题。

第五，加强信息技术标准与工业专业技术标准的融合。信息化和工业化与其他领域的知识融合使原来依靠人工和经验的工作也逐步或部分走向工业化。在信息领域或工业领域，关键技术和标准大多掌握在国外大企业的手里，我国主要还是围绕国外的核心技术进行部分应用。因此，国家应加强行业信息技术和工业技术的标准制定和推广工作，奠定信息化与工业化融合的规范化基础。

第六，发展协同高效的制造业创新模式，加强区域之间的统筹协调与交流。协同高效的制造业创新模式是我国实现创新驱动和制造强国的关键所在，也是实现两化融合的重要提升路径之一。因此，应建立完善的制造业"产—学—研—用"协同创新网络，以制造企业为主体，整合创新资源，构建网络化的制造业创新中心，围绕智能工厂和智能制造的转型升级需求，建立专业化、网络化、社会化的智能制造创新服务组织，建立在标准推广、检验检测、成果转化、方案咨询等多个环节实现跨领域、多层次的信息交流机制。

第七，建立信息化带动工业化发展的相关配套措施。从我国经济发展的大环境来看，不管是工业化的发展程度，还是信息化的建设水平，都存在地区差异和城乡差异的状况。浙江要进行信息化带动工业化发展的战略，需要多方面的配合。比如，工业发展的信息化需要农业信息化的支持、农村剩余劳动力的转移和城市化进程影响信息化发展的程度。所以，还要注意不同地区、城乡之间经济建设的协调发展，促进国民经济整体信息化水平的提高。只有这些相关的配套措施得以有效实施，信息化带动工业化发展的进程才有可靠的基础支撑。

8.9 生态文明建设评价指标与对策建议

生态文明体现了人与自然的和谐关系。生态文明，是认识自然、尊重自然、顺应自然、保护自然、合理利用自然，反对漠视自然、糟践自然、滥用自然和盲目干预自然，人类与自然和谐相处的文明。生态文明是现代人类文明的重要组成部分，是物质文明、政治文明、精神文明、社会文明的重要基础和前提，没有良好和安全的生态环境，其他文明就会失去载体。生态文明建设是关系人民福祉、关乎民族未来的长远大计，应把生态文明建设放在突出地位，融入经济建设、政治建设、文化建设、社会建设的各方面和全过程[227]。当前，我国正处在积极推动生态文明建设过程中，面临人口众多，投入需求大、资源相对不足，环境承载能力较弱等社会、环境、技术、经济、政策等方面的难题与挑战[228]。

8.9.1 生态文明建设评价指标体系

谷树忠、胡咏君、周洪[227]从人与自然的关系、生态文明与现代文明的关系、生态文明与时代发展的关系 3 个方面系统阐释了生态文明建设的科学内涵，并从建设主体、建设地域、建设内容、建设手段 4 个方面，20 个三级指标，构建了生态文明建设的评价分类体系。

蓝庆新、彭一然、冯科[174]认为生态文明建设是我国实现科学发展和绿色发展的重要战略选择，并基于层次分析法原理，构建了包括生态经济、生态环境、生态文化和生态制度等 4 个准则层，以及 30 项具体指标层的城市生态文明建设评价指标体系。

段永蕙、严佩、张乃明[229]结合山西实际，构建了一套包括 4 个层次的生态文明建设评价指标体系：第 1 个层次为系统层，综合反映一个地区的生态文明建设成效与进展情况；第 2 个层次为目标层；第 3 个层次为准则层；第 4 个层次为指标层。从生态经济、生态环境、生态社会、生态文化 4 个方面构建了一套由 30 个评价指标构成的生态文明建设评价指标体系，其中各指标的权重由灰色层次分析法来确定。

周江梅、翁伯琦[230]在综合分析现有生态文明建设内涵与相关指标体系研究成果基础上，确立了衡量生态文明综合评价指标体系 3 个层次：第 1 个层次分为 3 个指标，第 2 个层次分为 9 个指标，第 3 个层次分为 38 个指标。并通过采用专家打分方法，赋予一级、二级、三级指标相应的权重，指标权重赋予表明生态文明建设对各指标元素的依赖程度。

廖福霖[231]将生态文明建设内涵概括为 5 个子系统——文明观念、生产方式、生活（消费）方式、生态恢复途径和建设机制，指出应从这 5 个子系统出发构建评价指标体系。

张赛飞[232]将广州和谐社会评价指标体系的一级指标设置为生活水平、社会安全、社会文明、社会民主和创新型社会，分别体现广大市民的生活需求、安全需求、交往需求、尊重需求和创新需求。并在此基础上设置了二级指标：生活水平涉及 11 个二级指标，社会安全涉及 14 个二级指标，社会文明涉及 6 个二级指标，社会民主涉及 2 个二级指标，创新型社会涉及 3 个二级指标。

徐学荣、俞明、蔡艺、谢联辉[233] 构建了生态省建设评价指标体系。该指标体系的一级指标包括了生态环境资源能源、经济、社会以及生态环境资源能源支持系统、生产与管理、经济与市场、技术与信息、政策与法律、文化与伦理等。生态环境资源能源指标包括 21 个二级指标，经济包括 9 个二级指标，社会包括 15 个二级指标，生态环境资源能源支持系统包括 22 个二级指标，生产与管理包括 9 个二级指标，经济与市场包括 18 个二级指标，技术与信息包括 18 个二级指标，政策与法律包括 9 个二级指标，文化与伦理包括 9 个二级指标。

中国科学院可持续发展研究组从可持续发展总体能力的 5 个子系统，即生存支持系统、发展支持系统、环境支持系统、社会支持系统、智力支持系统的角度，研究了生态文明建设的相关指标体系[234]。

匡远配等[235] 从"两型农业"（资源节约型和环境友好型农业）和"两型社会"角度研究了生态文明建设的评价指标体系。

杜勇[236] 在资源型城市生态文明建设的总体目标下，从资源保障、环境保护、经济发展和民生改善等 4 个方面，确定了 26 个具体指标，构建了资源型城市生态文明建设评价指标体系。

刘伟杰、曹玉昆[237] 认为，生态文明建设既包括环境、经济等具体可见的指标层面，也应该包括人们思想观念的更新、伦理道德的更替、文明习惯的养成、行为方式的改变等不能用具体数值概括的层面。该研究通过德尔菲法，在比较、筛选和反复征询专家意见的基础上，设计了一个包括 6 个二级指标、25 个三级指标在内的生态文明建设评价指标体系。

陈晓丹、车秀珍、杨顺顺、邬彬[238] 在分析了经济发达城市生态文明建设评价体系应具备的特点、构建原则与设计思路的基础上，构建了包含生态经济、生态环境、生态文化和生态制度 4 个准则层、37 项具体指标的经济发达城市生态文明建设评价指标体系。

上述相关研究的评价指标可整理如下，见表 8 - 11。

表8-11　　　　　　　　　　　　生态文明建设评价指标群

二级指标	三级指标	单位	备注
经济水平	人均GDP	元	反映经济发展水平
	人均绿色GDP	元	数值越高表明支撑"生态文明"建设的基础越坚固
	单位土地面积GDP产值	元/平方米	反映单位土地面积上的经济产出水平
	绿色生产覆盖率	%	绿色生产覆盖率越高越有利于生态文明整体建设
	非农业劳动力占总劳动力比重	%	该比重越大，说明经济发展越好
产业结构	服务业增加值占GDP的比重	%	该指标是生态文明建设中"节约资源能源"的重要体现
	高新技术产品产值占工业总产值的比重	%	衡量经济发展水平和发展潜力的重要指标
循环经济	工业用水重复率	%	反映城市经济的可持续发展能力，衡量城市循环经济、绿色经济发展水平
	工业固体废物综合利用率	%	
	"三废"综合利用产品产值占GDP比重	%	
自然基础	人均耕地面积	平方米/人	
	森林覆盖率	%	有林地的面积占土地总面积的百分比
	人均淡水资源量	立方米/人	
	人口密度	人/平方米	单位面积土地居住的人口数量
资源节约	单位GDP能耗	吨标准煤/万元	评价能源消费水平及节能降耗状况的主要指标
	单位GDP水耗	立方米/万元	
	可再生资源占能源消费总量的比例	%	反映一个城市的生态文明建设情况
环境保护	城市污水集中处理率	%	改善环境质量、体现环境保护水平、促进生态文明发展的重要考察指标
	生活垃圾无害化处理率	%	反映了城市对生活垃圾二次污染的防治程度
	单位GDP的SO_2排放强度	公斤/万元	反映经济发展造成的大气环境污染程度
	单位GDP的NO_x排放强度	公斤/万元	
	单位GDP碳排放强度	公斤/万元	
	生态承载能力		主要是指资源与环境的最大供容能力
	熵值大小	%	熵值可作为能源利用率的度量

续表

二级指标	三级指标	单位	备注
生态系统的恢复与建设	森林覆盖率	%	对于抗御自然灾害具有较大功效，同时森林覆盖率是森林碳汇能力重要体现，森林覆盖率越高越符合"低碳经济"的要求
	水土流失治理率	%	对生态环境的投入和治理强度越大，越有利于生态环境保护与改善
	环保投入率	%	财政支出对环境保护的投入占生产总产值的比重
	环境综合治理指数		该项指标能体现生态环境优劣程度，是生态文明建设内涵的又一重要体现
生态教育	人均受教育年限	年	决定了生态文明建设推进的顺利程度
	教育经费占绿色 GDP 的比重	%	可作为衡量接受生态文明理念程度的一个指标
	生态文明宣传教育普及率	%	
	绿色教育覆盖率	%	对生态文明宣传与推广程度体现
生态消费	人均娱乐、文化消费占消费支出比例	%	是人们对生态文明建设需求程度高低的体现
	绿色消费指数	%	综合考量消费者的生活方式
	R&D 占 GDP 的比重	%	是科技创新能力的一个标志
	环保投资占 GDP 比重	%	能够反映地方政府对环境保护、生态发展的重视程度
生态意识	公众对城市环境满意度	等级	体现政府在环境保护方面的施政成效
	居民对政府绿色行政满意度	等级	
	居民生态文明习惯养成率	%	
人的全面发展	恩格尔系数		生活质量高低反映了人们对目前社会满意程度，是人与人、人与社会和谐重要体现
	基尼系数		
	人均消费性支出	元	
	生态城镇化率	%	

续表

二级指标	三级指标	单位	备注
政府行为	政府绿色采购比例	%	体现了政府对保护生态环境、发展生态文明的支持程度
	政府无纸化办公率	%	
	健康保健医疗设备投资/GDP	%	是医疗水平高低的一个标志，也是人与人、人与社会和谐发展一个重要体现
制度建设	污染物总量控制与减排制度		制度建设从几个方面考察了政府在生态文明建设中发挥的作用，规范了生态文明建设的发展进程，为推进生态文明建设提供了依据
	公众参与制度		
	生态绩效评估和考核制度		
	区域环保合作制度		
	生态补偿制度		
	战略环境影响评价制度		
	碳交易与排放权交易制度		

8.9.2 生态文明建设的对策与建议

生态文明建设是一项长期性、系统性、战略性和创新性的任务，任重而道远，面对的问题和挑战、需求和压力、不确定性和风险等都是多方面的。综合相关文献和研究成果，现给出生态文明建设的如下建议[239][240][241][242]：

第一，提高全体公民的生态文明意识。生态文明意识是一种现代文明意识，是对人类理性生存和持续发展的认识，也是社会经济发展到一定阶段的必然产物。要进行生态文明建设，建设美丽中国，还是要落实到人的身上，生态文明建设离不开公众的广泛参与和支持，必须加强生态环境保护的宣传教育，普及公民生态环境保护知识，提高公民生态环境保护意识。

第二，做好顶层设计和政策协同实施。生态文明作为一种执政理念，可以为政府综合改革提供理论支持，政府职能优化与政府消费规制应当齐头并进，生产、生活和生态也需要统筹兼顾。因此，建设生态文明社会是一项复杂的系统工程，浙江省应做好顶层设计，梳理现有的相关政策措施并对其是否满足生态文明建设的需要作出评估，同时识别出生态文明建设的薄弱环节并采取补救性的政策。

第三，加强生态文明制度建设。保护生态环境必须依靠制度，要把资源消耗、环境损害、生态效益纳入经济社会发展评价体系，建立体现生态文明要求的目标体系、考核办法、奖惩机制。生态文明制度建设作为建设社会主义生态文明的根本保障，必须制定相应的制度来保障生态文明建设的有序进行。

第四，推进自然资源使用制度创新。加快资源价格形成机制改革，以反映资源稀缺程度、市场供求关系、环境污染代价、生产安全成本。加快资源产权制度改革，建立边界清晰、权能健全、流转顺畅的资源产权制度。加快资源税费制度创新，以资源保护和节约为宗旨，优化资源税费结构设计，调整水资源费、矿产资源补偿费、耕地征占补偿费的标准。改革资源管理体制，推进形成资源一体化管理体制，强化各级地方政府的资源管理权责。

第五，提高绩效评价公众透明度。根据相关政策目标和政策制度，在实施和监督考核机制方面，明确目标责任，向社会公开实施绩效。要广泛征求政府公务员对生态文明建设的意见和建议，并将这些意见和建议进行归纳和整理后进行投票，筛选出具有实践价值的行动，并要对实施绩效进行评估，并将结果公之于众，接受社会监督。

第六，明确生态文明"五位一体"战略目标。浙江省要建设全国生态文明先行区，应该强调均衡、可持续和以人为本的发展目标，强调实现经济、政治、文化、社会、生态"五位一体"的和谐发展目标，才能在全国生态文明建设中起到示范先行作用。突出绿色发展，使生态文明建设融入经济建设，生态文明先行区建设中更要实现各产业和经济活动的绿色发展，这是实施"五位一体"战略的基础。突出政策推动，使生态文明建设融入政治建设生态文明创建并非是自发过程，应突出建立健全生态文明制度以及相关政策体系、政绩考核体系，这是实施"五位一体"战略的保证。突出政府引导，使生态文明建设融入文化建设，积极倡导生态文化，把生态文明的理念融入到文化建设中，这是实施"五位一体"战略的先导。突出改善民生，使生态文明建设融入社会建设，通过着力改善民生，保障人民群众的环境权益，培养生态环保的消费方式，这是实施"五位一体"战略的归宿。

8.10 社会信用体系建设评价指标与对策建议

社会信用体系是社会主义市场经济体制和社会治理体制的重要组成部分，以法律、法规、标准和契约为依据，以健全覆盖社会成员的信用记录和信用基础设施网络为基础，以信用信息合规应用和信用服务体系为支撑，以树立诚信文化理念、弘扬诚信传统美德为内在要求，以守信激励和失信约束为奖惩机制，目的是提高全社会的诚信意识和信用水平。

加快社会信用体系建设是全面落实科学发展观、构建社会主义和谐社会的重要基础，是完善社会主义市场经济体制、加强和创新社会治理的重要手段，对增强社会成员诚信意识，营造优良信用环境，提升国家整体竞争力，对促进社会发展与文明进步具有重要意义。

浙江省信用体系建设始于 2002 年，是全国起步最早的省份之一。多年来，浙江省社会信用体系建设取得积极进展。目前，浙江省公共信用信息服务平台已汇集了 46 个省级部门报送的 249 万家企业、行政机关、事业单位、社会组织等法人信用记录，以及 20 个省级部门报送的 5612 万户籍和流动人口信用记录。依托信用平台，浙江积极推进信用信息在政务、商务、社会和司法领域的应用。已有 33 个省级部门在各类行政管理事项中核查信用记录，全省所有金融机构均可查询信用平台信息。同时，信用平台无偿向社会提供信用信息查询服务，每日信用记录查询次数超过 5 万次。

根据中共十八大提出的"加强政务诚信、商务诚信、社会诚信和司法公信建设"，党的十八届三中全会提出的"建立健全社会征信体系，褒扬诚信，惩戒失信"，省政府办公厅印发《浙江省社会信用体系建设"十三五"规划》（以下简称《规划》）提出，"十三五"期间，浙江省要建立与现代治理体系和高水平全面建成小康社会相适应的社会信用体系。《规划》首创信用建设指标体系，共由 8 项指标组成。其中，6 项为约束性指标，2 项为预期性指标。

8.10.1 社会信用体系建设评价指标体系

康英[243] 构建了包括信用法规和政策体系、信用中介服务与监督体系、信用技术支持体系、守信奖励和失信惩罚体系以及信用文化体系 5 个准则层、20 个指标的社会信息体系评价指标体系。

周素萍[244] 从信用管理行业如征信机构、资信评级机构，信用监管体系如行业监管部门、中央银行和民间机构，信用制度与法律体系，失信惩戒机制，信用文化，信用教育，居民消费结构逐步升级与个人信用消费的关系，政府职能的转变和社会信用制度建设的关系，信息技术发展与应用为信用管理和服务的关系等 9 个方面对天津市企业和消费者的社会信用体系进行了评价。

郭清香、林杨[245] 从政府信用、市场交易信用、新闻媒体信用、公共服务部门信用、社会风气等 5 个方面构建了社会信用体系建设评价指标体系。

毕建涛、闫会娟[246] 在江苏省个人社会信用评价指标的基础上，结合辽宁省个人信用信息管理办法（草案）中个人信息征集范围，从个人履约能力和信用历史两大维度构建了包含 51 个指标项的大连市个人社会信用评价指标库。

贺德荣、蒋白[247] 从即履约能力、诚信意愿和周围信用环境等 3 个方面、31 个具体指标项来构建了面向社会管理的个人信用评价指标体系。

张原、陈玉菲[248] 从信用环境内涵出发，构建了涵盖经济环境、金融环境、教育环境、信息环境的宏观外部信用环境，并考虑政府信用、企业信用、个人信用的微观信用主体环境的 7 个一级指标、20 个二级指标的区域信用环境评价指标体系。

范柏乃、张鸣[249]运用回归分析的方法研究了公共信息、经济利益、正式制度、文化环境对于政府信用的影响机制与机理，并提出了提高政府信用的策略与方法。

陈玉忠、高卿、钱玉民[250]确定包含项目承担机构、项目负责人与项目评审专家三个指标系统的科技信用评价指标体系。其中，项目承担机构评价指标体系包含信息真实性、合同信用、社会信用等 7 项一级指标、27 项二级指标。项目负责人指标体系包含信用评价与综合评价 2 项一级指标、8 项二级指标。项目评审专家指标体系也包含了信用评价与综合评价 2 项一级指标、8 项二级指标。

王浩宇、康海俐、汪丹亚、黄志远[251]特别强调移动电子商务的相关指标，构建了包含 4 个一级指标、20 个二级指标的电子商务环境下的基础个人信用评价指标体系。

王刚[252]研究了我国各大商业银行自行制定的信用评价指标体系，该体系主要用于企业信用评价，特别是企业信贷、结算等业务的信用评价。通常，这类指标体系主要反映管理者素质、员工素质、管理水平、企业文化与氛围等、财务结构和偿债能力等方面，主要常用指标有资金利税率、销售收入利税率、利润增长率等发展前景，其总体目的是考察企业外部环境和内部经营现状及发展趋势。

王聪颖、季如进[253]构建了企业客观情况、企业经营信用、企业社会责任、相关方满意度等 4 个一级指标、24 个二级指标的企业法人信用评价指标体系。

孙献忠[254]提出了包括综合素质、财务状况、管理水平、市场行为和信用记录等 5 个一级指标、19 个二级指标和 49 个三级指标的水利建设市场主体信用评价指标体系。

唐素微、高煜[255]构建了包含信用立法、信用交易与服务、信用监督与惩戒、信用文化与教育等 4 个一级指标、12 项二级指标的区域信用生态评价指标体系。

综合上述相关研究成果，可将社会信息体系建设评价指标汇总如表 8 - 12 所示。

表8-12　　　　　　　　　社会信用体系建设评价指标群

二级指标	三级指标	单位	备注
政府制度信用	政府是否有专门的信用管理机构		政府信用是政府合法性的基础，也是整个社会信用体系的重心，对于社会经济发展具有重要意义。诚信政务是建设诚信社会的关键，政府信用在社会信用中占主导作用，是构建整个社会信用体系的核心。一旦政府信用缺失，建立社会信用体系则是一句空话，政府公信力就是政府的影响力与号召力，它是政府公共治理的合法性根源，是维系社会信用体系的核心，同时也是社会主义市场经济秩序的基础。这里涉及的范围不仅指中央政府也应包含地方政府，地方政府作为地方行政机关，其诚信是社会诚信体系的核心，其诚信建设对推动整个社会诚信体系的形成具有重要作用。尽管政府信用建设至关重要，但由于种种原因，现阶段我国政府存在一定程度的诚信缺失现象。如何加强信用监管、完善信用法规以实现司法公正独立，推进政府整体执政能力建设势在必行
	是否建立了失信惩罚政策法规		
	该地区有无重大经济项目立项、审批的程序		
政府功能信用	行政支出占财政支出的比例	%	
	对政府举报投诉的处理情况是否按规定公开		
政府信用能力	该地区公务员具有专科以上学历人员占政府工作人员的比例	%	
	公务员人数占本地区人口总数的比例	%	
	政府败诉案件在本地区的行政诉讼、行政复议案件中的比例	%	
	检查部门查处的腐败案件涉案人数占政府工作人员的比例	%	
政府信誉	纪检部门查处的渎职公务员的人数占公务员总数的比例	%	
	越级上访案件与本地区记录在案的上访案件的比例	%	
	公众信任度	等级	
政府及政务可信度	政务公开度	等级	
	财务公开度	等级	
	官员财产公开度	等级	
	政策制定过程公开透明	等级	
	政策贯彻落实的一致性	等级	
	政府公信力水平	等级	
	政府形象	等级	
	政府承诺兑现性	等级	
政府执政能力	信用监管	等级	
	信用监管的机构设置	等级	
	诚信法律法规的完善性	等级	
	机构设置的隔离性	等级	
	公务员整体素质	等级	
	行政执法的公正性	等级	
	政府职能履行情况	等级	
	司法机关独立公正性	等级	

续表

二级指标	三级指标	单位	备注
市场信用管理	工商部门是否制定信用奖惩制度		恶意拖欠和逃废银行债务、逃骗偷税、商业欺诈、制假售假、非法集资等现象屡禁不止，如何加快企业信用体系建设，对于打击失信行为，防范和化解金融风险，促进金融稳定和发展，维护正常的市场经济秩序，保护群众权益，推进政府更好履行经济调节、市场监管等相关职能具有重要意义
	获得"重合同、守信用"称号的规模企业数量占本地区规模企业的比例	%	
企业信用	企业拖欠税费总额	万元	
	企业征信水平	等级	
	企业资信评估状况	等级	
	信用保险	等级	
	存在拖欠税款的企业数量占企业总数的比例	%	
	因劳务纠纷被举报或投诉的本地企业数量占企业总数的比例	%	
交易信用	法院经济庭所受理的涉及本地企业经济合同纠纷的案件数与本地企业数量的比例	%	
	工商部门受理的投诉案件与总人口的比例	%	
	公众信任度	等级	
企业信用能力	盈利能力	等级	
	偿债能力	等级	
	经济实力	等级	
	依法纳税率	等级	
	商业活动合法性	等级	
	行业自律健全机制	等级	
企业信用行为	企业提供的产品质量	等级	
	食品安全程度	等级	
	假冒伪劣产品数量	个	
	产品及服务与描述符合程度	等级	
	额外收费现象出现率	%	
	企业正当竞争程度	等级	
	企业服务质量	等级	
	对消费者承诺兑现度	等级	
	企业道德感		

续表

二级指标	三级指标	单位	备注
个人信用履行能力	信用卡还款率	%	个人信用状况可从2个方面进行评价，即履约能力和诚信意愿。在社会管理方面，履约能力主要表现为被征信人所具有的职业资质或资格，以及其从事职业的收入水平和个人资产，它是获取信用授权或委托、履行信用职责的基础。在诚信意愿方面主要从被征信人过往的信用记录中表现出来，信用记录越好，则表明诚信意愿越强；反之，则诚信意愿越弱。诚信意愿对个人信用行为起着主导作用，是评价个人信用的主要指标
	依法纳税率	%	
	职业道德水平	等级	
个人信用意愿	是否履行诺言		
	是否讲真话		
	周围人的可信赖度		
	乘车是否主动购票		
	遵守交通规则程度		
	学术造假率		
	考试作弊情况		
	陌生人求助是否会帮助		
当地信用管理及建设水平	信用环境		当地信用水平主要包括信用管理及建设、信用服务水平和教育水平
	信用投入		
	守信激励机制		
	失信惩罚机制		
	失信举报者保护及奖励机制		
	信用建设覆盖面		
当地信用服务水平	信用数据覆盖各领域	等级	
	信用信息跨领域共享	等级	
	企业级个人信用信息获取率	%	
	信用评价标准一致性	等级	
当地信用教育水平	信用教育	等级	
	信用氛围	等级	
	公民信用意识和水平	等级	
《浙江省社会信用体系建设"十三五"规划》	信用代码覆盖率	%	全省公民、法人和其他组织赋予终身不变的唯一信用代码。法人和其他组织统一社会信用代码覆盖率＝全省被赋予统一社会信用代码的法人和其他组织数量/全省法人和其他组织总数
	"双公示"覆盖率	%	即行政许可、行政处罚自决定之日起7个工作日内上网公开，县级（含）以上部门覆盖率。"双公示"覆盖率＝已开展"双公示"工作的县级（含）以上部门数量/具有行政权力的县级（含）以上部门总数

续表

二级指标	三级指标	单位	备注
《浙江省社会信用体系建设"十三五"规划》	失信"黑名单"覆盖率	%	失信"黑名单"指行政、司法机关和依法行使公共管理职能的组织机构，认定有严重失信行为的主体名单。目前，有发改委、公安消防、民政、地税、质量监督、旅游、国税、人民银行、法院、检察院等10个部门单位发布失信"黑名单"信息，覆盖率为25%。根据国家要求，到2020年末，全省实现在40个重点行业、领域建立失信"黑名单"制度全覆盖。失信"黑名单"覆盖率（重点行业领域）=已出台失信"黑名单"制度的部门单位数量/重点行业领域总数
	公共信用信息归集覆盖率	%	根据《省公共信用信息指导目录》，目前完整率为70.3%。2020年末，实现信用信息归集完整率达到100%。公共信用信息归集覆盖率=各省级部门实际推送的公共信用信息类别数量/《浙江省公共信用信息指导目录》明确的应推动公共信用信息类别总数的百分比
	地方信用网站开通覆盖率	%	目前开通率为31%。2020年末，实现各设区市及所辖县（市、区）全部建立信用网站（专栏）。地方信用网站开通覆盖率=设区市及所辖县（市、区）信用网站开通数量/全省设区市及所辖县（市、区）总数
	"信用浙江"客户端使用覆盖率	%	目前开通率为15%。2020年末，实现省级部门、设区市及所辖县（市、区）组成部门全部开通客户端并查询应用。"信用浙江"客户端使用覆盖率=已开通客户端的省级部门、设区市及所辖县（市、区）组成部门数量/全省省级部门、设区市及所辖县（市、区）组成部门总数

8.10.2 社会信用体系建设的对策与建议

信用是市场经济的基石，加快社会信用体系建设是完善社会主义市场经济体制的必然要求，也是推进政府职能转变、简政放权、更好地做到放管结合的必要条件。综合相关文献研究成果，对于社会信用体系建设方面提出如下建议[256][257]：

第一，加强政府信用建设，建立征信机制。政府作为信用评价主体，一方面，需明确信用数据信息的开放程度；另一方面，应拓宽获得公开信息的正规渠道，如完善政务公开制度和听证制度，从而增强信用服务信息的透明度。此外，为弥补信息共享机制的缺失，需建立征信机制。征信机制可先在工商、银行、税务等部门建立信用信息征集系统，然后利用上述部门间的内在关联，将信用资源整合到本区域信用信息征集中心，便于人们在相关经济部门征集到企业和个人的信用信息。

第二，加强企业信用建设，建立企业信用信息系统。企业失信现象普遍，信用服务业机构数量偏少、规模偏小及中小企业融资难是普遍存在的问题。为解决此问题，可首先为企业建立"经济户口"，强化企业监管，规范企业行为，并以此作为企业评级和市场准入的标准。其次，为有效解决中小企业融资难，企业可依托信用中介机构，建立企业信用信息系统。即中小企业既要保持原有银企间的信贷记录，也要保留与客户业务往来的有关记录，为银行等金融机构提供更多企业信息，提高企业获得贷款资金的成功率，还有利于完善企业信息披露制度，提高企业信用管理水平。

第三，加快信用立法步伐，完善个人信用体系配套制度。在浙江，多个政府部门的管理数据中只有部分工商局数据可向社会开放。对哪些征信数据可以向社会公开没有严格界定，目前国内还缺乏对征信数据进行管理的政策法规，需加快信用立法步伐。出台关于界定数据保密范围的法规，建立有关严惩提供虚假数据的法规，需不断完善个人信用体系配套制度。完善个人工商登记制度，对有不良信用记录的公民，不许其成为公司新股东或取得最高管理职位等。改革个人身份制度，将交易人的一切资金往来统一收集于一个基本账户中，为征集个人信用资料奠定基础，积极开展信用文化教育，加强个人诚信意识。

第四，构建信用评级结果互认机制，建立信用信息共享平台。应由政府出面，构建覆盖全社会的征信系统，建立信用评级结果互认机制，建立信用信息共享制度，真正从体制机制层面建立自律与他律结合自我修养与制度保障相契合的社会诚信生成机制。尽快建立覆盖全国的信用信息数据库，逐步建立个人和企业征信体系的信用信息共享机制，促进信息资源合理使用。从重点企业、重点人群开始，充分利用已有的企业和个人征信信息，以企业信用信息为重点、个人信用信息为基础，逐步将各部门、各单位分散的、不完整的信用信息清理整合，全部纳入统一的信用信息基础数据库，逐步建设和完善以组织机构代码和身份证号码等为基础的实名制信息共享平台，解决社会主体的信用记录缺失等问题，使信息共享、资源合理使用。建立信用评级结果互认机制，建立一套与公开、共享、互认机制相配套的法律法规，确保公开、共享、互认机制得到法律法规的支持。

第五，加强诚信文化建设。诚信既是制度问题，也是道德问题，必须法治和德治相结合，才能有序推进。在加大信用立法的基础上，必须加强诚信文化建设，形成全社会诚实守信的氛围，从而提高全民族的信用道德水准。我国是一个具有浓厚的历史文化传统的国家，注重道德素养，只要在全社会开展诚信宣传教育，诚信就会成为人们发自内心的信念，成为人们一种自觉的道德和行为习惯。在宣传教育活动中，各教育机构、行业组织和信用服务机构，要面向社会开展系统的信用培训，提高全社会信用知识水平。新闻媒体一方面要对失信行为进行曝光，使失信者无处藏身；另一方面更要加大对诚实守信的正能量宣传，引导和激励人们自觉地诚实守信，让诚实守信成为全社会共同的价值追求和行为准则，培育全社会的诚信文化氛围。

第六，加强信用服务行业、中介机构和征信市场管理。推动和规范行业发展，坚持以市场为导向，培育和发展种类齐全、功能互补、依法经营、有市场公信力的信用服务机构，鼓励信用产品开发和创新，建立信用服务行业准入、管理、奖惩和退出机制。扩大中介机构信用建设的覆盖面，制定信用中介评级实施办法，开展信用检查，规范中介服务行为，提高服务质量和水平。

参考文献

［1］中共浙江省委.关于建设美丽浙江创造美好生活的决定

［2］四川大学"美丽中国"研究所."美丽中国"省区建设水平 (2014) 研究报告［M］.2014

［3］胡宗义，赵丽可，刘亦文."美丽中国"评价指标体系的构建与实证［J］.统计与决策，2014，405（9）：4－7

［4］叶书铭，王清瑜，崔倩如，等.基于因子和聚类分析的美丽中国评价［J］.华中师范大学学报：人文社会科学版，2014（S5）：80－84

［5］颜莉.我国区域创新效率评价指标体系实证研究［J］.管理世界，2012（5）：174－175

［6］杨巧红，王林伶.城乡统筹发展指标体系构建及应用研究——以宁夏为例［J］.开发研究，2012（4）：19－22

［7］周长城，韩俊强.建构社会管理科学化指标体系研究——基于包容性增长下改革政府绩效考核评价体系的视角［J］.社会科学研究，2013（5）：8－13

［8］唐保国.我国区域经济协调发展指标体系及定量评估研究［D］.山东财经大学，2013

［9］李天星.国内外可持续发展指标体系研究进展［J］.生态环境学报，2013（6）：1085－1092

［10］Grabisch M，Marichal J L，Mesiar R，et al. Aggregation Functions ［M］. Cambridge：Cambridge University Press. 2009

[11] 万青. 安徽省地市区域综合竞争力比较研究 [D]. 南京农业大学, 2006

[12] 刘书明. 基于区域经济协调发展的关中—天水经济区政府合作机制研究 [D]. 兰州大学, 2013

[13] 张为付, 吴进红. 区域综合竞争力评估体系研究——以长江三角、珠江三角、京津地区为例 [J]. 南京社会科学, 2002 (S1): 35 – 41

[14] 迈克尔·波特. 国家竞争优势 [M]. 2002

[15] 罗序斌, 周绍森. 区域综合竞争力评价指标体系构建 [J]. 开放导报, 2013 (2): 52 – 56

[16] 张玮. 河南省区域竞争力综合评价研究 [D]. 郑州大学, 2013

[17] 何徐兴. 西部省域经济综合竞争力研究 [D]. 四川大学, 2007

[18] 王连月, 韩立红. AHP 法在区域竞争力综合评价中的应用 [J]. 企业经济, 2004 (6): 112 – 113

[19] 狄昂照, 吴明录. 国际竞争力 [M]. 北京: 改革出版社, 1992

[20] 王秉安. 区域竞争力理论与实践 [M]. 北京: 航空工业出版社, 2000

[21] 赵修卫. 关于发展区域核心竞争力的探讨 [J]. 中国软科学, 2001 (10)

[22] 左继宏, 胡树华. 关于区域竞争力的指标体系设计研究 [J]. 武汉理工大学学报 (信息与管理工程版), 2004 (4): 64 – 67

[23] 王钊, 陈乙酉, 刘晗. 重庆市区县综合竞争力研究 [J]. 重庆大学学报 (社会科学版), 2015 (1): 28 – 34

[24] 张为付, 吴进红. 对长三角、珠三角、京津地区综合竞争力的比较研究 [J]. 浙江社会科学, 2002 (6): 23 – 27 + 81

[25] 张军涛, 陈蕾. 基于因子分析和聚类分析的中国区域自主创新能力评价——创新系统视角 [J]. 工业技术经济, 2011 (4): 36 – 44

[26] 江蕾, 李小娟. 我国区域自主创新能力的评价体系构建与实际测度研究 [J]. 自然辩证法通信, 2010 (3): 70 – 80 + 128

[27] 刘凤朝, 潘雄锋, 施定国. 基于集对分析法的区域自主创新能力评价研究 [J]. 中国软科学, 2005 (11): 83 – 91 + 106

[28] 傅为忠，韩成艳，刘登峰. 区域自主创新能力评价与建设研究 [J]. 科技进步与对策，2012（11）：107 –111

[29] 朱孔来. 自主创新能力指标体系及综合评价方法 [J]. 统计与决策，2007（18）：54 –57

[30] 李高扬，刘明广. 基于结构方程模型的区域创新能力评价 [J]. 技术经济与管理研究，2011（5）：28 –32

[31] 孙恒有，张丽叶. 我国区域自主创新能力评价指标体系的构建——以河南省 18 地市为例 [J]. 郑州大学学报（哲学社会科学版），2010（2）：80 –83

[32] 田美荣，高吉喜. 城乡统筹发展内涵及评价指标体系建立研究 [J]. 中国发展，2009（4）：62 –66

[33] 李勤，张元红，张军，等. 城乡统筹发展评价体系：研究综述和构想 [J]. 中国农村观察，2009（5）：2 –10 +22 +95

[34] 高珊，徐元明，徐志明. 城乡统筹的评估体系探讨——以江苏省为例 [J]. 农业现代化研究，2006（4）：262 –265

[35] 陈鸿彬. 城乡统筹发展定量评价指标体系的构建 [J]. 地域研究与开发，2007（2）：62 –65

[36] 杨振宁. 城乡统筹发展评价指标研究——基于时序数据 [J]. 农村经济与科技，2008（11）：35 –36

[37] 杜茂华，刘锡荣. 城乡统筹发展评价指标体系构建及其应用——以重庆市区县统筹为例 [J]. 西南大学学报（社会科学版），2010（3）：125 –131

[38] 吴建南，杨宇谦，阎波. 政府绩效评价：指标设计与模式构建 [J]. 西安交通大学学报（社会科学版），2007，85（5）：79 –85

[39] 吴建南，孔晓勇. 地方政府绩效评价指标体系的构建：以乡镇政府为例 [J]. 理论与改革，2005（5）：53 –57

[40] 戴海崎，张锋，陈雪枫. 心理与教育测量 [M]. 暨南大学出版社，2002

[41] 范柏乃，朱华. 我国地方政府绩效评价体系的构建和实际测度 [J]. 政治学研究，2005（1）

[42] 张红霞，沈玉志，张兆梁. 基于模糊综合评价的地方政府绩效评

估模型［J］.科学技术与工程，2006（7）：854 - 857 + 863

［43］白景明.如何构建政府绩效评价体系［J］.财经论丛（浙江财经学院学报），2005（3）：37 - 41

［44］邱法宗，张霁星.关于地方政府绩效评估主体系统构建的几个问题［J］.中国行政管理，2007，261（3）：38 - 41

［45］卓越.公共部门绩效评估［M］.北京：中国人民大学出版社，2011

［46］朱敏，张明星，张宏敏.基于 DEA 方法的政府绩效评估——对四川省八个城市所作的实证研究［J］.成都理工大学学报（社会科学版），2006（2）：5 - 9

［47］王学超.郑州人口、资源、环境与经济协调发展研究［J］.江西农业学报，2016，28（4）：124 - 129

［48］刘承良，熊剑平，龚晓琴，等.武汉城市圈经济—社会—资源—环境协调发展性评价［J］.经济地理，2009，140（10）：1650 - 1654 + 1695

［49］刘小林.区域人口、资源、环境与经济系统协调发展的定量评价［J］.统计与决策，2007，229（1）：64 - 65

［50］胡彪，于立云，李健毅，等.生态文明视域下天津市经济—资源—环境系统协调发展研究［J］.干旱区资源与环境，2015，201（5）：18 - 23

［51］史亚琪，朱晓东，孙翔，等.区域经济—环境复合生态系统协调发展动态评价——以连云港为例［J］.生态学报，2010，30（15）：4119 - 4128

［52］李祚泳，甘刚，沈仕伦.社会经济与环境协调发展的评价指标体系及评价模型［J］.成都信息工程学院学报，2001，16（3）：174 - 178

［53］常阿平，彭伟功，梁丽珍.区域经济与环境协调发展的指标体系及定量评价方法研究［J］.环境科学与管理，2009，34（10）：176 - 178

［54］李芳林，查奇芬.江苏省资源、环境与经济协调发展的指标体系研究［J］.江苏商论，2008（2）：6 - 8

［55］张维群.区域人口与经济、社会、资源环境协调发展评价研究［J］.特区经济，2006（5）：265 - 266

［56］蒋小平.城市经济与生态环境协调发展评价指标体系的构建研究——以郑州市为例［J］.中州大学学报，2012，29（2）：19 - 23

［57］闵庆文，李文华. 区域可持续发展能力评价及其在山东五莲的应用［J］. 生态学报，2002（1）：1-9

［58］李利锋，郑度. 区域可持续发展评价：进展与展望［J］. 地理科学进展，2002（3）：237-248

［59］Xie H L. Primary study on index system of sustainable development in China［M］. Harbin：Heilong jiang People's Publishing House，1998

［60］Wang H Y. The latest index system to measure sustainable development［J］. China Population，Resources and Environmet，1996，6（1）：39-44

［61］檀菲菲，陆兆华. 区域可持续发展评价研究述评［J］. 商业经济研究，2015，680（25）：125-127

［62］匡耀求，乔玉楼. 区域可持续发展的评价方法与理论模型研究述评［J］. 热带地理，2000（4）：326-330

［63］周海林. 可持续发展评价指标（体系）及其确定方法的探讨［J］. 中国环境科学，1999（4）

［64］Trzyna T C. A Sustainable World：Defining and Measuring Sustainable Development［M］. London：Earthscan，1995

［65］檀菲菲，张萌，李浩然，等. 基于集对分析的京津冀区域可持续发展协调能力评价［J］. 生态学报，2014，34（11）：3090-3098

［66］曹利军，王华东. 可持续发展评价指标体系建立原理与方法研究［J］. 环境科学学报，1998（5）

［67］曾嵘，魏一鸣，范英，等. 北京市人口、资源、环境与经济协调发展分析与评价指标体系［J］. 中国管理科学，2000（s1）：310-317

［68］杨唤，陈学中. 区域经济可持续发展的评价指标体系及评价方法［J］. 价值工程，2009，28（7）：18-21

［69］余丹林. 区域可持续发展评价指标体系的构建思路［J］. 地理科学进展，1998，17（dl）：84-89

［70］陈郁，张树深，张芸，等. 区域可持续发展评价指标体系及方法［J］. 辽宁工程技术大学学报，2006（s2）：301-303

［71］李植斌. 区域可持续发展评价指标体系与方法的初步研究［J］. 人文地理，1998（4）：74-78

［72］奚青梅. 资源型区域可持续发展评价指标体系的构建及方法探讨
［J］. 生态经济（中文版），2009（8）：92 – 96

［73］向云波，谢炳庚. "美丽中国" 区域建设评价指标体系设计 ［J］.
统计与决策，2015，425（5）：51 – 55

［74］甘露，蔡尚伟，程励. "美丽中国" 视野下的中国城市建设水平评
价——基于省会和副省级城市的比较研究 ［J］. 思想战线，2013，238（4）：
143 – 148

［75］颜明波. 浙江省财政支出绩效评价体系研究 ［D］. 浙江大学，
2005

［76］恩施州财政局课题组. 财政支出绩效评价指标体系构建问题研究
［J］. 财政与发展，2006（4）：5 + 36 – 42

［77］岳海洋，王睿. 地方财政支出绩效评价浅议 ［J］. 地方财政研究，
2006（11）：28 – 31

［78］崔风梅，张海红. 完善地方财政支出绩效评价指标体系探析 ［J］.
金融经济：理论版，2010（7）：77 – 78

［79］王海青. 地方财政支出绩效评价指标体系的设计 ［D］. 山东大学，
2010

［80］Beliakov G. Construction of aggregation functions from data using linear
programming ［J］. Fuzzy Sets and Systems，2009，160（1）：65 – 75

［81］钱巨炎，江中亮，傅小普. 浙江扎实推进财政支出绩效评价工作
［J］. 中国财政，2007（7）：39 – 40

［82］严成樑，龚六堂. 政府公共支出理论框架评述 ［J］. 财经问题研
究，2011（1）：89 – 95

［83］何满喜. 浙江城乡居民生活水平的对比分析 ［J］. 乡镇经济，2008
（8）：53 – 57

［84］Wu J，Yang S，Zhang Q，et al. 2 – Additive Capacity Identification
Methods From Multicriteria Correlation Preference Information ［J］. IEEE Transac-
tions on Fuzzy Systems，2015，23（6）：2094 – 2106

［85］Choquet G. Theory of capacities ［J］. Annales de l'institut Fourier，
1953，5（54）：131 – 292

［86］ 武建章，张强. 非可加测度论与多准则决策 ［M］. 北京：科学出版社，2014

［87］ Grabisch M. K – order additive discrete fuzzy measures and their representation ［J］. Fuzzy Sets and Systems，1997，92 （2）：167 – 189

［88］ Sugeno M. Theory of fuzzy integrals and its applications ［D］. Tokyo，Japan；Tokyo Institute of Technology，1974

［89］ Wang Z，Leung K – S，Wong M – L，et al. A new type of nonlinear integrals and the computational algorithm ［J］. Fuzzy Sets and Systems，2000，112 （2）：223 – 231

［90］ Grabisch M. The symmetric Sugeno integral ［J］. Fuzzy Sets and Systems，2003，139 （3）：473 – 490

［91］ 赵汝怀. （N）模糊积分 ［J］. 数学研究与评论，1981 （2）：55 – 72

［92］ Mesiar R. Choquet – like integrals ［J］. Journal of Mathematical Analysis and Applications，1995，194 （2）：477 – 488

［93］ Wang Z，Li W，Lee K – H，et al. Lower integrals and upper integrals with respect to nonadditive set functions ［J］. Fuzzy Sets and Systems，2008，159 （6）：646 – 660

［94］ 王熙照. 模糊测度和模糊积分及在分类技术中的应用 ［M］. 北京：科学出版社，2008

［95］ Zhang Q，Mesiar R，Li J，et al. Generalized Lebesgue integral ［J］. International Journal of Approximate Reasoning，2011，52 （3）：427 – 443

［96］ Klement E P，Mesiar R，Pap E. A universal integral as common frame for Choquet and Sugeno integral ［J］. Fuzzy Systems，IEEE Transactions on，2010，18 （1）：178 – 187

［97］ Grabisch M，Labreuche C. A decade of application of the Choquet and Sugeno integrals in multi-criteria decision aid ［J］. 4or：A Quarterly Journal of Operations Research，2008，6 （1）：1 – 44

［98］ Meyer P，Roubens M. On the use of the Choquet integral with fuzzy numbers in multiple criteria decision support ［M］. Elsevier North – Holland，Inc.，2006

［99］ Grabisch M，Sugeno M，Murofushi T. Fuzzy measures and integrals：theory and applications ［M］. New York：Springer – Verlag，2000

［100］ Angilella S，Greco S，Lamantia F，et al. Assessing non-additive utility for multicriteria decision aid ［J］. European Journal of Operational Research，2004，158（3）：734 –744

［101］ 潘哲琪. "五水共治"下的五大坚持 ［J］. 浙江经济，2014（2）：59

［102］ 杨晶. "五水共治"与社会治理刍议 ［J］. 中国水利，2015（8）：62 –64

［103］ 徐栋，周枭迪，徐艺闪，等. 基于层次分析法的"五水共治"综合评价标准体系构建研究 ［J］. 科技创业月刊，2016（20）：103 –105

［104］ 彭兰香，李佳丽，刘婷. 基于绩效棱柱和 PSR 模型的水环保绩效审计评价体系构建研究——以浙江省"五水共治"为例 ［J］. 财经论丛（浙江财经大学学报），2015，194（5）：67 –73

［105］ 王丽，毕佳成，向龙，等. 基于"五水共治"规划的水资源承载力评估 ［J］. 水资源保护，2016，32（2）：21 –25

［106］ 王繁玮，陈星，朱琰，等. 基于 PSR 的城市水生态安全评价体系研究——以"五水共治"治水模式下的临海市为例 ［J］. 水资源保护，2016，32（2）：82 –86

［107］ 何月峰，沈海萍，冯晓飞，等. 基于压力—状态—响应模型和"五水共治"决策的浙江省水环境安全评价 ［J］. 水资源保护，2016，32（6）：104 –109

［108］ 王益澄，马仁锋，晏慧忠. 基于外部性理论的"五水共治"体制机制创新研究 ［J］. 城市环境与城市生态，2016（2）：33 –37

［109］ 王浩文，鲁仕宝，鲍海君. 基于 DPSIR 模型的浙江省"五水共治"绩效评价 ［J］. 上海国土资源，2016，37（4）：77 –82

［110］ 金剑青. 基于 PSR 模型的水环保绩效审计评价体系研究——以金华市"五水共治"为例 ［J］. 经营管理者，2017（5）

［111］ 桑士达，管竹伟，赵兴泉，等. 遂昌"五水共治"评价纳入领导干部责任审计的实践与启示 ［J］. 决策咨询，2016（1）：79 –80

［112］ 黄燕，刘瑜，许明珠，等. 浙江省"五水共治"管理机制的经验

与启示 [J]. 环境科学与管理, 2016, 41 (4)

[113] 马超峰, 薛美琴. 水环境危机与治理赋权——以浙江省"五水共治"为例 [J]. 中共宁波市委党校学报, 2014, 36 (5): 65 –70

[114] 沈满洪. "五水共治"的体制、机制、制度创新 [J]. 嘉兴学院学报, 2015 (1): 54 –57

[115] 程晖. "五水共治"的新水经济价值与协同效应研究 [J]. 中国市场, 2015 (17): 177 –178

[116] 陈喜靖, 沈阿林, 奚辉, 等. 浙江省"五水共治"之"抓节水"的重要性及途径 [J]. 浙江农业科学, 2015, 56 (1): 5 –9

[117] 陈剑平, 沈阿林. 运用政策和科技创新深化"五水共治"工作的探讨 [J]. 浙江农业科学, 2015, 56 (1): 1 –4

[118] 吴海燕. 近岸海域生态质量状况综合评价方法及应用研究 [D]. 南京大学, 2012

[119] 陈朝华, 吴海燕, 陈克亮, 等. 近岸海域生态质量状况综合评价方法——以同安湾为例 [J]. 应用生态学报, 2011 (7): 1841 –1848

[120] 王芳. 近岸海域污染物总量控制方法及应用研究 [D]. 天津大学, 2008

[121] 张秋丰, 屠建波, 胡延忠, 等. 天津近岸海域生态环境健康评价 [J]. 海洋通报, 2008 (5): 73 –78

[122] 刘旭, 邓永智. 近岸海域生态系统服务功能监测的指标体系研究 [J]. 海洋环境科学, 2011 (5): 719 –723

[123] 陈平, 李静, 吴迎新, 等. 中国近岸海域环境保护的陆源污染防治政策研究——以排污治理工程投资政策为例 [J]. 海洋经济, 2012, 2 (2): 18 –26

[124] 宫云飞, 兰冬东, 李冕, 等. 大连市近岸海域溢油污染事故风险受体脆弱性评价研究 [J]. 海洋开发与管理, 2015, 32 (10): 66 –68

[125] 薛雄志, 杨喜爱. 近岸海域污染的生态效应评价 [J]. 海洋科学, 2004, 28 (10): 75 –81

[126] 王斌, 张震. 天津近岸海域水污染评价 [J]. 环境监测管理与技术, 2011, 23 (2): 28 –31

［127］沈永明. 江苏近岸海域营养盐类污染分布特征与评价 ［J］. 生态环境学报，2010，19（1）：6－10

［128］李玉，刘付程，冯志华. 燕尾港近岸海域表层沉积物重金属的分布与污染评价 ［J］. 水产科学，2013，32（9）：516－523

［129］郑克芳，田天，张海宁. 近岸海域资源环境承载力评估方法研究综述 ［J］. 海洋信息，2015（1）：30－35

［130］蒋红，胡益峰，徐灵燕，等. 舟山近岸海域表层沉积物中5种重金属元素的污染及潜在生态风险评价 ［J］. 海洋学研究，2011，29（1）：56－61

［131］刘玉机. 遥感技术在环境监测中的应用 ［J］. 环境监测管理与技术，1995（1）：14－17

［132］宋春印，范志杰. 美国海洋环境污染监测面临的问题及其对策［J］. 环境监测管理与技术，1994（3）：60－61

［133］赵丹. 营口近岸海域资源保护与开发利用研究 ［J］. 辽宁经济，2016（3）：42－44

［134］陈克亮，王金坑，戴娟娟，等. 我国海洋区域功能恢复的基本对策和措施 ［J］. 海洋开发与管理，2010，27（1）：47－51

［135］沈费伟，肖泽干. 浙江省美丽乡村的指标体系构建与实证分析［J］. 华中农业大学学报（社会科学版），2017（2）：45－51

［136］黄磊，邵超峰，孙宗晟，等. "美丽乡村"评价指标体系研究［J］. 生态经济：学术版，2014（1）：392－394

［137］陈锦泉，郑金贵. 生态文明视角下的美丽乡村建设评价指标体系研究 ［J］. 江苏农业科学，2016（9）：540－544

［138］纪志耿. 当前美丽宜居乡村建设应坚持的"六个取向" ［J］. 农村经济，2017（5）：79－83

［139］何得桂. 中国美丽乡村建设驱动机制研究 ［J］. 生态经济（中文版），2014，30（10）：113－117

［140］张鹏，刘启雷，张伟杰. 基于AHP法的生态文明视域下西安美丽乡村建设研究 ［J］. 榆林学院学报，2017，27（1）：15－18

［141］徐友全，赵海洋. 基于SEM的"美丽乡村"建设评价研究 ［J］.

项目管理技术，2016，14（4）：25-30

[142] 张磊．新农村建设评价指标体系研究 [J]．经济纵横，2009 (7)：67-70

[143] 谢炳庚，向云波．美丽中国建设水平评价指标体系构建与应用 [J]．经济地理，2017，37（4）：15-20

[144] 张建锋，吴灏，陈光才．乡村评价的"美丽指数"研究 [J]．农学学报，2015，5（11）：126-129

[145] 刘彦随，周扬．中国美丽乡村建设的挑战与对策 [J]．农业资源与环境学报，2015（2）：97-105

[146] 黄爱东．美丽乡村建设面临的难题及破解思路——以厦门市为例 [J]．农业经济与管理，2015（2）：77-82

[147] 吴理财，吴孔凡．美丽乡村建设四种模式及比较——基于安吉、永嘉、高淳、江宁四地的调查 [J]．华中农业大学学报（社会科学版），2014，33（1）：15-22

[148] 高红贵，汪成．生态文明绿色城镇化进程中的困境及对策思考 [J]．统计与决策，2014（24）：64-66

[149] 吴振山．大力推进"绿色城镇化" [J]．宏观经济管理，2014 (4)：32-33

[150] 沈清基，顾贤荣．绿色城镇化发展若干重要问题思考 [J]．建设科技，2013（5）：50-53

[151] 熊国斌，李井会，王建奎，等．浙江省绿色城镇建设评价指标体系初探 [J]．浙江建筑，2013（1）：55-57+60

[152] 范琳，季小妹，石峰，等．中国绿色城镇化评价指标体系的构建及探究 [C]．中国环境科学学会2016年学术年会，中国海南海口，2016

[153] 陈明，张云峰．城镇化发展质量的评价指标体系研究 [J]．中国名城，2013（2）：16-23

[154] 赵旭，胡水炜，陈培安．城镇化可持续发展评价指标体系初步探讨 [J]．资源开发与市场，2009，25（10）：889-892

[155] 曾志伟，汤放华，易纯，等．新型城镇化新型度评价研究——以环长株潭城市群为例 [J]．城市发展研究，2012，19（3）：131-134

[156] 戚晓旭, 杨雅维, 杨智尤. 新型城镇化评价指标体系研究 [J]. 宏观经济管理, 2014 (2): 51-54

[157] 吕丹, 叶萌, 杨琼. 新型城镇化质量评价指标体系综述与重构 [J]. 财经问题研究, 2014 (9): 72-78

[158] 李晓燕. 中原经济区新型城镇化评价研究——基于生态文明视角 [J]. 华北水利水电大学学报 (社会科学版), 2015, 31 (1): 69-73

[159] 宋慧琳, 彭迪云. 绿色城镇化测度指标体系及其评价应用研究——以江西省为例 [J]. 金融与经济, 2016 (7): 4-9

[160] 高顺成. 中国新型城镇化健康发展质量评价指标体系构建 [J]. 当代经济, 2014 (19): 6-9

[161] 许宏, 周应恒. 云南城市化质量动态评价 [J]. 云南社会科学, 2009 (5): 115-118

[162] 肖国东. 吉林省新型城镇化发展评价指标体系研究 [J]. 山西农业大学学报 (社会科学版), 2016, 15 (7): 468-474

[163] 田文富. "产城人" 融合发展的绿色城镇化模式研究 [J]. 学习论坛, 2016, 32 (3): 37-39

[164] 李爽, 蒋春艳, 孙海召. 基于生态保护的绿色城镇化发展战略研究 [J]. 中国商论, 2016 (12): 149-151

[165] 葛剑雄. 城市的品性 [J]. 环球人文地理, 2015 (9): 8-8

[166] 张红卫, 夏海山, 魏民. 运用绿色基础设施理论, 指导 "绿色城市" 建设 [J]. 中国园林, 2009 (9): 28-30

[167] 黄羿, 杨蕾, 王小兴, 等. 城市绿色发展评价指标体系研究——以广州市为例 [J]. 科技管理研究, 2012 (17): 55-59

[168] 王婉晶, 赵荣钦, 揣小伟, 等. 绿色南京城市建设评价指标体系研究 [J]. 地域研究与开发, 2012, 31 (2): 62-66

[169] 刘育, 夏北成. 城市污水处理系统评价的绿色指标体系研究 [J]. 环境保护, 2003 (7): 35-38

[170] 战立伟. 浅析构建城市建设项目环境影响评价指标体系 [J]. 工程建设与设计, 2016 (8)

[171] 戴国辉, 郝春新. 唐山生态城市建设评价指标体系构建 [J]. 河

北联合大学学报（社会科学版），2012，12（5）：28－30

[172] 张欢，成金华，冯银，等．特大型城市生态文明建设评价指标体系及应用——以武汉市为例 [J]．生态学报，2015，35（2）：547－556

[173] 荣冰凌，陈春娣，邓红兵．城市绿色空间综合评价指标体系构建及应用 [J]．城市环境与城市生态，2009（1）：33－37

[174] 蓝庆新，彭一然，冯科．城市生态文明建设评价指标体系构建及评价方法研究——基于北上广深四城市的实证分析 [J]．财经问题研究，2013（9）：98－106

[175] 李漫莉，田紫倩，赵惠恩，等．绿色城市的发展及其对我国城市建设的启示 [J]．农业科技与信息：现代园林，2013（1）：17－24

[176] 刘晓洁，沈镭．资源节约型社会综合评价指标体系研究 [J]．自然资源学报，2006，21（3）：382－391

[177] 祝云龙．襄阳市绿色城市发展综合评价研究 [J]．湖北文理学院学报，2015，36（11）：27－31

[178] 张伟，张宏业，王丽娟，等．生态城市建设评价指标体系构建的新方法——组合式动态评价法 [J]．生态学报，2014，34（16）：4766－4774

[179] 龙佩吟，高成男．基于旅游发展考虑的绿色城市交通评价指标体系研究 [J]．公路交通技术，2017，33（3）

[180] 李满良，郑晨，王朝辉，等．绿色生态型城市道路评价指标体系 [J]．交通运输工程学报，2015（2）：10－21

[181] Heiskanen E, Johnson M, Robinson S, et al. Low-carbon communities as a context for individual behavioural change [J]. Energy Policy, 2010, 38 (12): 7586－7595

[182] 张旭朝，党显龙．浅谈"绿色城市"的发展建设 [J]．经营管理者，2014（15）：280－281

[183] 李健．维也纳以"智慧城市"框架推动"绿色城市"建设的经验 [J]．环境保护，2016，44（14）：63－66

[184] 郭曦榕，吴险峰．智慧城市评估体系的研究与构建 [J]．计算机工程与科学，2013（9）：167－173

[185] 王思雪，郑磊．国内外智慧城市评价指标体系比较 [J]．电子政

务,·2013（1）：92 - 100

[186] 顾德道，乔雯. 我国智慧城市评价指标体系的构建研究 [J]. 未来与发展，2012，35（10）：79 - 83

[187] 李贤毅，邓晓宇. 智慧城市评价指标体系研究 [J]. 电信网技术，2011（10）：43 - 47

[188] 邓贤峰. "智慧城市" 评价指标体系研究 [J]. 发展研究，2010（12）：111 - 116

[189] 项勇，任宏. 基于 ANP – TOPSIS 方法的智慧城市评价研究 [J]. 工业技术经济，2014（4）：131 - 136

[190] 刘笑音，郑淑蓉. 基于主成分方法的我国智慧城市发展潜力评价——根据东部 11 个城市的数据 [J]. 科技管理研究，2013（22）：75 - 79

[191] 黄少辉，周溪召. 基于系统动力学的智慧城市评价体系研究 [J]. 科技和产业，2013，13（2）：86 - 90

[192] 陈铭，王乾晨，张晓海，等. "智慧城市" 评价指标体系研究——以 "智慧南京" 建设为例 [J]. 城市发展研究，2011（5）：84 - 89

[193] 李印，王晓燕，毛云骞，等. 城市智慧交通发展水平评价指标及方法研究 [J]. 商，2016（4）：249 - 250

[194] 谢月娣，高光耀. 关于提升宁波智慧城市建设水平的几点思考 [J]. 宁波经济：财经观点，2012（2）：6 - 8

[195] 乔宏章，付长军. "智慧城市" 发展现状与思考 [J]. 无线电通信技术，2014，40（6）：1 - 5

[196] 欧阳斌，张跃军，郭杰. 低碳交通运输的综合评价指标及其应用 [J]. 北京理工大学学报（社会科学版），2014，16（3）：7 - 13

[197] 齐文，宋庆亮，李琳娜. 城市交通低碳发展指标体系研究 [J]. 价值工程，2012（31）：103 - 105

[198] 文军，朴莲花，张晓明. 低碳交通规划评估指标体系探讨——以广州市海珠生态城为例 [J]. 交通与运输（学术版），2016（1）：118 - 122

[199] 郭杰，陈建营，欧阳斌. 中国区域低碳交通评价指标体系研究 [J]. 综合运输，2012（6）：15 - 20

[200] 张陶新. 城市低碳交通发展指数研究 [J]. 技术经济，2013，32

（3）：78 – 85

［201］伍慧，李理. 城市交通绿色低碳发展评价指标研究 ［J］. 现代交通技术，2015，12（4）：84 – 88

［202］李方正，肖遥，李雄. 低碳城市理念在绿道规划中的应用研究——以迁安市为例 ［J］. 中国园林，2015，31（9）：55 – 59

［203］胡赛阳. 基于低碳发展的交通体系评价指标的构建 ［J］. 科技管理研究，2014（13）：233 – 237

［204］王建伟，张晓明，宋庆亮，等. 基于 PSR 模型的低碳交通运输发展评价研究 ［J］. 重庆交通大学学报（自然科学版），2014，33（3）：102 – 107

［205］张志俊. 低碳交通建设统计监测指标体系的构建与调查方法的确立 ［J］. 统计与决策，2011（8）：44 – 46

［206］宿凤鸣. 低碳交通的概念和实现途径 ［J］. 综合运输，2010（5）：13 – 17

［207］程东祥，陈静，诸大建，等. 区域低碳交通评价模型研究 ［J］. 环境污染与防治，2014，36（12）：91 – 95

［208］欧阳斌，李忠奎，凤振华. 低碳交通运输规划研究现状、问题及展望 ［J］. 中国流通经济，2014（9）：13 – 20

［209］卫蓝，包路林，王建宙. 北京低碳交通发展的现状、问题及政策措施建议 ［J］. 公路，2011（5）：209 – 213

［210］来逢波，任建兰. 中国低碳交通运输体系构建的必要性及治理模式探讨 ［J］. 华东经济管理，2012，26（4）：63 – 66

［211］张陶新，周跃云，赵先超. 中国城市低碳交通建设的现状与途径分析 ［J］. 城市发展研究，2011，18（1）：68 – 73

［212］王晰巍，安超，初毅. 信息化与工业化融合的评价指标及评价方法研究 ［J］. 图书情报工作，2011（6）：96 – 99

［213］张新，马建华，刘培德，等. 区域两化融合水平的评价方法及应用 ［J］. 山东大学学报（理学版），2012（3）：71 – 76

［214］龚炳铮. 信息化与工业化融合程度（融合指数）评价指标和方法 ［J］. 中国信息界，2010（11）：21 – 24

［215］蔡伟杰，王颖东，辛竹．上海信息化与工业化融合发展水平评估指标体系研究［J］．信息化建设，2010（10）：21－23

［216］李庆伟．河南省工业化与信息化融合评价指标体系研究［J］．商丘职业技术学院学报，2016，15（3）：50－53

［217］汪晓文，杜欣．基于模糊评价的中国工业化与信息化融合发展测度研究［J］．兰州大学学报（社会科学版），2014，42（5）：88－97

［218］李钢，胡冰．企业信息化与工业化融合成熟度指标体系及评价方法研究［J］．中国机械工程，2012，23（6）：50－54

［219］乔国厚，王海有．信息化与工业化的融合水平评价［J］．商业时代，2013（32）：124－125

［220］周剑，陈杰．制造业企业两化融合评估指标体系构建［J］．计算机集成制造系统，2013，19（9）：2251－2263

［221］李俊奎，朱国芬．信息化与工业化融合指标体系总体框架及测量方法［J］．江苏科技信息，2011（11）：12－14

［222］李宝玉，黄章树，叶志龙．制造企业信息化与工业化融合评价体系研究及实证——以福建省为例［J］．机械设计与制造工程，2015（8）：56－61

［223］王金杰，董永凯．我国信息化工业化融合的实现途径及对策选择［J］．西安邮电大学学报，2008，13（4）：11－14

［224］汪传雷，李从春．信息化与工业化融合研究［J］．情报理论与实践，2009，32（11）：32－37

［225］荣宏庆．新型工业化与信息化深度融合路径探讨［J］．社会科学家，2013（7）：73－76

［226］杜传忠，杨志坤．我国信息化与工业化融合水平测度及提升路径分析［J］．中国地质大学学报（社会科学版），2015，15（3）：84－97

［227］谷树忠，胡咏君，周洪．生态文明建设的科学内涵与基本路径［J］．资源科学，2013，35（1）：2－13

［228］娄伟．中国生态文明建设的针对性政策体系研究［J］．生态经济（中文版），2016，32（5）：200－204

［229］段永蕙，严佩，张乃明．生态文明建设评价指标体系的探索与实

践 [J]. 环境与可持续发展, 2014, 39 (5): 65-69

[230] 周江梅, 翁伯琦. 生态文明建设评价指标与其体系构建的探讨 [J]. 农学学报, 2012, 2 (10): 19-25

[231] 廖福霖. 生态文明建设与构建和谐社会 [J]. 福建师范大学学报 (哲学社会科学版), 2006 (2): 1-9

[232] 张赛飞. 区域经济综合评价实证研究 [M]. 北京: 中央编译出版社, 2011

[233] 徐学荣, 俞明, 蔡艺, 等. 福建生态省建设的评价指标体系初探 [J]. 土壤与作物, 2003, 19 (2): 89-92

[234] 杨雪伟. 湖州市生态文明建设评价指标体系探索 [J]. 统计科学与实践, 2010 (1): 51-53

[235] 匡远配, 罗荷花. "两型农业"综合评价指标体系构建及实证分析 [J]. 农业技术经济, 2010 (7): 69-77

[236] 杜勇. 我国资源型城市生态文明建设评价指标体系研究 [J]. 理论月刊, 2014 (4): 138-142

[237] 刘伟杰, 曹玉昆. 生态文明建设评价指标体系研究 [J]. 林业经济问题, 2013 (4): 325-328

[238] 陈晓丹, 车秀珍, 杨顺顺, 等. 经济发达城市生态文明建设评价方法研究 [J]. 生态经济 (中文版), 2012 (7): 52-56

[239] 张志强. 生态文明建设的现状与对策建议 [J]. 湖南农业科学, 2013 (11): 117-120

[240] 梅凤乔. 论生态文明政府及其建设 [J]. 中国人口·资源与环境, 2016, 26 (3): 1-8

[241] 张高丽. 大力推进生态文明努力建设美丽中国 [J]. 环境保护, 2014, 42 (2): 10-16

[242] 苏海红, 马生林. 加快青海全国生态文明先行区建设的实现路径及对策建议 [J]. 青海社会科学, 2013 (6): 12-17

[243] 康英. 基于 AHP 方法的社会信用体系评价研究 [J]. 价值工程, 2012 (17): 296-298

[244] 周素萍. 天津市社会信用体系的评价及建立研究 [J]. 天津市财

贸管理干部学院学报, 2010 (1): 6 - 9

[245] 郭清香, 林杨. 社会信用评价指标体系基本问题研究 [J]. 中国特色社会主义研究, 2007 (4): 89 - 92

[246] 毕建涛, 闫会娟. 大连市个人社会信用评价体系研究 [J]. 电子商务, 2016 (4): 27 - 29

[247] 贺德荣, 蒋白纯. 面向社会管理的个人信用评价指标体系研究和设计 [J]. 电子政务, 2013 (5): 97 - 103

[248] 张原, 陈玉菲. 区域信用环境评价指标体系研究——以陕西省为例 [J]. 西北大学学报 (哲学社会科学版), 2015 (1): 166 - 174

[249] 范柏乃, 张鸣. 地方政府信用影响因素及影响机理研究——基于116 个县级行政区域的调查 [J]. 公共管理学报, 2012, 09 (2): 1 - 10

[250] 陈玉忠, 高卿, 钱玉民. 科技信用评价指标体系研究 [J]. 标准科学, 2009 (2): 53 - 58

[251] 吉林大学大学生创新创业训练计划项目组. 移动商务背景下个人信用评价指标体系构建 [J]. 经济视角, 2015 (11): 40 - 44

[252] 王刚. 对发达国家企业资信评估业务形式的比较与启示 [J]. 价格月刊, 2005 (3): 36 - 36

[253] 王聪颖, 季如进. 浅议物业服务企业信用评价指标体系 [J]. 中国房地产: 学术版, 2016 (15): 69 - 74

[254] 孙献忠. 水利建设市场主体信用评价指标体系构建 [J]. 人民长江, 2015, 46 (24): 55 - 58

[255] 唐素微, 高煜. 基于主成分分析法的区域金融生态环境评价研究 [J]. 金融经济: 理论版, 2013 (9): 109 - 112

[256] 肖玉霞. 加强我国社会信用体系建设的思考 [J]. 征信, 2012, 30 (2): 41 - 44

[257] 谭桔华. 我国社会信用体系建设存在的问题与对策探讨 [J]. 湖南行政学院学报, 2014 (4): 58 - 62

中共浙江省委关于建设美丽
浙江创造美好生活的决定

中共浙江省委关于建设美丽浙江创造美好生活的决定

（2014 年 5 月 23 日中国共产党浙江省第十三届
委员会第五次全体会议通过）

为深入贯彻党的十八大、十八届三中全会和习近平总书记系列重要讲话精神，积极推进建设美丽中国在浙江的实践，加快生态文明制度建设，努力走向社会主义生态文明新时代，作出关于建设美丽浙江、创造美好生活的决定。

一、建设美丽浙江、创造美好生活的重大意义、总体要求、主要目标和重点工作

（一）建设美丽浙江、创造美好生活的重大意义。党的十八大把生态文明建设纳入中国特色社会主义事业总体布局，提出努力建设美丽中国，走向社会主义生态文明新时代，实现中华民族永续发展。党的十八届三中全会把加快生态文明制度建设作为全面深化改革的重要内容，提出必须建立系统完整的生态文明制度体系，用制度保护生态环境。习近平总书记强调，走向生态文明新时代，建设美丽中国，是实现中华民族伟大复兴的中国梦的重要内容。他还提出，"山水林田湖是一个生命共同体""绿水青山就是金山银山""人民对美好生活的向往，就是我们的奋斗目标"等一系列新思想新观点新要求。这标志着我们党对中国特色社会主义规律的认识进一步深化，表明了我们党坚持"五位一体"总体布局、加强生态文明建设的坚定意志和坚强决心。

建设美丽浙江、创造美好生活，是建设美丽中国在浙江的具体实践，也是对历届省委提出的建设绿色浙江、生态省、全国生态文明示范区等战略目标的继承和提升。这些年来，我省在生态文明建设实践中，始终以"八八战略"为统领，进一步发挥浙江的生态优势，坚定"绿水青山就是金山银山"的发展思路，坚持一任接着一任干、一张蓝图绘到底，把生态文明建设放在突出位置；坚持在保护中发展、在发展中保护，把发展生态经济和改善生态环境作为核心任务；坚持全面统筹、突出重点，把解决影响可持续发展和危害人民群众身体健康的突出环境问题作为着力点；坚持严格监管、优化服务，把保障生态环境安全和维护社会和谐稳定作为基本要求；坚持党政主导、社会参与，把创新体制机制和倡导共建共享作为重要保障，推进我省生态文明建设取得重大进展和积极成效，为建设美丽浙江、创造美好生活奠定了坚实基础。

面向未来发展，建设美丽浙江、创造美好生活，是我省深入贯彻落实党的十八大、十八届三中全会和习近平总书记系列重要讲话精神的重大部署，是尽快改善生态环境、不断满足人民对美好生活新期待的重大举措，是加快转变生产生活方式、实现更高水平发展的必由之路，是提升全面建成小康社会水平、建设物质富裕精神富有现代化浙江的重要内容。全省上下要从全局和战略的高度，把建设美丽浙江、创造美好生活作为重要工作指针，贯穿于经济社会发展全过程，认真抓紧、抓实、抓好各项工作。

（二）建设美丽浙江、创造美好生活的总体要求。坚持以邓小平理论、"三个代表"重要思想、科学发展观为指导，认真贯彻党的十八大、十八届三中全会和习近平总书记系列重要讲话精神，深入实施"八八战略"，围绕干好"一三五"、实现"四翻番"目标，坚持生态省建设方略，把生态文明建设融入经济建设、政治建设、文化建设、社会建设各个方面和全过程，全面深化改革，加快经济转型升级，着力优化空间结构，改善生态人居环境，加强生态安全和资源安全，培育弘扬生态文化，强化法治制度保障，形成人口、资源、环境协调和可持续发展的空间格局、产业结构、生产方式、生活方式，努力实现天蓝、水清、山绿、地净，建设富饶秀美、和谐安康、人文昌盛、宜业宜居的美丽浙江。

（三）建设美丽浙江、创造美好生活的主要目标。建设美丽浙江、创造美好生活是一项具有系统性、长期性、艰巨性的历史任务，需要确定具体工作目标，有步骤分阶段推进。

到 2015 年，美丽浙江建设各项基础性工作扎实开展，基本完成国土（海洋）空间规划体系和主体功能区、环境功能区布局，初步建立比较完善的美丽浙江建设体制机制和组织领导保障体系；低消耗、低排放、高附加值的产业结构加快形成，生态经济成为我省经济增长新亮点；"五水共治"有力推进，垃圾河、黑河、臭河整治成效显著，近岸海域污染治理有效推进，县以上城市集中式饮用水源地水质达标率大于 90%；"三改一拆"工作持续深入开展，大气环境治理取得成效，耕地土壤污染有所遏制，基本建成污染物收集处置环境基础设施体系，城乡生态环境质量在全国保持领先地位。省"十二五"规划确定的单位生产总值能耗、主要污染物排放、民生保障和社会公平等主要指标全面完成。

到 2017 年，美丽浙江建设取得明显进展，全省空间开发格局确定，科学合理的生产空间、生活空间和生态空间初步形成；生态安全屏障体系构建初步完成，奠定浙江经济社会可持续发展基础；人民群众最为关心的水、大气环境质量有效改善，省域主要河流水质达标率以及人均公共绿化面积达到全国领先水平，土壤污染防治行动和土壤修复工程全面推进，近岸海域整治和生态修复取得成效，环境健康安全体系初步建立；构建绿色循环低碳的现代产业体系取得重大进展，主要污染物排放量和能源消耗强度在"十二五"基础上进一步下降；生态文明行为习惯在全社会积极养成，人居环境质量有效改善；就业、教育、医疗、养老、住房等方面社会保障和基本公共服务进一步加强和改善。省第十三次党代会确定的生态环境质量、人民生活品质、社会文明程度等方面的目标全面完成。

到 2020 年，初步形成比较完善的生态文明制度体系，以水、大气、土壤和森林绿化美化为主要标志的生态系统初步实现良性循环，全省生态环境面貌出现根本性改观，生态文明建设主要指标和各项工作走在全国前列，争取建成全国生态文明示范区和美丽中国先行区，城乡统筹发展指数、城乡居民收入、居民健康指数、生态环境指数、文化发展指数、社会发展指数、社会保障指数、农民权益保障指数等达到预期目标。

在此基础上，再经过较长时间努力，实现天蓝、水清、山绿、地净，建成富饶秀美、和谐安康、人文昌盛、宜业宜居的美丽浙江。

（四）建设美丽浙江、创造美好生活的重点工作。建设美丽浙江、创造美好生活，近期要在以下 4 个方面取得突破。深入开展"五水共治"、雾霾治理、城市交通拥堵治理、城乡垃圾处理、浙江渔场修复振兴以及餐饮业污染治理等专项行动，在回应与人民群众生活生命质量密切相关、反映强烈的突出问题上取得突破；深入开展节能减排、循环经济培育、重污染高能耗行业整治提升专项行动，在推进我省产业转型升级上取得突破；深入开展绿色城镇创建、美丽乡村建设、"四边三化"等专项行动，在进一步改善全省城乡面貌上取得突破；深入探索建立和实施生态保护红线划定、资源要素市场化配置约束激励机制、环境准入和环境监管制度、考核评价体系调整等专项改革，在构建生态文明制度体系上取得突破。力争三年内，全省河流 1 ~ 3 类水质断面比例每年提高一个百分点；PM2.5 浓度比 2012 年下降 20% 以上，年优良空气天数达到 250 天以上；设区市城市公共交通分担率达到 30% 以上，专用停车位新增 60 万个；农村生活污水和垃圾集中处理实现全覆盖；"垃圾海湾""东海无鱼"状况得到改善；完善从田头到餐桌食品安全全程管控体系，餐桌安全问题得到有效整治，切实在生态文明领域取得惠民利民的实际成效。

建设美丽浙江、创造美好生活，全省各地都要积极努力。山区市县和沿海市县要根据自身特点，为美丽浙江建设积极打造绿色生态屏障和蓝色生态屏障。杭州市要成为美丽中国建设先行区，重点在提升城市形象和生态竞争力上取得显著成效；宁波市、舟山市要成为美丽浙江建设港口特色市、海上花园城，重点在浙江海洋经济发展示范区、舟山群岛新区建设上取得显著成效；温州市、台州市、金华市要成为美丽浙江建设环境综合整治示范区，重点在加快产业转型升级、实现保护与发展双赢上取得显著成效；绍兴市、嘉兴市、湖州市要成为美丽浙江建设江南水乡典范，重点在水环境治理和生态文化培育上取得显著成效；衢州市、丽水市要成为美丽浙江建设重要生态屏障，重点在生态环境保护和生态经济发展上取得显著成效。支持湖州、杭州、丽水等地创建国家生态文明先行示范区。

二、建设美丽浙江、创造美好生活的主要任务

（五）优化完善实现永续发展的城乡区域空间布局

完善空间规划体系。按照人口、经济、资源环境承载力相协调和主体功能区定位的要求，创新编制省域总体规划，促进经济社会发展规划、城乡规划、土地利用规划、地下空间规划、环境功能区划、海洋发展规划和流域规划等多规融合、一体发展，形成定位清晰、管控严格的空间规划体系，保证规划刚性执行，强化规划重点目标任务的考核。加强全省陆海统一的地理空间信息系统建设，完善各类规划和功能区划调整机制，探索编制近岸海域主体功能区规划。

优化区域空间开发格局。贯彻落实《浙江省主体功能区规划》，打造浙江海洋经济发展示范区，构建现代农业发展格局，构筑产业集聚大平台，完善新型城市化战略格局，建设生态安全体系，逐步形成人口、经济、资源、环境相协调的空间开发总体格局，实施财政、土地、产业、环境等差别化区域政策。严格保护自然资源保护区域、生态环境涵养区域、历史文化保护区域等禁止开发区域的自然资源、生态环境、文化遗迹，严格禁止一切不符合主体功能区定位的开发活动，严格控制区域内符合功能定位的建设活动，严格监管开发、建设、保护和利用等各个环节。制定国土空间差别化准入条件，强化准入管理。

统筹推进城乡一体化。深入实施《浙江省深入推进新型城市化纲要》和关于深入推进新型城市化的实施意见，促进工业化、信息化、城镇化、农业现代化同步发展，加快形成城乡空间布局框架和城镇体系结构。统筹推进城乡规划实施、基础设施建设、产业布局、社会事业发展和生态环境保护。统筹抓好城乡综合配套改革，加快建立城乡要素平等交换、公共资源均衡配置的体制机制，促进城乡区域协调发展。着力建设一批集景观建设、林相改造、生态涵养于一体，富有人文内涵的示范工程，建成省域"万里绿道网"，增进城乡生态空间有机联系。加强城乡地质灾害防治和住宅质量检测，完善防火、防灾安全设施，提高城乡安全保障水平。

（六）加强山川海洋自然生态保护建设

加强重点区域生态保护。加大对重要生态功能区、生态环境敏感区和脆弱区的保护力度，确保钱塘江、瓯江、太湖等主要流域源头地区和海洋生态

功能区维持原生态。加强湖泊和湿地生态保护，遏制面积萎缩、功能退化趋势。控制低丘缓坡开发，遏制水土流失。推进自然保护区、海洋特别保护区规范化建设，抵御外来物种入侵，全面加强生物多样性保护。按照保护优先、开发有序的原则，加大土地、矿产、森林、海岸线和岛礁等资源重点开发区域的生态监管力度。积极应对气候变化，建立健全气象灾害预警先导的部门联动和社会响应机制，深入推进防灾减灾体系建设。加强辐射污染和放射源监管。

加大生态修复力度。坚持自然修复为主、人工修复为辅，通过退耕还林、封山育林、增殖放流、禁渔休渔等措施，让生态系统休养生息，对无法实现自我修复的生态系统开展工程修复。在水体污染较严重的江河流域、平原河网和重要水环境功能区，积极建设水环境生态治理和修复工程。加快修复湖库生态系统，持续改善湖库生态环境。全面加强矿山生态环境整治、复垦和沿海滩涂、重点港湾、海域海岛的生态修复。深入推进小流域、坡耕地及林地水土流失综合治理。

大力推进生态屏障建设。加强绿色生态屏障建设，深入推进"下山移民"工程，加大森林资源保护力度，全面推进平原绿化和森林扩面提质，提高林分质量和林木蓄积量，提升森林生态系统功能。加强海洋蓝色生态屏障建设，实施入海污染物排放总量控制、海洋灾害监测与预警、海洋环境监测、浙江渔场修复振兴、海域海岛海岸带整治修复和海洋建设能力保障等六大海洋重点工程，扎实推进近岸海域和重点海湾污染整治，加强围填海和海岸线的管理，科学合理利用岸线、滩涂和海岛资源，严格控制海洋开发活动。加快海岸防护工程和海岛防护林体系建设。开展滨海生态走廊建设。

（七）着力推进以治水为重点的环境综合治理

抓"五水共治"让水更清。把"五水共治"作为重大战略常抓不懈，形成规划指导、项目跟进、资金配套、监理到位、考核引导、科技支撑、规章约束、指挥统一的保障机制。坚持"五水共治"、治污先行，重点整治垃圾河、黑河、臭河，近期实现城镇截污纳管基本覆盖，农村污水处理、生活垃圾集中处理基本覆盖。加快推进化工、印染、造纸、制革等重污染行业的淘汰落后、整治提升工作，推进种养殖业的集聚化、规模化经营和污物排放的集中化、无害化处理，强化农业面源污染防治。防洪水、排涝水、保供水、抓节水要齐抓共治、协调并进。实行最严格的水环境监管制度，全面落实"河长制"，动员全社会力量参与水环境治理，构建良好水生态系统。强化流域统筹、疏堵并举，全面开展江河湖库治理，解决防汛、防台、抗旱突出问题。深入推进重点流域、主要污染河段以及平原河网的污染整治。加强城镇污水处理设施建设，提高城乡污水处理效率，提升污泥无害化处置水平。加大水利基础设施和重大水利工程建设，完善城市、县城排涝管网设施。全面开展农村生活污水处理和卫生设施改造。强化饮用水源安全保障，推进饮用水水源地与取水裸露管网的污染防治与管理，健全完善水质监控、超标预警和应急处置机制。加强全社会节水教育，坚持节约用水、科学用水。

抓雾霾治理让天更蓝。深入实施《浙江省大气污染防治行动计划（2013—2017 年）》，认真落实六大专项实施方案，切实改善环境空气质量。严格控制煤炭消费总量，大力推进"煤改气"工作，加强高污染燃料禁燃区建设。加强机动车污染防治，加快彻底淘汰黄标车，大力推广新能源汽车等清洁交通工具，切实做好油品提升和城市治堵工作。深入实施工业脱硫脱硝减排工程，加大工业烟粉尘、挥发性有机废气治理。加强城市烟尘整治，全面建成"烟控区"。严格控制城市工程扬尘和农村废气排放，全面禁止农作物秸秆焚烧。建立健全重污染天气监测、预警和应急响应体系，积极参与长三角地区治气降霾联防联控，不断完善大气污染区域联防联控机制。

抓土壤净化让地更净。强化土壤环境保护和综合治理。全面开展土壤污染防治行动和土壤修复工程，深化重金属、持久性有机污染物综合防治，建立覆盖危险废物和污泥产生、贮存、转运及处置的全过程监管体系。严格控制新增土壤污染，明确土壤环境保护优先区域，实行严格的土壤保护制度。全面开展重点区域土壤环境调查，建立全省土壤信息数据库，加快构建土壤环境监测体系，逐步实现主要农产品产地土壤环境状况动态监控。排查并划分污染场地环境风险，全面强化污染场地开发利用的监督管理，逐步推进污染企业原址、废弃矿场的土壤污染修复示范工程。

（八）切实优化"诗画江南"人居环境

加快美丽城市规划建设。根据环境和人口承载能力、可开发土地资源和经济社会发展水平，进一步完善全省城镇体系规划。坚持全省规划"一盘棋"，统筹抓好都市区、区域中心城市、县城和中心镇的规划建设，推动高端要素向都市区集聚，分类指导区域中心城市发展，推动县城、小城市和中心镇成为统筹城乡发展的战略节点。结合自然资源特点和人文特色，科学设计城镇人居环境、景观风貌和建筑色彩，加强城镇生态景观保护和建设，推进生态人文小城市试点，建设一批江南风情小镇，彰显"诗画江南"独特魅力。坚守城市发展"边界"，推进绿色城市、智慧城市、人文城市建设。科学开发利用城市地下空间，整治城市光污染问题。强化城镇市容环境卫生管理，进一步提高城市垃圾分类处理以及收、运、储网络和设施建设与管理水平，积极推进垃圾资源化利用和焚烧处理，推进垃圾处理减量化、无害化、资源化。

提升美丽乡村建设水平。实施《美丽乡村建设规范》，提升标准，优化布局，强化特色，让广大人民群众望得见山，看得见水，记得住乡愁。深化"千村示范、万村整治"工程，推进村庄生态化有机更新。加强农村环境综合整治连线成片，建立长效管理机制。大力创建绿色城镇和生态示范村，保护乡土自然景观和特色文化村落。加强村庄规划和建设，强化农房设计服务，彰显江南农房特色。抓好农房改造和危房改造，精心建设一批"浙派民居"。积极推进全省景观森林建设，建设一流森林休闲养生福地。提升全省农村公路建、管、养、运一体化发展水平，着力打造美丽公路。

大力推行绿色建筑和低碳交通。建立健全绿色建筑监管体系，不断提高绿色建筑比例。大力推进建筑节能改造和太阳能等可再生资源建筑一体化应用，新建住宅普遍推广使用节能、节水新技术、新工艺、新型墙体建材和环保装修材料。大力实施农村建筑节能推进工程，推进农村太阳能供电、供热设施进村入户。积极推进低碳综合交通网络建设，有效削减道路交通的能源消耗和温室气体排放。实施"公交优先"发展战略，不断加大公共交通投入，加快建设城市轨道交通，发展水上公共交通，完善智能交通服务体系。

（九）加快打造浙江经济升级版

打好转型升级"组合拳"。深入实施与生态文明建设相关的"五水共治""四换三名""四边三化"和"三改一拆"行动，优化存量，提升增量，推进经济转型升级，加快发展生态经济，形成有利于节约资源、保护环境的现代产业体系。严格按照全省主体功能区规划和环境功能区划，统筹谋划区域产业发展格局，发挥产业集聚区、经济技术开发区等创新平台作用，力促企业搬迁入园，推进产业集聚发展。发展壮大节能环保产业，努力使之成为全省新的经济增长点。积极培育战略性新兴产业和高新技术产业，加快信息化和工业化深度融合国家示范区建设。大力发展金融、物流、旅游、健康、文化创意等现代服务业，促进先进制造业与现代服务业融合发展。继续以现代农业园区和粮食生产功能区建设为主抓手，大力发展现代生态循环农业，加快建设绿色农业强省。

强化创新驱动发展。全面实施创新驱动发展战略，加快建设创新型省份，扎实推进质量强省、品牌强省和标准强省建设，破除低端制造、传统市场、县域经济路径依赖，实现从"浙江制造"向"浙江创造"转变。积极创建国家自主创新示范区，建设国家级高新区，支持网上自由贸易试验区建设，着力拓展转型升级和创新发展空间。坚持以企业为主体，加快创新平台建设，着力推进产学研协同创新，培育壮大一批环保领域科技型企业。有效实施节能环保重大科技专项，加快突破关键共性技术瓶颈，推进节能环保领域先进成熟技术成果转化和推广应用，加强知识产权保护。大力推进涉及人口健康、食品药品安全、防灾减灾、安全生产、生态环境和应对气候变化等领域的科技创新。加强生态、环境、资源方面学科研究和专业建设，积极培养和引进适应我省生态文明建设需要的各类人才。

发展绿色循环低碳经济。切实加强资源能源节约，加快推动资源利用方式根本转变，加强节约型社会建设。加快淘汰高能耗、高排放落后产能，积极发展太阳能、风能等新能源和可再生能源。严格实施用水总量管理，加快建设节水型社会。大力推进循环经济发展，积极推进园区循环化改造，全面提高再生资源综合利用水平。加快建立和推广现代生态循环农业模式，大力发展无公害农产品、绿色食品和有机产品。发展现代林业经济，带动山区林农增收致富。推进工业园区生态化改造，全面推行清洁生产审核。鼓励企业开发绿色低碳产品，建立实施绿色采购消费政策。积极构建以低能耗、低污染、低排放为基础的低碳经济发展模式。

（十）弘扬具有浙江特色的人文精神

传承优秀传统文化。注重挖掘浙江传统文化中的生态理念和生态思想，加强国家重大文化和自然遗产地、重点文物保护单位、重要革命遗址遗迹、历史文化名城名镇名村保护建设，抓好非物质文化遗产保护传承与利用，丰富民间民俗特色文化活动载体，传承乡愁记忆，延续历史文脉。发现和培养扎根基层的乡土文化能人、民族民间文化传承人。开展优秀传统文化教育普及活动，积极打造文化精品，促进传统文化现代化。

不断提升公民人文素养。积极培育和践行社会主义核心价值观，倡导"务实、守信、崇学、向善"的当代浙江人共同价值观。大力宣传建设美丽浙江、创造美好生活的"最美景观""最美人物""最美现象"，促进"最美"由"盆景"变为"风景"，进而成为风尚，不断焕发社会正能量。培育和激发全体公民建设美丽浙江、创造美好生活的主体意识，大力推进志愿服务制度化，推动养成与生态文明建设相适应的思想品德、职业道德、社会公德和家庭美德。增强公民法治观念和科学人文素养，提高全社会节约资源、保护环境的自觉意识，大力倡导绿色低碳的生活方式、消费模式和行为习惯。

积极培育生态文化。结合浙江生态日、世界环境日等纪念活动，展示生态环保成就、普及生态环保知识、弘扬生态人文精神。大力弘扬尊重自然、顺应自然、保护自然的理念，积极借鉴发达国家注重生态文明的先进理念、有效做法和具体制度，强化全社会的生态伦理、生态道德、生态价值意识，形成政府、企业、公众互动的社会行动体系。积极开展生态文化重大理论和应用研究，繁荣"两美"主题文艺创作，着力构建包括学校、社区、家庭、企业和社会公益教育体系等在内的生态文明教育网络体系。

（十一）不断提高城乡居民生活品质

持续改善城乡居民物质生活条件。鼓励群众创业创新，千方百计促进城乡居民收入增长和家庭财产普遍增加，不断扩大中等收入群体。深化收入分配制度改革，建立完善居民收入增长与经济发展同步、劳动报酬增长与劳动生产率提高同步的机制，逐步提高居民收入在国民收入分配中的比重以及劳动报酬在初次分配中的比重。完善再分配调节机制，逐步提高城乡居民最低生活保障和最低工资标准，大幅减少低收入和贫困人口。全面推进各项社会事业发展，逐步提高财政人均公共服务支出，统筹做好就业、教育、医疗、住房、养老、食品安全、安全生产等各项民生工作，让全省人民享有更好的教育、更稳定的工作、更满意的收入、更可靠的社会保障、更高水平的医疗卫生服务和更舒适的居住条件。

不断丰富城乡居民精神文化生活。实施文化强省战略，繁荣发展社会主义文化，不断满足人民群众日益增长的文化需求。加强公共文化服务体系建设，不断增强基本公共文化服务的均衡性、普惠性，推进重大文化惠民工程，推进农村文化礼堂等设施建设，广泛开展群众性文化体育活动，不断丰富城乡居民精神生活，培育良好社会心态，促进群众身心健康。深入开展全民教育、卫生和科技普及活动，持续提高全省人民受教育水平、健康水平和科学素质，积极营造浓厚的社会人文氛围，促进人民群众发展自豪感、生活幸福感、心灵归属感和价值认同感普遍增强。

努力营造和谐稳定的社会环境。深入推进平安浙江建设，进一步提高社会治理能力。加快政府职能转变，完善管理体制和运行机制。加强和创新社会治理，强化法律法规、体制机制、人才队伍和信息化保障，坚持和发展"枫桥经验"，提高基层社会管理与服务水平。畅通和规范群众诉求表达、利益协调、权益保障渠道，进一步改进信访工作，完善调解制度，积极预防和化解社会矛盾。着力维护市场秩序，加快社会信用体系建设。全面开展重大决策社会稳定风险评估，涉及环境问题重大决策要坚持评估在先；健全预案、强化措施，积极预防和妥善处置各类群体性事件。加强公共安全体系建设，完善立体化社会治安防控体系，严密防范和依法打击各类违法犯罪活动，切实保障人民群众生命财产安全，维护社会和谐稳定。

三、建立完善建设美丽浙江、创造美好生活的体制机制

（十二）建立完善"源头严控"的体制机制

探索建立自然资源资产产权制度和环境空间管制制度。实施最严格的自然资源和生态空间保护制度，从源头上预防各类生态破坏行为。全面落实中央关于自然资源资产产权制度和用途管理制度的改革举措，积极推进自然资源资产产权制度改革，加快推进以土地为核心的自然资源不动产统一登记。按照自然资源属性、使用用途和环境功能明确用途管制规则，建立生态环境空间管制制度，对自然资源实行统一监管，有效提升生态环境空间管制效力，保障生态安全。探索建立海洋综合管理协调机制，建立海洋资源管控、海洋资源权属管理制度。建立完善废旧物资进口管控制度。

划定生态保护红线。抓紧划定生态功能保障基线、环境质量安全底线和自然资源利用上线等三条红线，建立我省生态保护红线体系。划定符合《国家生态保护红线——生态功能红线划定技术指南（试行）》要求的全省生态

功能红线，并通过立法加以保护。以解决水、大气、土壤突出环境问题为目标，建立健全环境质量安全底线。不断完善土地资源、水资源、能源、矿产等为重点的利用上线和管控要求，进一步建立资源利用上线与生态功能保护、环境质量要求相结合的协调联动机制。

实行最严格的环境准入制度。研究建立资源环境承载能力监测预警机制，对水土环境、环境容量和海洋资源超载区域实行限制性措施。实行空间、总量、项目"三位一体"的环境准入制度，把环境容量与区域总量、环境质量、项目环评紧密挂钩，严把环境准入关。全面推行经济社会发展规划、区域发展规划及重大政策措施的战略环评，严格落实专项规划环评制度。建立行业准入负面清单制度，推进环境审批制度改革，探索实行建设项目环评属地管理为主的制度，推进环评备案监督制，严格实行环评承诺与责任追究制度。建立环境保护重大决策听证、重要决议公示和重点工作通报制度。

实行节能减排降碳总量管制。深入实施能源消费总量和能源消耗强度"双控"，加强公共机构节能降耗，制定推进用能预算化管理制度，逐步建立省市县三级用能预算化管理体系。健全主要污染物总量控制制度，推进行业性和区域性污染物总量控制。完善排污许可证制度，理顺排污许可证与环境影响评估、总量控制、"三同时"、排污收费等污染源管理制度的关系，探索制定污染源"一证式"管理制度。严禁无证排污、超标排污、超总量排污。实行污染物总量控制激励机制，建立省市县三级排污权指标基本账户，加快刷卡排污系统建设。建立碳排放强度、碳排放总量约束机制。

（十三）建立完善"过程严管"的体制机制

推进环境监管制度改革。建立完善严格监管所有污染物排放、独立进行环境监管和行政执法的环境保护管理制度。完善行政综合执法体制，推进环保行政执法与民主监督、公众监督、舆论监督、司法监督结合，加大监管力度，提高监管实效。建立环境执法司法联席会议制度，完善环境执法联动协作机制，切实形成工作合力。

深化资源要素市场化配置改革。注重通过市场机制激发企业自觉治污和节约利用资源的内生动力。健全亩产效益综合评价体系，建立资源要素差别化使用激励约束机制、低效企业退出激励机制和新增项目选优机制，探索构建资源要素高效流动的市场体系。深化土地要素配置体制改革，加快征地制度、工业用地弹性出让制度改革，探索海域、岸线配置体制改革。实行最严格的水资源管理制度，探索中水回用、再生水利用、海水淡化激励机制。建立环境资源市场化配置机制，完善排污权有偿使用和交易制度。积极开展用能量（权）、碳排放权及水权交易，建设和培育全省及区域性的各类资源要素交易平台。培育第三方专业化环保运行组织和机构，推行环境污染第三方治理和污染源在线监测第三方运营。

完善资源有偿使用和生态补偿制度。加快自然资源及其产品价格改革，健全全面反映资源稀缺程度、生态环境治理修复成本的资源环境价格形成机制。按照污染治理实际成本，逐步提高排污费征收标准。加快研究制定生态补偿条例，推进生态环保专项转移支付改革。建立海洋环境监测通报、海洋生态损害赔偿偿制度。完善集体林权制度改革，建立生态公益林省级财政补偿标准调整机制，研究湿地生态效益补偿办法。探索建立流域协作治理机制，扩大生态补偿试点。

建立完善协同治理机制。建立地方政府和中央部门海域联防联控机制，推广区域、流域和近岸海域联防联控管理模式，完善环境保护区域协调和跨区域综合治理机制，加强与长三角地区、新安江流域、海西经济区的生态环保合作与交流，不断提升流域水环境综合治理和区域大气污染联防联控能力与水平。创新区域、流域环境管理考核模式，强化跨行政区域河流交接断面考核、环境空气质量管理考核。

（十四）建立完善"恶果严惩"的体制机制

建立环境损害责任终身追究制度。对污染环境、破坏生态行为"零容忍"，强化行政执法和刑罚处置，加大责任追究和违法惩治力度，切实保护公民环境权益，维护社会公平正义。根据各地自然资源禀赋，有重点地将水、土地、森林、矿产、海洋等自然资源资产纳入审计范围，探索编制自然资源资产负债表，建立领导干部自然资源资产离任审计制度。建立健全环境问题约谈制度，对政府决策、执行失误以及不作为导致的环境损害问题建立责任追究机制。

建立环境损害惩治制度。建立以环境损害赔偿为基础的环境污染责任追究体系，对造成生态环境损害的责任者严格实行赔偿制度，加大行政强制及行政处罚力度，构成犯罪的，依法追究刑事责任。探索建立环境污染损害赔偿责任风险基金，鼓励推行环境污染损害责任保险制度，对高风险企业实行环境污染强制责任保险。完善环保公安联动执法、环境公益诉讼和非诉案件强制执行机制，依法打击污染环境、破坏生态、损害社会公共利益的行为。

（十五）建立完善"多元投入"的体制机制

创新基本财力增长机制和财税政策。紧密结合生态文明建设战略重点，合理调整和整合各类生态环保专项资金，开展财政专项资金竞争性分配改革试点。建立环保资金使用绩效评估考核机制和专项审计制度。积极发挥财政资金引导作用，吸引带动社会资本和各类创业投资、股权投资参与美丽浙江建设。贯彻落实有关生态文明建设的各项税收政策，积极发展环保社会公益基金。

探索构建"绿色金融体系"。调整优化信贷结构，加强美丽浙江建设重点领域和薄弱环节的金融支持。加快发展直接融资，充分利用多层次资本市场，做好保险资金投资项目对接，多渠道扩大美丽浙江建设融资规模。创新发展林权、水权、排污权、碳排放权等绿色金融产品，促进各类企业自觉节能减排。加快海洋金融创新，研究支持舟山群岛新区建设和海洋经济发展的金融配套体系。

四、切实强化建设美丽浙江、创造美好生活的组织保障

（十六）完善组织领导。浙江生态省建设工作领导小组调整为省委、省政府美丽浙江建设领导小组，发挥牵头抓总作用，统筹协调和指导监督建设美丽浙江、创造美好生活的重大事项。

研究编制建设美丽浙江创造美好生活实施纲要，落实建设美丽浙江、创造美好生活的决策部署。加强人大对生态文明建设的立法和监督工作，强化生态环保预算审查监督和执法检查监督，依法行使好重大事项决定权。各级政府要认真制定实施配套政策，全面推进相关工作，加大财政投入，强化行政执法。支持政协围绕建设美丽浙江、创造美好生活认真履行职能，充分发挥协商机构、监督机构、咨政机构、民意机构、统战机构和群众工作机构功能，团结动员各方面力量积极献计出力。各地各部门要结合实际，加强组织领导，建立高效有力的协调机制和工作机制，合力推进美丽浙江建设。

（十七）加强法治保障。着眼于深入推进法治浙江建设，切实强化法治思维、完善依法治理体系、提高依法治理能力，不断提升生态文明建设的法

治化水平。深入贯彻环境保护法和相关法律法规。省人大研究制定建设美丽浙江、创造美好生活的决定，予以立法保障。重点围绕水、大气、土壤、固体废物、辐射等污染防治和资源有偿使用、生态补偿、生态修复以及食品安全等，加强相关法规规章的"立改废"工作，分层次有步骤地推进地方立法工作，制定和完善专项法规规章。严格依法审理，加大执法力度，加强法律法规实施的监督检查和主体功能区规划实施等的有效监测。研究制定跨区域生态环境诉讼管辖、污染鉴定、损失计算、公益诉讼的规范性文件，指导环境执法和司法实践。修编完善浙江省生态环境地方标准规划，研究制定环境质量、污染物排放、环境准入等地方标准，实施绿色认证制度。积极推行行业与企业社会责任标准和企业环境信用等级评价，逐步建立企业环保社会责任认证体系，增强企业保护生态环境的社会责任感。

（十八）严格考核考评。建立健全反映建设美丽浙江、创造美好生活要求的区域发展绩效评价体系，修订完善市、县（市、区）党政领导班子和领导干部综合考核考评实施办法及其指标体系，进一步完善生态文明建设评价体系。根据不同区域主体、功能要求和目标定位，实行发展要求、评价指标和权重不同的差异化考核，引导各地差异化发展。加强实绩综合分析，突出"既看发展成果，又看发展成本与代价"、"既注重考核显绩，更注重考核潜绩"的考核导向，严格考评结果运用，奖优罚劣，形成正确的工作导向和用人导向。

（十九）推进试点先行。积极开展建设美丽浙江体制机制探索试点工作，稳步推进相关综合配套改革。结合国家生态市县、环保模范城市、文明城市、卫生城市、森林城市和园林城市等创建工作，打造一批美丽浙江建设示范市、县（市、区）和乡镇（街道）。结合"五水共治""三改一拆""千村示范、万村整治"和美丽县城、美丽乡村建设等载体，打造一批美丽浙江建设示范机关、示范企业、示范学校、示范社区、示范村庄、示范景区。以点带面，典型引路，推动美丽浙江建设整体向纵深推进。

（二十）引导全社会共同行动。坚持正确舆论导向，充分利用互联网、报刊、电视、广播等多媒体宣传平台，大力营造建设美丽浙江、创造美好生活的良好氛围。充分发挥工会、共青团、妇联等人民团体的作用，动员和支持民主党派、无党派人士、非公有制经济人士、民族宗教界人士以及港澳台同胞、海外侨胞等统一战线成员和全社会力量，积极投身美丽浙江建设。充分发挥公众、新闻媒体和社会组织的监督作用，全方位构建社会监督体系。全面实施环保举报投诉热线畅通工程，认真做好环境侵权信访工作。做好环境信息公开工作、突发环境事件舆情善后处理工作，积极回应公众关心的环境问题。充分发挥民间公益环保组织作用，推进美丽浙江志愿者队伍和监督员队伍建设，更好地发挥其在环保专项行动、环保监督、环保宣传等方面的作用。

省委号召，全省各级党组织和广大党员干部紧密团结在以习近平同志为总书记的党中央周围，团结和依靠全省人民，为建设美丽浙江、创造美好生活而努力奋斗！